2025

한국경제 대전망

KB192819

2025

한국경제 대전망

류덕현 · 이근 외 경제추격연구소 편저

21세기북스

추천의 말

《2025 한국경제 대전망》은 세계 경제의 복잡한 변화 속에서 한국이 직면한 주요 과제를 심층적으로 분석한 책이다. 글로벌 공급망 재편, 산업 간 불균형, 내수 회복 문제 등 한국경제가 당면한 도전에 대한 명쾌한 해답을 제공한다. 각 분야 최고 전문가들의 통찰을 바탕으로, 정책 입안자와 기업 리더들이 필수적으로 참고해야 할 중요한 전략적 가이드가 될 것이다. 변화와 불확실성의 시대를 대비하는 모든 이들에게 이 책을 강력히 추천한다.

김홍기 | 한국경제학회 회장, 한남대학교 경제학과 교수

《2025 한국경제 대전망》은 학문적 깊이와 실무적 통찰을 겸비한 책으로, 한국경제가 직면한 복잡한 도전들을 명확히 짚어내고 있다. 글로벌 경제 환경과 한국경제의 변화 속에서 학생들과 연구자들이 필수적으로 탐독해야 할 중요한 자료라고 생각한다. 이 책은 미래 경제 리더들에게 폭넓은 시각과 분석 능력을 키워줄 것이며, 대학의 경제학 교육과 연구에도 큰 기여를 할 것이다. 모든 경제 관련 학문 공동체에 강력히 추천한다.

원용걸 | 서울시립대학교 총장, 한국국제경제학회 회장

《2025 한국경제 대전망》은 대한민국 경제의 방향을 가리키는 지침서이자 산업계가 나아가야 할 방향을 제시하는 해법서로서, 고착화된 대한민국 경제에 새로운 활력을 불어넣어 주기를 기대한다.

한승구 | 대한건설협회 회장, 대한건설단체총연합회장

미중 간 패권 경쟁의 지속, 중동 지역의 지정학적 위험 증대에 따른 유가 변동성 및 공급망 혼란, 미 대선 결과 등 대외 불확실성의 확대는 한국경제 전반에 하방 위험으로 작용할 것으로 예상된다. 이 책은 이러한 대외여건의 불확실성이 국내 경제에 미칠 수 있는 영향을 전제로 주식, 부동산 시장에 대한 전망을 넘어 반도체, 방산, 바이오헬스 등 우리 경제의 주력 및 신성장 산업에 대한 전망과 과제를 제시하고 있다. 2025년을 준비하는 기업의 경영자 등 많은 분들이 이 책을 통해 미래를 상상하고, 문제에 대한 실마리를 찾기를 기대한다.

김영길 | 우미그룹 사장

격변하는 세계 경제 속에서 적응해야 할 대한민국. 각 전문가들의 묘안을 통해 앞날에 대한 전망을 살펴보길 바란다.

슈카(전석재) | 경제 유튜브 '슈카월드' 크리에이터

세계는 동상이몽, 한국은 동분서주

2025년, 세계 경제는 '동상이몽'의 시대에 들어서고 있다. 미국과 중국, 두 경제 대국은 파국을 피하려는 공존을 추구하면서도 서로의 경제적, 정치적 패권을 두고 치열한 경쟁을 벌이고 있다. 미국은 자국의 산업을 보호하고 동맹국들과의 연대를 강화하는 반면, 중국은 자국의 기술 자립과 글로벌 공급망 장악을 목표로 대응하고 있다. 유럽 내에서도 국가별로 중국에 대한 입장이 갈리고 있다. 이러한 복잡한 갈등 구도는 단순히 두 나라에 국한된 것이 아니라, 글로벌 경제 전반에 큰 파급 효과를 미치고 있으며 각국은 저마다의 이해관계 속에서 다른 꿈을 꾸고 있는 현실이다. 이러한 '동상이몽'의 세계 속에서 한국 산업과 기업은 고유의 도전과 기회를 마주하고 있다. 한국 기업들은 미중 간의 패권 다툼 속에서 두 강대국의 입장을 모두 고려하고 별도의 글로벌 공급망을 운영해야 하느라 '동분서주'하지 않을 수 없다. 《2025 한국경제 대전망》은 바로 이처럼 복잡한 글로벌 경제 흐름 속에서 한국경제가 직면한 현실을 진단하고, 미래에 대한 통찰을 제공하고자 한다.

탈세계화는 그동안 글로벌화의 혜택을 누렸던 많은 국가들, 특히 한국과 같은 통상 중심 국가들에게 새로운 위기를 불러오고 있다. 미중 간의 대립과 분열로 글로벌 공급망은 이미 여러 형태와 내용으로 분절화되고 있으며, 자유무역의 시대가 저물어 감에 따라 각국은 보호주의와 자국 중심의 산업 정책으로 회귀하고 있다. 이러한 글로벌 공급망 변화에 대처하고 헤쳐 나가기 위해서는 대내외 경제 변화 및 거시경제 전망에 대한 광범위한 분석이 필수적인데, 이는 지난 9년 동안《한국경제 대전망》시리즈가 주력해 왔던 것이다. 올해《2025 한국경제 대전망》역시 이 연장선상에 있다.

2025년 경제전망에서 특히 강조하는 주제 중 하나는 미중 갈등 속 규제환경의 변화이다. 두 초강대국 간의 경쟁은 기술, 무역, 금융 등 다방면에서 산업 정책의 광범한 도입 등 새로운 규제와 장벽을 만들어내고 있으며 우리 기업들에게 다양한 도전을 제기하고 있다. 가령, 환경 규제와 탄소 배출에 대한 글로벌 기준 강화는 기후변화 대응을 넘어 산업 보호와 중국 견제의 수단으로 활용되고 있다. 예를 들면, 탄소 다소비 제품과 운송방식에 대한 차별적 제재로 한국의 주력 기업들이 피해를 볼 수도 있을 정도이다. 또한 각국의 산업 정책의 부활은 한국 기업의 글로벌 활동에 큰 제약으로 작용한다. 따라서 정부 정책은 기업의 이해관계, 애로 사항 등을 적극적으로 반영시키려는 노력을 담아야 한다. 가령, 중국상품의 한국 시장 교란이나 덤핑 등에 대해서는 기업 간 공조와 정부 차원의 규제 조치 등이 필요하며, 역으로 서방세계가 한국 상품에 대한 규제와 반덤핑 제소 등을 시행할 때 우리 정부 정책은 당연하게도 타국 정부의 정책 등을 파악하여 전달하고 설득하는 내용이 되어야 하는 것이다.

정부의 역할 변화도 중요하게 다루고 있는 주제이다. 정부의 지원은 이제 단순하게 직접적인 재정적 지원을 넘어 역량증진형 국가^{enabling state} 개념으로 접근할 필요가 있다. 출산, 육아, 주거 비용과 같은 사회적 비용을 줄이는 정책이 지속가능한 사회 유지를 위한 중요한 과제로 떠오르고 있다. 이는 기업의 경영환경을 근본적으로 개선하는 것이기도 하다. 즉, 정부가 이러한 사회적 비용을 줄이는 정책을 통해 적극적으로 지원해야만 한국경제 역시 안정적인 성장을 이룰 수 있는 것이다.

| 2025년 한국경제 전망의 핵심 주제

2025년 한국경제 전망에서 중요한 세 가지 주제어를 다음과 같이 잡아 보았다.

- 반도체 경기 회복과 자동차 수출 지속 여부
- 소비 회복 및 내수 부진의 탈출 여부
- 미국의 정치 경제적 변화와 중국의 회복

첫 번째, 반도체 경기 회복과 자동차 수출에 대한 전망이다. 2024년에 회복된 반도체 경기는 2025년에도 자동차와 함께 한국경제 성장의 중요한 축이 될 것이다. AI 산업 발전과 함께 반도체 수요가 지속적으로 증가하고 있으며 특히 메모리 반도체 수출이 주도하고 있다. 다만, 과거와 비교했을 때 글로벌 반도체 시장에서의 경쟁 환경이 변화하면서, 성장세가 가장 좋았던 2017년만큼 폭발적이지는 않을 것으로 보인다. 이에 따라 2025년 반도체 수출은 여전히 한국경제에 긍정적인 영향을 미치겠지만 한계가 있을 수 있다. 반면에, 호조를 계속하고, 자동차 부문의 수출 지속 여부가 우리 경제의 균형적 성장에 매우 중요하다.

둘째, 2025년 한국경제의 또 다른 핵심 과제는 소비 회복과 내수 부진이다. 2024년에도 내수 부진이 지속되었으며, 특히 가계 소비가 낮은 수준을 유지했다. 이러한 낮은 가계 소비는 물가상승률보다 낮은 명목 소득의 증가 즉, 실질소득의 감소와 가계부채 문제로 인해 유동성 부족 때문이다. 초미의 관심사인 한국은행 금융통화위원회의 10월 이후 금리 인하로 인한 유동성 확대로 소비 침체 문제는 일부 완화될 가능성은 있지만 부동산 가격과 가계 소비의 음(-)의 상관관계를 고려할 때 금리 인하로 인한 부동산 가격 상승은 오히려 소비 회복을 지연시킬 수 있다. 따라서 한국은행이 금리를 인하하더라도 가계의 소비 여력은 여전히 제한될 가능성이 크다. 2025년에는 정부의 적극적인 정책 개입 없이 시장 스스로 내수 회복을 이루기 어려운 상황이 될 수 있는데, 이는 한국경제가 지속가능한 성장 경로로 복귀하는 데 큰 장애물이 될 것으로 전망된다.

마지막으로 미국의 정치경제의 변화와 중국경제의 회복 여부이다. 한국경제는 대외 의존도가 높은 구조로 미국과 중국 등 주요 국가들의 정치·경제적 변화가 한국에 미치는 영향이 크다. 2024년 9/10월부터 시작된 미국과 중국의 금리 인하, 2024년 11월 미국 대선 결과(트럼프의 재집권 가능성)가 중요한 리스크 및 기회 요인으로 작용할 것이다. 특히, 그동안 침체에 빠졌던 중국경제가 2024년 10월에 단행된 전격적 금리 인하와 대출 규제 완화 등에 힘입어 회복한다면 한국경제와 기업에게 유리한 환경 변화로 작용할 수 있다. 그렇지 않고 중국이 계속 침체된다면, 그 여파가 중국산 물품이 중국 내수에서 한국 등 주변국 시장으로 몰려오는 상황으로 악화될 수 있다. 앞서 살펴보았던 보호무역주의 강화와 중국과의 디커플링 등 외교·무역 이슈는 한국 기업의 수출에 큰 영향을 미칠 수 있다.

종합하면, 2025년 한국경제는 반도체 자동차 방산 등 수출 지속, 중국의 경기 회복을 중심으로 한 성장이 기대되지만 이런 요인들이 얼마나 소비 회복으로 이어질지는 국내의 금리 정책, 정부의 각종 재정 정책 등에 영향을 받을 것이다. 이러한 복합적인 요인을 고려할 때, 2025년 경제 성장률은 잠재 성장률에 가까운 2% 수준을 기록할 가능성이 있으며 각종 산업의 반도체 수출 지속이나 확대가 성장의 주요 견인차가 될 것이지만, 내

수 회복이 이를 뒷받침하지 못하면 전반적인 회복 속도는 제한될 수 있다.

| 《2025 한국경제 대전망》에 담긴 글

이 책은 총 27편의 글이 비슷한 성격의 글과 함께 묶여 5개의 부로 구성되어 있다. 5개의 부는 세계 경제 및 한국경제의 동향과 전망, 글로벌 산업환경의 변화, 국내 자산시장 전망, 한국 산업(이른바 K-산업)의 전망, 정책 이슈 등으로 구성되어 있다. 각 부별 내용을 간략하게 소개하면 다음과 같다. 먼저, 1부는 2025년 지정학적 위험과 정치적 불확실성으로 인해 다양한 도전과 기회를 맞이할 것으로 예상되는 주요 5개국에 대한 전망을 소개하고 있다. 2025년 세계 경제는 복잡한 도전과 기회를 맞이하게 될 것이다. 지정학적 위험과 정치적 불확실성은 여전히 글로벌 경제의 주요 변수로 작용하며, 각국의 경제 정책에도 큰 영향을 미칠 전망이다. 미국의 대선 결과와 금리 정책, 중국의 부동산 경기 침체와 첨단 제조업 육성, 일본의 엔화 약세 조절, 한국의 반도체 경기 회복, 인도의 고성장 지속 여부 등이 2025년 세계 경제의 흐름을 결정하는 핵심 요소로 떠오르고 있다. 한국경제는 2025년에도 반도체 자동차 산업이 경제 성장에 긍정적인 영향을 미칠 것으로 예상되나 내수 부진과 설비투자 감소로 산업 간 불균형이 심화되고 있다. 2025년 한국경제 성장률은 약 2% 수준으로 전망되며, 이는 잠재 성장률에 근접한 수치다. 내수 회복과 설비투자 확대가 경제 전반의 활력을 되찾기 위한 주요 과제로 떠오르고 있다. 미국경제는 지정학적 리스크와 정치적 불확실성 속에서 금리 정책 변화를 맞이할 것으로 보인다. 러시아-우크라이나 전쟁, 중동의 불안정 등 국제적 요인들이 경제에 부정적인 영향을 미칠 가능성이 있으며, 미국 연방준비제도 Fed는 인플레이션과 노동 시장의 냉각을 동시에 관리해야 하는 상황에 직면해 있다. 일본경제는 엔화 약세로 인해 수출 대기업들은 수익을 올리고 있지만, 중소기업과 내수 시장은 인플레이션과 소비 위축으로 인해 어려움을 겪고 있다. 일본 정부는 엔화 약세를 조정하기 위한 금리 인상과 외환 시장 개입을 통해 경제 균형을 유지하려 하고 있으며, 이는 한국경제에도 영향을 미칠 수 있다. 중국경제는 부동산 시장의 위기와 첨단 제조업 전환이라는 이중적 도전에 직면해 있으나 24년 말에 단행된 금리 인하 등으로 새로운 전기를 맞고 있다. 부동산 시장 침체는 경제 전반의 성장을 둔화시키고 있으나, 중국 정부는 첨단 제조업에 집중하여 새로운 성장 동력을 찾고 있다. 그러나 부동산 시장 회복이 더딘 상황에서 2025년 중국경제는 여전히 큰 회복을 못할 가능성이 있다. 반면, 인도경제는 6% 이상의 고성장을 지속할 것으로 예상된다. 인도는 다국적 기업들의 투자 유치와 제조업 육성 정책 덕분에 새로운 글로벌 생산 기지로 부상하고 있으며, 이는 한국에게도 중요한 기회를 제공한다. 그러나 인도의 인프라 부족과 재정수지 적자 문제는 도전 과제로 여전히 남아 있다.

　2부는 지정학적 리스크, 산업 정책, 유럽경제, 인도네시아경제에 대한 전문가들의 분석을 통해 독자들은 복잡한 경제 상황 속에서 2025년의 흐름을 이해하고, 대응 전략을 세우는 데 필요한 통찰을 얻을 수 있을 것이다. 2024년은 국제 지정학적 변화가 적고 '현상 유지'가 주된 특징이었다. 미국은 대중국 견제를 이어가면서도 협력을 병행했고, 중국과 러시아는 내부 문제와 교착 상태로 인해 큰 외교적 변화 없이 대응했다. 하지만 2025년에는 미국 대선 결과에 따라 외교 정책이 크게 변화할 수 있으며, 특히 중국과 러시아에 대한 대응이 달라질 가능성이 크다. 또한, 2024년에는 미국과 유럽에서 산업 정책이 부활했다. 미국의 CHIPS 법과 IRA, 유럽의 반도체 법과 그린딜 투자 계획 등은 민관 협력 강화와 함께 AI, 양자컴퓨팅, 로봇공학 같은 신기술을 주요 목표로 삼았다. 이 산업 정책의 강화는 2025년에도 이어질 전망이다. 유럽은 러시아-우크라이나 전쟁과 에너지 위기로 경제적 어려움을 겪었으며, 대규모 난민 유입으로 사회적 혼란도 가중되었다. 그러나 IMF는 2025년에 금리 인하와 디지털, 그린 기술 관련 투자를 통해 조심스러운 회복을 예측하고 있다. 인도네시아는 세계 4위의 인구와 풍부한 천연자원을 바탕으로 성장 잠재력을 인정받고 있다. 다만, 인도네시아는 비즈니스 환경에서 예상치 못한 규제나 투자 문제가 있을 수 있어, 한국과의 협력 과정에서 갈등을 빚은 사례도 존재한다. 2025년에도 인도네시아는 큰 경제적 잠재력을 지니고 있지만, 부패 문제와 낮은 국민소득 등 여전히 해결해야 할 과제가 남아 있다.

3부는 경제 정책과 금융 시장에 관심 있는 독자들에게 현재의 인플레이션 완화와 금리 정책, 그리고 가계부채와 부동산 시장의 리스크를 이해하는 데 초점을 맞추고 있다. 중앙은행의 금리 결정이 물가와 경제 성장뿐만 아니라 가계부채와 부동산 시장의 변동성까지 고려해야 하는 복합적인 요인들을 다룬다는 점을 염두에 둘 필요가 있다. 최근 들어 한국과 미국을 포함한 주요국에서 인플레이션이 점차 완화되고 있다. 한국의 소비자물가 상승률은 2022년 7월 6.3%에서 2024년 8월 2.0%까지 하락했고, 미국 역시 2022년 6월 9.1%에서 2024년 8월 2.5%로 안정화되었다. EU와 영국도 비슷한 흐름을 보이며 물가상승률이 하락하고 있다. 2024년 9월, 미국 연준은 기준금리를 0.5%p 인하했고, 4분기에도 추가적인 금리 인하가 있을 것이라는 전망이 우세하다. 다만, 미국 시장금리에는 이미 이 인하가 반영된 상황이기 때문에, 앞으로 시장금리 하락은 완만하게 진행될 가능성이 높다. 2024년 9월 기준, 2년 만기 미국 국채의 평균 금리는 3.64%로, 인하된 기준금리 5.0% 대비 약 1.4%p 낮은 수준이다. 한국의 경우 물가가 미국보다 먼저 안정되었고, 경기 위축 우려가 더 크기 때문에 기준금리 인하 필요성이 더 강하다. 하지만 가계부채와 부동산 시장이 주요 리스크로 작용하고 있다. 2024년 2분기 이후 주택담보대출을 중심으로 가계부채가 빠르게 증가하고 있으며, 부동산 가격도 상승세를 보이고 있다. 이러한 상황에서 한국은행은 금리를 인하하기 위해 경제 성장률과 물가뿐만 아니라 가계부채와 부동산 시장의 위험성도 고려해야 한다. 특히 금융당국이 가계부채 억제를 위해 도입한 DSR 규제가 어느 정도 효과를 발휘한다면, 한국은행은 금리 인하에 좀 더 자유로울 수 있을 것이다. 반면, 정책 대출상품의 확대나 시장금리 하락이 지속된다면 가계부채 관리는 더 어려워지고, 금리 인하 결정에 부담이 커질 수 있다.

4부는 한국의 떠오르는 산업들인 K-팝, 반도체, 전기차 배터리, 방위 산업, 바이오헬스, 플랫폼, 생성형 AI 등 다양한 산업이 2025년에 직면할 도전과 기회, 그리고 이를 극복하기 위한 전략적 해법들을 다루고 있다. 먼저, K-팝 산업은 급격한 성장 과정에서 경영 능력의 중요성이 크게 부각되고 있다. 특히 하이브와 어도어 간의 경영권 다툼은 멀티레이블 체제에서 발생하는 경영 리스크를 상징하는 사례로, K-팝의 산업화 과정에서 해결해야 할 과제로 떠올랐다. 2025년에도 K-팝은 다양한 콘텐츠를 신속하게 공급하는 멀티레이블 체제를 지속해야 하며, 이를 통해 경영 효율성을 높여야 할 것이다. 반도체 산업은 AI 열풍에 힘입어 수요가 지속적으로 증가할 전망이지만, 미국과 중국 간의 지정학적 갈등이 여전히 불확실성을 키우고 있다. 미국은 중국에 대한 견제를 강화하고, 상용화 R&D를 통해 기술적 리더십을 다시 찾으려는 노력을 이어가고 있어, 2025년 반도체 시장은 이러한 지정학적 변수에 따라 변동될 가능성이 크다. 한국은 이 불확실성을 극복하고 반도체 시장에서의 경쟁력을 유지하기 위한 지혜로운 전략이 요구된다. K-배터리 산업은 2024년 전반적으로 글로벌 전기차 시장의 부진과 전기차 배터리 화재 이슈로 어려움을 겪었다. 특히 전기차와 배터리 수요 둔화는 산업이 초기 시장에서 주류 시장으로 넘어가는 '캐즘^{chasm}에 접어들었음을 의미한다. 2025년에는 미국과 EU의 관세 정책을 주의 깊게 관찰하면서 기술 개발을 통해 경쟁력을 강화하고, 중국 전기차 및 배터리 기업들과의 품질 차이를 벌려야 하는 중요한 시기가 될 것이다. 방위 산업은 높은 수주 실적과 미국 시장 진출의 가능성으로 긍정적인 전망을 보이고 있다. 한화에어로스페이스, 한국항공우주산업 등 주요 방산 기업들의 실적이 견고하며, 특히 미국 방산 시장 진출이 가시화되고 있다. 다만, 2024년 미국 대선 결과에 따라 방산 협력 구조가 변동될 가능성도 있지만, 한국 방산업체들은 현지 생산 거점을 통해 미국 시장에 진입하려는 노력을 지속할 필요가 있다. 바이오헬스 산업은 2025년 성장의 변곡점을 맞이할 것으로 보인다. 미국의 중국 견제와 글로벌 가치사슬 재편 속에서, 한국의 바이오헬스 산업은 세계적으로 경쟁력을 강화하고 있다. 특히, 미국의 금리 인하 기대와 함께 투자 전망이 밝아졌으며, 한국 바이오헬스 산업은 2025년에 생산과 수출 모두 큰 폭의 성장이 예상된다. 다만, 내수 시장만으로는 규모의 경제를 달성하기 어려워 글로벌 시장에 대한 적극적인 진출이 필요하다. 플랫폼 산업은 2025년에도 중요한 이슈로 떠오를 것이다. 중국 전자상거래 플랫폼의 국내 시장 침투에 대응하고, 국내 전자상거래 플랫폼의 문제 해결을 위한 논의가 지속될 것으로 보인다. 특히 중국 플랫폼의 가격 경쟁력을 이기기 위해, 한국 플랫폼은 기술적 인프라와 데이터 경쟁력을 강화할 필요가 있다. 마지막으로, 생성형 AI는 2024년부터 산업 전반에서 큰 주목을 받았으며, 2025년에도 중요한 혁신 기술로 자리 잡을 전망이다. 생성형 AI는 콘텐츠 생산성을 높일 수 있지만, 그 적용 방식에 따라 긍정적, 부정적 영향을 미칠 수 있다. 따라서 기업들은 이를 잘 활용하여 업무 효율을 극대화하는 방안을 모색해야 하며, 장기적으로는 AI 활용 역량을 강화하는 조직 문화를 조성하는 것이 중요하다.

마지막 5부는 저출산 문제, 탄소중립, 조세·재정 정책, 글로벌 부유세 논쟁, K-푸드 산업 등 다양한 주제를 다루고 있다. 저출산 문제는 한국에서 심각한 수준에 이르렀으며, 2025년에 출산율 반등을 기대하고 있다. 정책은 일·가정 양립, 양육, 주거 비용 완화에 집중하고 있지만, 결혼·출산에 대한 부정적 인식과 가족 가치의 회복이 중요한 과제로 남아 있다. 탄소중립과 관련해선 전력계획, 전기요금, 전력망 문제가 핵심 이슈다. 탈원전과 원전 확대 간의 갈등, 한전의 적자 문제, 수도권 전력망 부족 문제는 여전히 해결해야 할 과제다. 전문가들은 '진영 중립', '규제 중립', '전력망 중립'이 필요하다고 강조한다. 조세·재정 정책은 저출산과 양극화 문제를 해결하는 데 중요한 역할을 한다. 그러나 현재 정부의 재정 정책은 조세부담률을 높이지 않고 있어 근본적인 해결책을 마련하기에는 부족하다. 전문가들은 조세·재정의 대전환이 시급하다고 지적한다. 글로벌 부유세는 G20에서 논의되고 있으나, 미국의 반대가 커 국제적 합의가 쉽지 않을 전망이다. 그러나 부와 소득 불평등이 심화되는 가운데, 부유세 도입에 대한 요구는 계속될 것으로 보인다. K-푸드 산업은 수출 호조를 보이고 있으며, 2025년에도 지속적인 성장이 기대된다. 특히 쌀 가공식품, 라면, 과자, 음료 등의 주요 품목이 국제 시장에서 성공을 거두고 있다. K-푸드는 앞으로도 한국의 중요한 수출 산업으로 자리 잡을 가능성이 높다.

| 9년차를 맞는 《2025 한국경제 대전망》 시리즈 활용법

이번 《2025 한국경제 대전망》은 25명의 전문가들과 8명의 편집위원들이 각자의 연구와 통찰을 바탕으로 작성한 독립적인 글들을 모아 구성되었다. 필자들의 독립성과 전문성을 최대한 존중하면서 편집 과정을 거쳤으며, 이 책에 실린 글들은 각 필자 개인의 판단과 책임하에 출판되었다. 독자들은 이 글들을 통해 다양한 관점을 접하고 스스로 판단할 수 있을 것이다. 경제 추격연구소는 필자들의 전문성과 독자들의 요구를 연결하는 역할에 초점을 맞췄다.

올해 《2025 한국경제 대전망》의 키워드는 '동상이몽'과 '동분서주'이다. 미국, 중국을 비롯한 주요 강대국들이 겉으로는 큰 갈등을 자제하고 탄소 전환 등 같은 경제 목표를 향해 나아가는 듯 보이지만, 급변하는 글로벌 경제 속에서 각기 다른 전략과 방향으로 경쟁하고 있는 현실을 반영한 것이다. 필자들은 이러한 복잡한 경제 상황을 심층 분석하며, 다양한 관점을 통해 독자들이 이 혼란 속에서도 중요한 흐름을 파악할 수 있도록 돕고자 했다. 특히, 한국 기업과 산업도 불확실한 글로벌 환경 속에서 여러 방향으로 바쁘게 움직이며 생존과 성장을 모색하고 있다. 필자들은 이러한 상황에서 한국이 직면한 도전과 기회를 분석하고, 전략적 대응 방안을 제시하고자 했다.

이번 책도 학계, 연구소, 정부, 기업 등 다양한 배경을 가진 전문가들의 시각을 담고 있다. 이 책은 특정한 순서에 얽매이지 않고 독자들이 각자의 필요에 맞게 탐구할 수 있는 형태로 구성되었으며, 서로 다른 의견들이 교차하는 가운데에서도 공통된 경제적 과제를 다루고 있다. 그러나 개별 필자들의 분석이 모두 중요한 통찰을 제공하므로, 전체를 두루 읽어보는 것을 권장한다.

정책 전문가들은 자산시장, 산업, 지정학적 이슈 등 실물 경제에 대한 통찰을, 실물 경제 전문가들은 글로벌 경제 흐름과 정책적 배경에 대한 깊이 있는 이해를 얻을 수 있을 것이다. 또한, 경제에 관심 있는 일반 독자나 학생들은 한국과 세계 경제의 복잡한 상호작용을 종합적이고 체계적으로 파악할 수 있다. 복잡한 경제 질서 속에서 한국경제와 기업들이 어떤 미래를 맞이할지에 대한 통찰을 이 한 권의 책으로 독자들이 경제 상황을 이해하는 데 큰 도움이 될 것으로 자부한다.

2025년에도 경제 환경은 여전히 복잡하고 불확실할 가능성이 크다. 그러나 각 경제 주체들이 변화하는 상황에 유연하게 적응하고 전략적으로 대응함으로써 어려운 환경 속에서도 새로운 기회를 발견하고, 이를 통해 한국경제의 발전을 이끌어낼 수 있을 것이다. 이 책이 그러한 노력에 작은 도움이 되기를 바라며, 9년간 《한국경제 대전망》 시리즈 출판을 맡아주신 21세기북스의 김영곤 사장님과 최수진 편집자님께 깊은 감사의 뜻을 전한다.

2024년 10월
25명의 필자들을 대신하여,
류덕현, 이근, 오철, 박태영, 정문영, 정무섭, 이현태, 지만수

2025

CONTENTS

2025년 세계 주요국의 경제 대전망

지정학적 위험과 정치적 불확실성 속에서 길 찾기

이현태 | 서울대학교 국제대학원 국제학과 교수

　　2025년 세계 경제는 지정학적 위험과 정치적 불확실성이 지속되면서 각국의 경제에 큰 영향을 미칠 것이다. 미국의 대선 결과와 금리 정책, 중국의 부동산 경기와 첨단제조업 발전, 일본의 엔화 약세 조절, 한국의 반도체 경기 회복, 인도의 고성장 지속 여부 등이 주요 관심사이다. 각국은 이러한 도전과 기회를 잘 관리하여 경제 성장을 지속하고, 세계 경제의 안정과 성장을 도모해야 한다. 효과적인 경제 정책 수립과 국제 협력이 중요한 이유다. 1부는 한국, 미국, 일본, 중국, 인도 경제에 대한 심층 분석을 통해 각국의 경제 현황과 미래 전망을 제시한다. 독자들은 각국의 경제 상황을 종합적으로 이해하고, 향후 대응 전략 수립에 필요한 시사점을 얻을 수 있다.

　우선, 현재 한국경제는 거시경제와 금융 전문가로 연구와 정책 방면에 많은 성과를 쌓아온 이동진 상명대학교 경제금융학부 교수가 '반도체 경기회복과 불균형 심화'를 중심으로 2025년 전망을 제시하였다. 한국경제는 반도체 수출이 급증하며 경제성장률이 올라가고 있지만, 내수 부진과 설비투자 감소로 인해 산업별 불균형이 심화되고 있다. 반도체 수출의 급증은 AI 산업 발전 덕분에 예상보다 빠르게 이루어지고 있지만, 반도체를 제외한 다른 산업의 수출 증가율은 미미하다. 민간 소비는 여전히 부진하고, 설비투자도 저조한 상황이다. 이러한 상황에서 2025년 경제 성장률이 2% 수준으로 전망되며, 이는 잠재 성장률과 비슷한 수준이다. 반도체 경기 회복이 경제 전반으로 확산하지 않는 상황에서, 내수 회복과 설비투자 확대가 중요한 과제로 남아 있다. 또한, 미국의 정치경제적 여건 변화가 한국경제에 미칠 영향도 계속 주목해야 한다.

　다음으로 미국경제 전망은 미국 어번대학교 경제학과 교수로 재직하면서 현지에서 직접 연구 중인 거시경제 전문가 김형우 교수가 집필하였다. 미국경제는 현재 지정학적 위험과 정치적 불확실성에 직면해 있다. 러시아-우크라이나 전쟁과 중동의 불안정 등이 경제에 부정적 영향을 미칠 가능성이 있다. 인플레이션은 안정되고 있으나, 노동 시장의 냉각 우려가 커지면서 미국 연방준비제도^{Fed}가 금리 인하를 시사하고 있다. 하지만 인플레이션 압력이 다시 높아질 경우 긴축 정책으로 전환할 가능성도 존재한다. 2024년 대선은 경제 정책의 불확실성을 더욱 증대시키고 있으며, 이에 대응해 한국 정부의 정책적 유연성이 요구된다. 노동 시장의 경직성을 완화하는 적절한 정책적 대응이 이뤄진다면, 2025년에도 완만한 경제 성장세가 지속될 것으로 전망된다.

일본경제는 역시 현지에서 일본의 거시경제, 특히 경기침체를 오랫동안 연구해 온 권혁욱 일본대학교 경제학부 교수가 내용을 집필하였다. 일본경제는 엔화 약세로 인해 수출 대기업의 수익이 증가하고 있지만, 내수 중소기업과 노동자에게는 부정적인 영향을 미치고 있다. 엔화 약세는 수출을 촉진하지만, 수입 물가 상승으로 인한 인플레이션 압력이 존재한다. 엔화 약세는 반도체 제조기업과 같은 대기업의 수익을 크게 개선하고 있으며, 이에 따라 설비투자도 증가하고 있다. 그러나 중소기업은 수출을 많이 하지 않기 때문에 비용 증가를 가격에 전가하기 어려워 수익성이 악화되고 있다. 또한 엔화 약세로 인한 인플레이션은 실질임금을 감소시켜 소비를 위축시키고 있다. 이러한 상황에서 일본 정부는 금리 인상과 외환 시장 개입을 통해 엔화 약세를 조절하면서 경제 전반에 영향을 미치고자 한다.

또한, 중국경제는 '부동산 시장의 위기와 첨단 제조업으로의 전환'을 화두로 하여 중국 경제 전문가 이현태 서울대학교 국제대학원 교수가 의견과 전망을 제시하였다. 중국에서 부동산 시장의 침체는 경제 성장 둔화의 주요 원인으로 작용하고 있으며, 정부는 부동산 부양책을 시행하고 있지만 효과는 제한적이다. 대신, 중국 정부는 첨단 제조업을 육성하여 새로운 성장 동력을 찾고 있으며, 이는 글로벌 공급 과잉 문제를 야기하고 있다. 2024년 중국경제는 성장세가 둔화되고 있는데, 소비와 고정자산 투자가 기대에 미치지 못하고 있다. 특히 부동산 개발 투자가 극도로 부진하며, 이는 경제 전반에 부정적인 영향을 끼치고 있다. 이러한 상황에서 중국 정부는 부동산 시장의 구조 개혁을 추진하는 한편, 첨단제조업에 대한 투자를 확대하고 있다. 그러나 부동산 시장의 회복이 더디고, 중국발 과잉 생산에 대한 글로벌 견제가 높아지는 상황에서 2025년 중국경제도 어려움을 겪을 것으로 예상된다.

반면, 인도경제는 6% 이상의 고성장을 지속할 가능성이 크다. 오랜 기간 인도경제에 깊은 관심을 갖고 연구를 지속해 온 정무섭 동아대학교 국제무역학과 교수의 진단이다. 인도는 낮은 산업화 수준과 국제화 수준 덕분에 세계 경제 충격에 비교적 덜 영향받고 있으며, 다국적 기업들의 투자 열풍이 이어지고 있다. 낮은 인건비와 젊고 많은 경제활동인구 덕분에 투자 매력도가 높다. 이러한 상황에서 인도는 중국을 대체할 세계의 공장으로 부상할 가능성이 있기에, 한국은 인도와의 교역 및 투자를 확대할 필요가 있다. 인도 정부도 제조업 육성 정책을 추진하고 있으며, 외국인 직접 투자를 유치하기 위해 다양한 규제 완화와 유인책을 제공하고 있다. 그러나 인도에는 높은 재정적자와 경상수지 적자, 인프라 부족 등의 문제도 상존한다. 또한 높은 규제와 낮은 인프라 수준도 여전히 도전 과제로 남아 있다.

01

불균형이 심화된 2024년 한국경제, 2025년은?

이동진 ┃ 상명대학교 경제금융학부 부교수

2024년 우리 실물 경제는 반도체 경기 회복과 불균형 심화로 요약할 수 있다. 1.4% 성장에 불과했던 2023년의 불황에서 벗어나 2%대 중반의 경제 성장을 기대하고 있고 소비자 물가 상승률 역시 2년 만에 2%대로의 안정화가 확실시된다. 성장세 회복의 가장 큰 견인차는 반도체 수출이다. 인공지능^AI 산업 발전의 도움으로 반도체 경기는 당초 예상보다 훨씬 빠른 속도로 개선되고 있다. 이에 따라 우리나라의 반도체 수출 규모도 크게 증가하면서 전체 GDP 성장률을 끌어올리고 있다. 1~6월 기준 2023년의 반도체 수출은 전년 동기 대비 37% 감소하였으나 2024년에는 50%나 증가하여 1년 만에 증가율이 무려 87%p나

상승하였으니 반도체 수출의 회복 속도는 놀랍다고 할 만하다.

그러나 반도체 경기 회복이 산업과 경제 전반으로 확산되지는 않고 있다. 반도체 부문을 제외하면 2024년 1~6월까지의 수출 증가율은 전년 대비 2.3%에 불과하다. 민간소비 부진은 여전히 심각하여 2024년에도 1%대의 낮은 성장이 예상되며 설비투자 역시 0%대 성장에 그칠 전망이다. 이에 따라 산업별, 경제주체별 경기 회복의 불균형은 심화되었고 업종별로 실제경기와 체감경기와의 괴리를 더욱 크게 하고 있다.

현재 주요 경제 기관들은 2025년 경제 성장률을 2% 수준으로 전망하고 있는데 이는 우리나라의 잠재 성장률과 비슷한 수준이다. 일반적으로 경기 회복기에는 잠재 성장률보다 빠른 속도로 성장하게 되는데 아직까지는 V자형의 가파른 경기 회복은 물론이거니와 U자형의 경기 회복도 예단하기는 어려운 상황이다. 최근의 반도체 호황에다 세계 경제와 무역은 2025년에 개선 폭이 확대될 것으로 전망되고 있는데도 우리 경제의 더딘 경기 회복은 다소 아쉽다고 할 수 있다.

따라서 2025년 우리 경제의 화두는 '심화된 성장 불균형이 정상화될 수 있을까', 그리고 '기대보다 빠른 경기 회복이 가능할까'일 것이다. 이에 대한 단초를 얻기 위해서는 현재의 여건을 제대로 이해해야 할 필요가 있다. 특히 반도체 경기의 영향과 내수 부진에 대한 평가가 필요하다. 이와 함께 2025년의 주요 이벤트로서 미국의 정치경제적 여건을 같이 살펴볼 필요가 있다.

| 글로벌 반도체 경기 회복과 우리 수출

《2024 한국경제 대전망》에서 필자는 반도체가 경기 회복 속도의 중요한 요인이 될 것이며 글로벌 반도체 경기가 2017년과 같이 빠르게 회복될 경우 우리 경제에 큰 호재로 작용할 수 있다고 밝힌 바 있다. 실제로 2024년 글로벌 반도체 경기는 2017년과 유사한 속도로 회복되고 있다. 2010년 이후 반도체 경기는 총 네 번의 호황이 있었는데 2013년 스마트폰 수요 확대에서 비롯된 호황, 2017년 데이터 서버 증설이 추동한 호황, 코로나19 시기 비대면 활동 증가에 따른 호황과 현재의 호황이 그것이다. 이 중 2017년 호황이 가장 규모가 크고 오래 지속되었는데 글로벌 매출 증가 흐름을 보면 현재와 유사하다. 두 경우 모두 우리 경제의 주력 품목인 메모리를 중심으로 매출이 급증했다는 점 역시 우리 경제 측면에서는 유사한 모습이다.

[그림 1]은 2017년과 현재를 비교하여 매출이 바닥을 찍었던 2016년 2/4분기와 2023년 1/4분기를 기준으로 글로벌 반도체 매출, 우리나라 반도체 및 비반도체 수출의 누적 증가율을 나타내고 있다. 글로벌 반도체 매출을 보면 다소의 부침은 있으나 저점 후 5분기 동안의 성장세는 두 시기가 매우 유사함을 알 수 있다.

그러나 국내 산업의 흐름은 다소 차이가 있다. 반도체 수출 증대 속도는 현재가 2017년 당시보다 느리다. 첫 5분기 동안

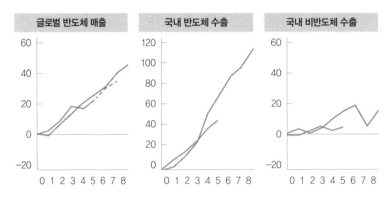

그림 1 2017년 반도체 호황과 현재 반도체 호황 비교

—— 현재   —— 2017년 호황

글로벌 반도체 매출

국내 반도체 수출

국내 비반도체 수출

* 주: 점선 부분은 WSTD의 2024년 6월 전망
* 자료: WSTS, 관세청

2017년에는 반도체 수출이 67%나 늘었지만 금번에는 45%로 2017년의 2/3 수준이다. 과거에 비해 중국 반도체 성장 등으로 글로벌 경쟁 환경이 변화하고 있고 불황에도 생산 규모를 유지하여 호황기 신축적 공급 확대가 가능했던 과거와 달리 2023년 삼성전자가 25년 만에 감산을 단행한 것도 이유가 될 수 있다. 반도체를 제외한 상품의 수출도 2017년에는 5분기 누적 증가율이 15%였으나 금년에는 5% 내외에 불과하여 여전히 부진한 상황이다. 더군다나 세계반도체무역통계기구WSTS, World Semiconductor Trade Statistics의 전망에 따르면 2025년 반도체 매출 증가세는 다소 꺾일 것으로 전망되고 있다(16%→12.5%).

이를 종합하면 호황의 지속 기간, 우리 기업들의 공급 탄력성*
등에 따라 달라지겠지만 반도체 경기 호황의 효과는 2017년만큼
폭발적이기는 어려울 것으로 보인다. 따라서 수출 성장세는 반도
체를 제외한 여타 부분의 수출세 회복 여부가 중요할 것이다. 세
계 교역은 2025년 3%대 중반까지 신장할 것으로 전망되고 있어
대외여건은 나쁘다고 할 수 없다. 우리에게는 대중교역의 회복 여
부와 수출 다변화 정도가 중요할 것이나 뒤에서 다시 밝히겠지
만 최근 몇 년간 수출 다변화 등의 탄력적 대응 여건은 다소 약
화된 것으로 보여 쉽지만은 않은 상황이다.

| 내수 회복은 언제쯤 가능할까?

2024년 상반기 GDP는 전년 대비 2.8% 성장하였으나 소비는
1%, 설비투자는 −2.3% 성장률을 기록하는 등 내수의 침체 정
도가 심하다. 반도체 수출의 빠른 성장에도 가계의 소비여건은
여전히 안 좋은 상황이며 설비투자 확대로도 이어지지 않는 것
이다. 다만 2025년 투자는 어느 정도 회복될 전망이고 소비 회복

---

*　가격의 변동에 따른 공급량 변화의 정도. 공급 탄력성이 높은 재화는 가격이 오르면 공급량도 함께
늘어나는 반면, 공급 탄력성이 낮은 재화의 경우 가격이 오르거나 내려도 공급량을 크게 늘리거나
줄일 수 없다. 가령 농산물이나 석유와 같은 원자재는 가격이 올라도 공급량을 크게 늘릴 수 없으므
로, 수요에 비해 공급이 부족할 경우 가격이 급등할 수 있다.

세가 완연하다면 내수 산업의 투자도 확대될 수 있다. 그렇다면 문제는 소비가 언제 회복될 것인가이다.

소비의 회복 여부 및 시점을 전망하기 위해서는 현재 소비 침체의 원인을 이해해야 한다. 가계의 소비는 크게 소득과 유동성에 의해 결정이 되는데 현재의 소비 침체는 소득과 유동성 모두에 기인한다. 지난 2년간 명목 소득의 증가세는 빠른 물가 상승률을 따라가지 못했다. 따라서 물가 변화를 고려할 때 실질 소득은 오히려 줄어든 셈이다. 이에 더해 2022년부터 가파르게 상승한 금리의 영향으로 가계들의 이자 부담이 높아지면서 유동성 사정이 악화되어 소비에 사용할 자금이 모자란 상황이다.

실질 소득 감소와 금리 인상은 우리나라만의 일이 아니며 많은 나라들에서 소비 위축이 발생하고 있다. 그러나 위축 정도는 우리나라가 가장 큰 편이다. 2023년부터 2024년 1분기까지 우리나라의 GDP 대비 민간소비 비중은 1%p나 하락하였는데 같은 기간 미국과 영국은 각각 0.6%p, 0.3%p 하락에 그쳤고 유로 지역은 오히려 0.2%p 상승하였다. 소비 침체가 가장 큰 문제가 되고 있는 일본의 경우도 하락폭은 0.9%p로 우리나라보다 작다.

그렇다면 왜 유독 우리나라에서 소비 위축이 심한 걸까? 우선 실질소득 감소폭이 다른 나라보다 크다. OECD의 통계에 따르면 2022~23년 우리나라의 실질임금은 4.4% 감소하였는데 이는 OECD 평균인 2.0%에 비해 훨씬 큰 폭으로 감소한 것이다([그림 2] 참조).

그림 2 OECD 국가별 실질임금 변동(2021년 대비 %)

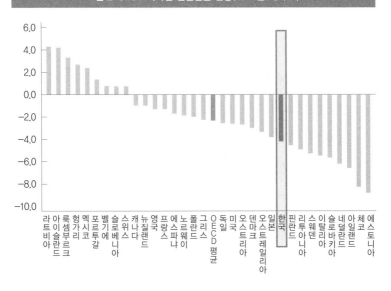

* 주: 실질임금이 가장 높았던 2021년 대비 2023년 실질임금의 증감률
* 출처: OECD

그림 3 민간소비/GDP 비율과 주택가격

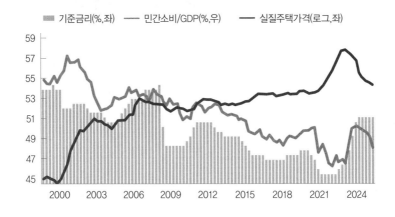

* 주: 실질주택가격은 명목주택가격을 소비자 물가 지수로 나눈 뒤 사이즈 조정을 한 값
* 출처: 한국은행, 한국부동산원

금리 인상 부담 역시 우리나라의 가계부채 부담이 세계 최고 수준임을 고려하면 클 수밖에 없다. 특히나 다른 나라들과 달리 우리나라는 금리 인상에 앞서 가계부채의 감축이 없었던 데다 2024년에는 수도권 주택가격이 상승세로 전환되면서 오히려 부채가 증가하는 상황이다.

한국은행이 금리를 인하하게 되면 가계의 이자 상환 부담이 감소하여 소비세가 회복될 것으로 기대할 수도 있다. 그러나 이는 주택가격 상승 여부와 정도에 달려 있다. 우리나라의 경우 민간소비와 주택가격의 추세는 반대 방향으로 움직이는 경향이 있다. 주택가격 상승기에는 상승 추세가 지속될 것으로 예측하여 가계들의 주택 수요가 높아지는데, 이 경우 주택구입자금 마련을 위해 소비를 줄이기 때문이다. 특히 이러한 현상은 주택가격이 빠르게 상승할 때 더 크게 나타난다([그림 3] 참조). 만약 금리 인하로 주택가격 상승세가 더욱 확대된다면 가계는 오히려 부채를 늘리고 유동성을 더욱 확보하려고 해 소비 회복세는 오히려 지연될 수 있는 것이다. 실제로 과거의 사례를 보면 금리 인하시기 민간소비/GDP 비율은 일반적으로 하락하여 왔다([그림 3] 참조). 2024년 현재 주택가격이 빠르게 상승하고 있으며 부동산 프로젝트 파이낸싱PF 부담으로 인해 정부 역시 주택가격 상승에 적극적으로 대응하지 않고 있음을 감안할 때 금리 인하가 소비 회복에 기여할 수 있을지는 불분명한 상황이다.

결국 소비 회복 정도는 실질 소득의 회복 속도와 부동산가격

추이에 상당 부분 결정될 것으로 보인다. 물가가 안정되고 있어 현재와 같은 실질 소득 감소는 발생하지 않을 전망이나 개선 정도는 '실물경기 회복→소득 증가→소비 증가→실물경기 증가'라는 선순환이 얼마나 빨리 회복될지에 달려 있다. 다만 재정적자 누적 등으로 정부의 정책적 노력이 어려운 상황에서 시장 스스로 선순환을 이루어야 한다는 점은 부담이다. 부동산가격은 여전히 우리 경제의 뇌관으로 자리 잡고 있다. 금융 시장 안정만이 아니라 소비 측면에서도 부동산가격 안정은 현재 우리 경제의 가장 중요한 문제 중 하나라고 할 수 있다.

미국의 정치·경제 상황은 우리 경제에 어떤 영향을 끼칠까?

최근 수년간 우리나라는 미국과의 정치적 결속력을 강화해왔다. 최근의 경제안보 확대 추세와 맞물려 강화된 정치 결속력은 경제적 의존도 확대로 이어져 미국의 정치·경제 상황이 우리 경제에 미치는 영향은 더욱 커진 셈이다. 이 와중에 2024년에는 미국의 경기 호황 종료, 금리 인하기로의 전환, 대통령 선거 등 매우 굵직한 정치·경제적 이벤트가 예정되어 있어 미국의 상황은 2025년 우리 경제의 가장 큰 리스크 요인의 하나이다.

미국의 대신은 정치·외교직으로도 중요한 이슈이지만 경세적으로도 매우 중요하다. 특히나 대선에서 집권당이 바뀌어 경제 정책 방향도 전환된다면 우리 경제에 큰 영향을 줄 수도 있다. 즉, 집권당의 교체는 우리 경제에 큰 리스크 요인이 되는 것이다.

도널드 트럼프Donald Trump의 공화당이 새로 집권한다면 우리 경제의 영향은 긍정적일까, 부정적일까? 득보다는 실이 클 가능성이 높다. 트럼프 캠프의 공약과 보수 싱크탱크인 헤리티지재단의 '프로젝트 2025'를 보면 보호무역주의, 중국 디커플링decoupling* 강화와 기후변화대응 정책 폐지가 경제 정책의 핵심이 될 것으로 보인다. 보편적 관세 제도, 상호무역법 도입, 생필품 전면 국산화 등 이미 발표된 공약을 볼 때 트럼프 정부가 들어선다면 보호무역주의는 상당히 강력할 것으로 예상된다. 이러한 정책 변화가 우리나라와 같이 자국과 동등 대우를 갖는 자유무역협정FTA 국가의 대미 수출에도 얼마나 영향을 미칠지는 알 수 없다. 그러나 과거 트럼프 대통령의 국정운영 스타일, 그리고 미국 수입에서 자유무역협정 국가들이 차지하는 비중이 40%나 된다는 점을 감안한다면 FTA 국가들에게도 위협이 될 것은 분명하다. 또한 트럼프 정부는 민주당 정부가 도입한 인플레이션 감축법IRA, Inflation Reduction Act 등 주요 기후변화 정책도 폐기할 것을 공언하고 있다. 따라서 IRA의 최대 수혜국 중 하나인 우리나라에는 충격이 될 수밖에 없다.

---

* 한 국가의 경제가 인접한 다른 국가나 세계 경제의 흐름과 달리 독자적인 흐름을 보이는 현상.

미국의 경기 변화도 예의주시할 필요가 있다. 2024년 미국의 고용지표는 예상보다 빠르게 둔화되고 있으며 경기 상황을 보는 미국인들의 심리 지표가 크게 악화되면서 경기 침체가 우려되고 있다. 현재로서는 2024년 2/4분기 GDP 성장률이 1/4분기보다 확대되는 등 둔화 흐름은 일부의 걱정보다는 완만하게 진행될 가능성이 높으나 경기 둔화가 가파르게 진행될 리스크 또한 여전히 상존하고 있다. 다만 최근 자동차, 기계류 등이 미국에서 가격경쟁력보다는 품질경쟁력이 높은 것으로 나타나고 있다는 점은 충격을 다소 완화시킬 수 있는 긍정적 요인이다.

미중 갈등 이후 우리나라에서 대미무역의 비중이 크게 증가한 점을 고려한다면 미국의 정치·경제상의 변화가 우리 경제에 미치는 영향은 과거보다 더 커질 가능성이 크다. 2000년만 해도 대미 수출은 중국의 두 배가 넘으며 전체 수출의 22%를 차지할 정도로 미국의 우리나라의 최대 수출국이었다. 그러나 글로벌 가치사슬이 발전하면서 중간재 중심의 대중 수출이 증가하여 2012년에는 대중 수출이 미국의 250%가 넘게 되는 등 중국은 우리나라의 최대 수출국으로 자리 잡았다. 그러다 미중 갈등이 심화되고 우리 정부의 경제안보전략 변화에 따라 대중 수출이 축소되고 대미 수출이 증가하면서 2023년 중국과 미국의 수출 비중이 비슷해질 정도로 대미 의존도가 커진 상황이다.

이에 더해 과거 수출 시장 다변화 전략으로 추진되었던 신남방전략, 신북방전략 등이 유야무야되고 있고, 정치 문제까지 얽혀 있는 대중교역이 과거 수준까지 복귀하기는 쉽지 않아 보인다. 이 경우 미국의 경기둔화가 당초 예상보다 심화되거나 트럼프 정부가 들어설 경우 수출시장 다변화 등과 같은 탄력적 대응이 과거보다 어려울 것이라는 점 역시 우리 경제에는 부담이다.

| 글을 맺으며

2025년 우리 경제는 잠재 성장률과 유사한 2% 수준의 완만한 경기 회복이 전망되며 2024년의 성장 불균형 심화 등은 보다 빠른 경기 회복을 지연시키고 있다. 반도체 활황에도 불구하고 침체된 소비의 회복 속도가 빠르지 않고 비반도체 부분의 수출이 아직 회복되지 않은 데 기인한다. 2025년 성장의 불균형은 2024년처럼 심각하지는 않을 것이나 얼마나 회복될지는 알 수 없는 상황이다. 정책 당국은 기업실적 개선으로 명목임금이 빠르게 상승할 것이고 2025년에는 내구재 소비싸이클이 호황이 될 것이라는 점 등을 근거로 소비가 빨리 회복될 것이라 하고 있으나 여기에는 바람도 다소 섞인 듯하다. 세계 10위권 국가에서 1개 산업 하나의 호황으로 경제의 빠른 회복을 기대하기는 힘들다. 산업 전반의 회복과 내수 회복이 같이 이루어져야만 지속가능한 성장 경로로 복귀할 수 있는 것이다.

일부 산업이 성장세를 견인하고 부문별 불균형이 2024년과 같이 심화된 상황에서 정책 당국의 역할에 대해서는 논쟁의 여지가 있다. 성장 총량으로 보아 회복세가 확실하니 정부의 경기대응은 자제해야 한다고 주장할 수도 있으며 경기침체 수준으로 위축된 소비 등 내수를 위해서는 적극적인 대응이 필요하다고 주장할 수 있다. 이러한 논쟁은 간과하기 쉬우나 우리 경제에 있어서는 매우 중요한 의미를 지닌다. 우리 경제의 불균형은 오래전부터 지속되어 왔으며 이것이 지속가능한지 여부가 우리 경제의 미래에 매우 중요한 요소가 될 것이기 때문이다. 특히 침체기의 소비 위축이 제대로 회복되지 못한 것은 어제오늘 일이 아니다. 지난 20여 년간 우리나라의 GDP 대비 민간소비 비중은 계속 하락하여 2023년 현재 정부지출 비중이 매우 높은 북유럽 국가들을 제외하곤 OECD 꼴찌이다. 아마 2024년이 지나면 그 비중은 더욱 하락하였을 것이다. 소비는 사회후생 수준을 판단하는 대표적인 지표임과 동시에 서비스 산업을 포함한 내수 관련 산업의 수요를 담당한다. 따라서 전체 성장에 못 미치는 소비 성장은 결국 관련 산업의 상대적인 위축이 구조화되는 것을 의미한다. 이러한 위축세가 지속되는 것이 바람직한지, 지속될 수 있는지, 그리고 이 과정에서 과거 정책 당국들의 대응에 문제는 없었는지 곰곰이 성찰해 봐야 할 시점이다.

02

만연한 불확실성과 향후 미국경제

김형우 | 미국 어번대학교 경제학과 교수

| 새로운 불확실성에 직면한 미국경제

2024년 후반기에 접어들며 세계는 전례 없는 심각한 불확실성에 직면해 있다. 2022년 2월 러시아의 도발로 시작된 러-우 전쟁은 여전히 진행 중이며, 2023년 10월 하마스의 이스라엘에 대한 미사일 공격으로 촉발된 중동 지역의 불안정성, 그리고 군사적 갈등으로 발전할 가능성을 내포한 중국과 대만 간의 긴장, 북한의 지속적인 도발 등으로 인해 전 세계에 심각한 지정학적 위험geopolitical risk이 가중되고 있다. 이러한 지정학적 위험은 에너지 및 주요 상품 가격의 변동성을 더욱 심화시키고, 전 세계 물류 공급망^{global supply chain}의 혼란을 초래하여 물가 불안 및 경제 성장 둔화로 이어질 가능성이 크다. 물론 미국도 예외는 아니다.

2024년 11월에 예정된 미국 대선 결과도 여전히 불확실하다. 현직 대통령 바이든^{Joe Biden}이 대선 출마를 포기하면서 트럼프 전 대통령에게 기울었던 판세가 다시 원점으로 돌아갔다. 정치 관련 주요 통계에 따르면, 2024년 9월 말 현재 민주당의 카말라 해리스^{Kamala Harris} 후보가 공화당의 트럼프 후보를 근소한 차이로 앞서고 있는 박빙의 상황이다. 하원에서 공화당의 우위가 지속될 가능성이 높아 보이는 가운데, 현재 민주당이 근소한 우위를 점하고 있는 상원 역시 공화당이 장악할 가능성도 크다. 미국 정치권이 어떻게 재편되는가에 따라 세금 및 규제 정책의 방향이 크게 변할 수 있으며, 중국을 포함한 주요 교역국과의 무역 정책도 새로운 방식으로 전개될 가능성이 있어, 향후 미국경제에 심대한 영향을 미칠 것이다.

향후 금리 및 금융 정책에 대한 불확실성은 상대적으로 적은 편이다. 강력한 긴축 통화 정책을 통해 인플레이션을 억제하는 데 성공한 연준은 이제 경제의 연착륙이라는 어려운 과제에 직면해 고민하고 있다. 지난 9월 기준금리를 0.5% 포인트 인하하는 이른바 '빅컷^{big cut}'이 단행된 이후, 점진적인 금리인하가 내년에도 지속될 것이라는 전망에 시장의 대체적인 동의가 있으나, 앞서 언급한 지정학적 위험이나 대선의 향방에 따른 불확실성이 여전히 존재하며, 돌발변수가 발생할 경우 정책 방향이 크게 선회할 가능성도 배제할 수 없다.

이러한 불확실성 속에서 향후 미국경제를 전망하는 것은 매우 어렵다는 것은 자명하다. 특히 지정학적 위험은 종교나 정치 등 비경제적 이유로 발생하는 경우가 많아, 경제 변수를 통해 그 진행 방향을 추론하기가 사실상 매우 어렵다. 따라서 우선 현재 미국경제를 진단한 후, 지정학적 위험에 큰 변화가 없을 것이라는 가정하에서 미국의 화폐 정책이 앞으로 어떻게 진행될지, 그리고 미국 대선 결과가 2025년 미국경제에 어떤 영향을 미칠지를 중심으로 살펴보자.

| 현 미국경제 진단과 시장의 전망

1980년대 이후 겪어보지 못했던 고인플레이션을 막기 위한 연준의 공격적인 통화 정책 덕분에, 미국 내 인플레이션은 안정 기조에 들어선 것으로 보인다. 소비자 물가 지수^{CPI, Consumer Price Index}는 꾸준히 하락하여 7월 현재 2.9% 수준에서 등락하고 있으며, 식품 및 에너지를 제외한 근원 CPI 인플레이션도 꾸준히 하락해 3%를 약간 상회하고 있다. 연준이 최근 선호하는 지표로 알려진 개인소비지출^{PCE, Personal Consumption Expenditure} 인플레이션과 근원 PCE 인플레이션도 각각 2.51%와 2.68% 수준으로 완만한 하락세를 보이고 있다. 그러나 예년의 높은 인플레이션이 공급망 교란 등으로 인한 비용 상승형 인플레이션에 크게 기인했다는 점을 고려할 때, 앞서 언급한 지정학적 위험이 가중될 경우 인플레이션이 다시 상승할 가능성을 배제할 수 없다. 그럴 경우 통화정책도 현재의 점진적 완화 기조에서 긴축으로 전환될 수 있다.

실물 경기는 여전히 견조하게 지속되고 있는 것으로 보인다. 실질 국내총생산GDP, Gross Domestic Product 증가율은 2022년 1/4분기 0.65%의 저점을 찍은 후 완만한 상승세를 이어가며, 2024년 2분기에는 3.12%의 성장을 기록했다. 실질 민간소비 역시 비슷한 양상을 보이며 2024년 2/4분기 2.54% 상승이라는 견조한 모습을 보이고 있다. 가파르게 상승했던 이자율의 영향으로 부진했던 실질 민간투자는 2023년 8월부터 시작되었던 기준이자율 동결에 힘입어 2023년 4/4분기 이후 증가세로 돌아섰으며, 2024년 2/4분기에는 5.82%의 성장세를 보였다. 특히 부동산 부문 민간투자real residential private investment는 높은 주택담보대출Mortgage 이자율로 인해 2년간의 마이너스 증가율을 기록했으나, 2024년 들어 상승세로 전환되었다. 또한, 세후 기업이윤이 2021년 2/4분기 이후 계속된 성장률 감소를 끝내고 상승세로 돌아선 점도 긍정적으로 평가할 수 있다.

그러나 모든 지표가 낙관적인 것은 아니다. 노동 시장의 주요 지표들은 어떠한가? 코로나19 충격으로 인해 2020년 2월 3.5%였던 실업률이 4월에는 14.8%까지 치솟았으나, 이후 꾸준한 하락세를 보이며 안정화되었고, 2022년 이후 3% 수준을 회복했다.

그러나 2024년 5월 들어 4%를 기록하며 완만한 상승세를 보이고 있다. 고용 증가율도 하락세를 보이며, 7월 현재 1.61% 증가에 그치고 있고, 신규 실업수당 청구 건수도 2024년 들어 증가세로 돌아섰다. 따라서 향후 노동 시장 여건이 점진적으로 악화될 가능성을 배제하기 힘들 수 있다고 생각된다.

그렇다면 현재 및 향후 경기변동에 대해 시장 참여자들은 어떤 전망을 하고 있을까? 이를 알아보기 위해 필라델피아 연은 Philadelphia Fed이 1968년부터 민간 부문 전문가들에 대한 설문조사를 통해 구축해 온 전문가 컨센서스 조사SPF, Survey of Professional Forecasters 8월 보고서를 살펴보도록 하자. [표 1]에서 볼 수 있듯이 민간 부문 전문가들은 2024년 연초에 제시했던 2024년 경기에 대한 전망을 8월 보고서에서도 대체로 유지하고 있지만, 다

표 1 SPF 거시변수 예측 (2024년 8월 보고서)						
	실질 GDP (%)		실업률 (%)		고용 (천 명/월)	
	전분기 자료	현분기 자료	전분기 자료	현분기 자료	전분기 자료	현분기 자료
2024 3/4분기	2.0	1.9	4.0	4.2	147.3	143.9
2024 4/4분기	1.5	1.7	4.0	4.3	129.7	125.4
2025 1/4분기	1.8	1.7	4.1	4.3	144.2	128.7
2025 2/4분기	2.0	1.8	4.1	4.3	108.7	116.2
2025 3/4분기	N.A.	2.2	N.A.	4.3	N.A.	145.8

* 출처: 필라델피아 연은, 중간값

소 비관적인 전망으로 돌아선 것으로 보인다. 특히 실업률 예측치가 상향 조정되었고, 고용 전망도 다소 낮은 수준으로 수정되었다. 이는 코로나19 이후 미국 노동 시장에 나타났던 低성장과 低실업률의 공존 현상이 더 이상 지속되지 않을 것이라는 시장의 예상을 반영하는 것이라 할 수 있다. 다시 말해서 "조용한 사직quiet quitting"이라는 좋은 시절이 끝나고 노동 시장에서 찬바람이 불 가능성이 있다는 다소 암울한 전망을 반영하는 것으로 생각된다.

또 다른 민간 부문 경제 예측 보고서인 리빙스턴 서베이Livingston Survey의 6월 보고서는 SPF 보고서와 비교해 좀 더 낙관적이라 할 수 있다. 다시 말해 경제 성장률을 이전보다 다소 상향 조정한 반면 실업률은 하향 조정했다. 물론 리빙스턴 서베이가 6월 보고서인 데 반해 SPF 조사는 8월 보고서이기에 그사이에 민간 전망이 비관적으로 변했을 가능성도 있다. 그러나 두 보고서의 예상치 차이가 크지 않기 때문에, 시장이 예년과 같은 급격한 변화를 예상하지는 않는다고 해석해 볼 수도 있을 것이다.

경기 악화 가능성에 대한 시장의 예상을 반영하는 리스크 프리미엄의 지표로 사용되는 무디스Moody's Baa 회사채 수익률 대비 무위험자산인 10년만기 재무성채권Treasury Note 수익률spread도 완만한 하락세를 보이며, 8월 현재 1.70%라는 매우 낮은 수준에 머무르고 있다. 우량기업 관련 무디스 Aaa 회사채 대비 스프레드 역시 유사한 패턴을 보이며 8월 현재 0.94%에 불과해 미국 경제에 대한 시장의 신뢰를 엿볼 수 있다.

　종합적으로 볼 때 향후 미국경제는 큰 변동이 없을 것으로 보이나, 노동 시장의 냉각 가능성이 적지 않다는 점은 다소 우려스럽다고 할 것이다. 그럼 다음에서 앞서 언급한 여러 불확실성이 향후 미국경제에 미칠 가능성에 대해 생각을 해보자.

| 향후 연준의 통화 정책에 대해서

　연준의 6월 보고서에 나온 점도표$^{Dot Plot}$에 따르면, 기준금리가 되는 목표 연방기금금리$^{FFR, Federal Funds Rate}$가 6월 5.25~5.50% 구간에서 2026년까지 3.00~3.25% 구간으로 조정될 것으로 예상된다. 실제로, 8월 23일 잭슨홀 심포지엄에서 제롬 파월$^{Jerome Powell}$ 연준 의장은 인플레이션 압력이 완화되고 있는 반면, 노동 시장의 냉각가능성이 감지되고 있음을 언급하며, 연준이 지속적인 경제성장을 위해 금리 인하를 포함한 가능한 모든 정책을 동원할 것임을 분명히 했다. 이를 뒷받침하듯 실제로 9월 연방공개시장위원회$^{FOMC, Federal Open Market Committee}$에서 기준금리가 0.5% 포인트 전격 인하되었다. 그러나 연준이 경제 성장과 물가안정이라는 양대 정책 목표$^{Dual Mandat}$를 기본으로 한다는 점에서 향후 인플레이션의 진행 향방에 대한 숙고가 필요하다.

　앞서 살펴본 바와 같이, 최근 인플레이션 데이터는 꾸준한 하락추세를 보이고 있으며, 연준이 목표로 하는 2% 수준에 근접하고 있다. 변동성이 훨씬 크지만, 소비자 물가 인플레이션의 선행지수 역할을 하는 공급자물가지수^{PPI, Producer Price Index} 인플레이션 역시 큰 폭의 하락세를 보이며, 7월 현재 1.53% 상승에 그쳐 미미한 수준을 보이고 있다. 시장의 예상 인플레이션을 반영하는 5년과 10년 기대 인플레이션율^{BEI, Breakeven Inflation Rate}은 8월 현재 각각 1.96%와 2.13%를 기록하고 있어, 인플레이션이 조만간 연준의 목표치인 2%에 도달할 것으로 시장이 예상하고 있음을 확인할 수 있다.

이와 더불어 국제 시장에서 유통되는 주요 상품^{primary commodities} 가격의 증가율도 살펴볼 필요가 있다. 국제통화기금^{IMF, International Monetary Fund} 데이터에 따르면, 2022년을 기점으로 식품, 중간재, 에너지 등 대부분의 항목에서 가격 상승률이 하락하고 있다. 이렇게 가격이 안정을 찾으면서 오름세를 끌어내리면, 이를 중간재로 사용하는 기업의 생산 비용 부담도 줄어들어 낮은 PPI 증가율로 이어진다. 결국 최종재의 가격 상승 폭도 둔화하여, 소비자 물가 상승률을 낮추는 효과를 가져온다. 이는 앞서 언급한 비용인상형 인플레이션 압력이 줄어들었음을 시사한다. 현재 에너지 및 식료품을 제외한 Core CPI 인플레이션이 전반적 인플레이션보다 높다는 사실을 볼 때, 비용인상형 인플레이션은 대체로 안정화되었고, 수요견인형 인플레이션이 어느 정도 남아 있다고 볼 수 있다.

표 2 인플레이션 전망 (%)						
	SPF		Livingston Survey		CBO	
	PCE (CPI)	Core PCE (CPI)	CPI	PPI	PCE (CPI)	Core PCE (CPI)
2024년	2.6 (2.8)	2.8 (3.2)	3.2	1.9	2.7 (3.2)	2.9 (3.6)
2025년	2.1 (2.3)	2.2 (2.4)	2.5	1.6	2.2 (2.4)	2.4 (2.7)
2026년	2.1 (2.2)	2.0 (2.3)	N.A.	N.A.	2.0 (2.2)	2.1 (2.4)

* 출처: 필라델피아 연은(SPF August Report, Livingston Survey June Report), CBO June Report

시장의 전망도 이와 크게 다르지 않다. SPF 및 리빙스턴 서베이 등 민간 부문의 인플레이션 전망에 따르면, 인플레이션은 2024년 더욱 하향 안정화될 것으로 기대되며, PPI 인플레이션도 더 낮아질 것으로 예상된다. 미 의회예산국CBO, Congressional Budget Office 역시 유사한 전망을 내놓고 있다. 따라서 인플레이션이 연준이 지향하는 2% 수준의 목표치로 천천히 수렴할 것이라는 데 대체로 컨센서스가 이루어지고 있는 것으로 보인다. 그러나 남아 있는 인플레이션이 수요견인형일 가능성이 크기 때문에, 연준이 급격한 금리 인하에 나설 경우 진정되고 있는 인플레이션에 다시 불을 지필 수 있다. 따라서 연준의 정책 변화는 상당히 신중하게 진행될 것으로 예상된다.

그러나 이러한 예상은 러-우 전쟁 등 지정학적 위험이 가중되지 않는다는 가정을 바탕으로 하는 것이다. 다시 말해서 에너지를 포함한 상품가격의 변동성이 커지고, 전 세계 물류 공급망이 교란되는 상황이 다시 발생할 가능성도 완전히 배제할 수 없다. 그럴 경우 물가 불안이 다시 촉발될 수 있으며, 연준은 다시 긴축 정책으로 돌아설 수밖에 없을 것이다. 현재로서는 그 가능성이 크지 않기를 바랄 수밖에 없다.

| 미국 대선 결과의 영향은 어떨까

트럼프 후보에 고전을 면치 못하던 바이든 대통령이 결국 대선 출마를 포기하면서, 미국 대선의 판세는 다시 원점으로 돌아갔다고 볼 수 있다. 상원과 하원에서 또한 어느 당도 압도적 우세를 자신하지 못하는 접전이 예상된다. 정치 관련 주요 통계를 제공하는 파이브서티에이트FiveThirtyEight에 따르면, 8월 23일 현재 민주당의 해리스 후보가 47.3%의 승리 확률을 보이며 공화당 트럼프 후보를 3.7%p 앞서고 있다. 프리딕트잇PredictIt에서도 해리스가 트럼프를 4%p 내에서 앞서고 있다. 그렇지만 민주당에서 탈당했던 무소속 로버트 케네디 주니어Robert F. Kennedy Jr. 후보가 트럼프를 지지하며 대선 후보직을 사퇴해, 이후 대선의 향배가 어떻게 진행될지는 여전히 안개 속에 있다. 누가 대선에서 승리하느냐에 따라 미국의 정책 방향이 달라지고, 이는 미국뿐 아니라 전 세계 경제에 심대한 영향을 미칠 것임은 명확한 일이다.

반약 민주냥 해리스 후보가 승리할 경우, 바이든 대통령의 경제 정책이 계승될 가능성이 높다. 사회 인프라에 대한 투자와 경제적 약자를 보호할 사회 안전망 강화 등의 중점사업이 계속될 것이며, 이러한 진보적 경제 정책을 수행하기 위해 보다 적극적인 재정 지출이 예상된다. 고소득자 및 기업에 대한 세금 인상이 추진될 것이며, 세금의 해외 도피를 막기 위한 국제적 공조도 계속될 수 있다. 또한 친환경 정책을 위한 기업 규제 강화, 빅테크 기업의 독점적 지위 남용 방지, 소비자 보호 및 데이터 프라이버시 강화 등을 위한 입법이 예상되며, 이는 기업활동과 고용에 부정적 영향을 미칠 가능성도 있다. 이러한 정책 방향은 단기적으로는 가시적인 성장 효과를 가져오기 어려울 수 있지만, 사회적 불평등의 개선과 건강한 경제 체질 강화라는 장기적인 긍정적 효과를 기대할 수 있을 것이다.

반면 공화당의 트럼프가 당선될 경우, 그가 2017년에 도입한 감세와 탈규제를 계속할 가능성이 높다. 특히 미국 내 제조업 부활을 위해 매파hawkish적 보호 무역 정책을 강화할 가능성이 크며, 악화하고 있는 중국과의 관계가 더욱 나빠질 수 있다. 한국과 서유럽 등 전통적 우방국들과 경제적 이권 다툼을 벌일 가능성도 있다. 또한, 재정 정책과 관련해 부유층과 기업에 대한 적극적 감세가 재추진되고, 환경정책 철회 등 규제 완화를 통한 친기업 정책이 강화될 것으로 예상된다. 트럼프의 당선은 단기적으로 미국 경제 성장에 긍정적인 영향을 미칠 수 있으나, 장기적으로는 세계 교역 질서의 교란으로 인해 부정적인 영향으로 귀결될 가능성이 크다.

해리스와 트럼프의 경제 정책은 그 방향성과 우선순위 등에서 상당히 다르게 진행될 것이다. 그러나 경제 정책의 시행과 그에 따른 경제적 효과는 시차를 두고 나타난다는 점에서, 2025년의 경제가 대선 결과로 인해 직접적으로 큰 영향을 받지는 않을 것으로 보인다. 따라서 지정학적 위험 등이 고조되는 등의 경제 외부적 사건이 발생하지 않을 경우, 저성장 기조와 물가의 안정화라는 예상은 여전히 유효할 것으로 보이며, 노동 시장의 냉각 가능성에 대한 주의가 필요하다는 점도 정책입안자들이 염두에 두어야 할 것이다.

| 결론

2024년은 전례 없는 심각한 불확실성에 직면해 있다. 현재 진행 중인 러-우 전쟁을 비롯해 중동 지역의 군사적 갈등, 멈출 줄 모르는 북한의 도발 등 악화하고 있는 지정학적 위험은 미국을 포함한 세계 경제에 큰 위협이 되고 있다. 또한, 한 치 앞을 알 수 없는 미국 대선을 앞두고 트럼프가 당선될 경우 생길 미국의 대내외 정책 변화에 대한 두려움도 적지 않다.

다만 코로나19 이후 전 세계 물류 공급망의 교란으로 발생한 심각한 인플레이션이 연준의 공격적인 긴축 통화 정책으로 안정

국면에 접어들고 있음은 다행이라 할 수 있다. 미국경제는 여전히 견실한 것으로 보이며, 연착륙의 가능성이 커지고 있다. 실업률이 4%를 우회하고 고용 증가율이 감소하는 등 노동시장에서 경직성이 나타나고는 있지만, 연준이 이에 대한 적극적 대응을 강조하며 기준금리를 인하하는 등 선제적인 조치를 취하고 있으며 이후 추가적인 금리인하가 이어질 것으로 전망이 된다. 이에 따라 경제 성장 동력이 크게 둔화될 가능성은 적으며, 인플레이션도 연준의 장기 목표인 2%로 안정화될 가능성이 큰 것으로 보인다.

여전히 안개 속에 있는 11월 대선의 향방은 미국뿐 아니라 전 세계 경제에 큰 불확실성을 안고 있다. 트럼프가 당선될 경우, 미국 정치권의 재편으로 감세와 재정지출 감소 쪽으로 재정 정책이 방향을 틀고, 규제 정책의 완화로 친기업 정책이 도입될 수 있을 것이다. 반면, 해리스가 당선되면 바이든 대통령의 사회 인프라 재건과 사회경제적 약자 보호, 대기업 규제 도입이 계속될 것으로 보인다. 주요 교역국과의 무역 정책은 민주당이든 공화당이든 매파적으로 운용될 가능성이 높지만, 트럼프의 무역 정책은 미국 우선주의의 기치 아래 세계 교역 질서를 다시 한번 뒤흔들 가능성이 있어, 장기적으로 부정적 효과를 초래할 있다.

그러나 미국경제의 기초체력은 여전히 견실한 것으로 판단되기에, 어떤 당이 정권을 잡더라도 단기적으로 그 진행 방향에 큰 변화는 없을 것으로 보인다. 다만 지정학적 위험이 예상치 못한 방향으로 악화할 경우, 공급망 붕괴 등으로 다시 한번 비용인상형 인플레이션이 도래할 수 있으며, 이는 연준의 점진적 금리 인하 정책 방향을 전면적으로 수정시킬 것이다.

이러한 불확실성에 대한 한국 정부의 대응은 쉽지 않다. 특히 미국 대선 결과가 대한민국의 외교, 경제, 안보에 큰 영향을 미칠 것이 분명하다. 그러나 미국의 러시아, 이란, 북한 등에 대한 외교 및 안보 정책에 있어 해리스와 트럼프는 완전히 상반되는 공약을 내걸고 있다. 따라서 대한민국 외교 정책에서 높은 수준의 전략적 유연성이 요구된다. 또한 미국의 무역 및 산업 정책에 대해서도 한국 정부의 적극적 대응이 필요하다. 특히 미국이 자국 내 제조업 생산의 확대 및 공급망 재편에 나설 경우, 한국 기업들이 미국 내 합작 투자와 현지화 전략을 강화하고, 무역 시장을 다변화할 수 있도록 한국 정부의 적극적 지원이 필요할 것이다.

03

일본 엔화는 얼마나 더
약해질까?

권혁욱 | 일본대학교 경제학부 교수

    미국 연방준비제도이사회FRB, Federal Reserve Board of Governors가 2022년 3월에 기준금리를 0.25%p 인상하기 시작해서 2023년 7월까지 11번에 걸친 인상으로 기준금리의 수준이 5.25~5.50%까지 오르게 되면서 미일간 금리 차이가 확대되었다. 그래서 2022년 2월까지 110엔 정도의 엔달러 환율이 2024년 4월에 일시적으로 160엔까지 올라 2024년 6월 평균이 157.9엔이 될 정도로 올랐다. 그래서 엔화는 2년 정도 사이에 달러에 비해서 약 40% 정도 가치가 하락하게 되었다. 매우 빠른 엔저를 막기 위해 일본의 통화 당국은 금리 인상 대신에 2년 동안 5번에 걸쳐 외환 시장에 개입했지만, 엔저의 흐름을 막지 못했다.

그림 4 엔/달러 환율추이(명목과 실질)

— 명목 엔/달러 환율　　— 실질 엔/달러 환율

* 주: 1986년 1월 기준
* 출처: 일본은행, 총무성, 미국노동통계국

　[그림 4]는 1973년 1월부터 2024년 6월까지 엔달러 명목환율과 실질환율의 추이를 보여주고 있다. 2024년 6월의 엔달러 명목환율은 일본의 버블경제 붕괴 시점인 1990년 수준으로 돌아갔음을 알 수 있다. 더 충격적인 사실은 실질환율의 추이이다. 2022년 이후에 엔달러 실질환율은 급상승해서 플라자 합의 이전보다 훨씬 높아졌다. 이는 미국과 일본의 금리 격차와 더불어 물가상승률의 차이에 기인한다.

| 엔화가 약해진 이유

환율은 모든 가격 변수와 동일하게 통화에 대한 수요와 공급에 의해서 결정된다. 먼저 2022년 3월 이후에 FRB의 기준금리 인상으로 달러의 공급이 줄어든 반면에 일본은행은 저금리 정책을 유지했기 때문에 엔화의 공급은 줄어들지 않았다. 또한 이 같은 미일 금리차 확대로 활성화된 엔캐리 트레이드*가 엔저에 박차를 가하고 있다. 이와 같은 엔캐리 트레이드의 활성화에 기름을 붓는 역할을 한 것이 투자로 얻어진 수익에 세금을 부과하지 않는 소액투자비과세제도NISA, Nippon Individual Savings Account이다. NISA는 2024년 1월에 새롭게 개정되었다.** NISA로 모여진 자금 중에 740억 달러가 해외에 투자되었다는 추계가 있다. 이것은 엔화에 대한 순수요의 원천인 일본 경상수지에 거의 절반에 해당하는 엄청나게 큰 액수이다. 따라서 엔화가 달러보다 공급이 많기 때문에 엔화의 가치가 하락했다고 볼 수 있다.

다음으로 엔화에 대한 수요도 크게 감소했다. 수요감소의 원인으로 다음 두 가지를 생각할 수 있다. 첫째, 일본 다국적 기업

---

* '캐리 트레이드'는 저금리로 자금을 차입해 금리가 높은 국가나 수익률이 높은 자산에 투자하는 전략을 말한다. 1999년 일본이 세계 최초로 제로금리 정책을 사용하면서 엔화를 싼값에 빌려 미국 채권 등 고금리 자산에 추자하는 엔캐리 트레이드가 활성화하기 시작했다.
** 2024년 1월부터 절세 혜택을 대폭 늘려, 연간 투자 한도를 120만 엔에서 240만 엔으로, 비과세 보유 한도는 500만 엔에서 1200만 엔으로 상향했다. 또한 최대 5년이었던 비과세 보유 기간은 무기한으로 변경되었다.

이 해외 시장에서 얻은 수익을 일본 국내로 되돌리지 않기 때문이다. 2023년에 일본 다국적 기업이 해외에서 벌어들인 총수익은 약 25조 엔에 달하는 일본의 경상수지 흑자의 80%에 해당하는 20조 엔 정도라고 한다. 이 액수는 NISA로 해외에 투자되는 자금의 두 배 정도 된다. 만약 이 규모의 액수가 일본 국내로 들어온다면 엔화에 대한 수요를 크게 증가시켜 엔화 가치 하락을 어느 정도 막을 수 있을 것이다. 사실 엔저일 때 해외에서 얻은 수익을 국내로 가져오는 것이 훨씬 유리함에도 불구하고 일본의 다국적 기업들은 일본의 저금리가 유지되는 한 엔저가 지속될 것으로 기대하기 때문에 해외현지법인이 번 돈을 국내로 들여오는 이른바 자본리쇼어링을 하지 않고 있다. 왜냐하면 일본은행이 2024년 6월 말 현재 589조 엔의 국채를 보유하고 있어서 금리를 올리게 되면 막대한 평가손실이 발생하므로 기업들은 일본은행이 당분간 정책금리의 인상을 하지 않을 것으로 예상하기 때문이다. 이와 같은 합리적 기대가 엔화에 대한 수요를 감소시키고 있다.

둘째, 국제금융의 교과서대로라면 엔저가 되면 수출이 늘어 무역수지가 흑자가 되기 때문에 엔화에 대한 수요가 높아져 엔화의 가치가 상승하게 된다. 그런데 엔저가 급속하게 이루어졌음에도 2023년 일본의 무역수지는 약 6조 엔 적자였고, 오히려 엔저가 되었다. 이 적자의 대부분은 일본이 국제경쟁력을 갖추고 있지 못한 디지털 기술 산업에서 발생했다. 미국의 슈퍼스타 기업인 아마존^Amazon, 구글^google, 넷플릭스^Netflix 등이 제공하는 소프트웨어, 클라우딩 서비스, 온라인 광고, 음악, 영상, 컨설팅 서비스 등에 엄청난 액수를 지급하고 있기 때문에 엔저에도 불구하고 무역적자가 일어났다고 할 수 있다. 디지털 기술은 규모의 경제와 네트워크 외부성을 갖는 특성으로 승자독식의 시장 구조를 형성하기 때문에 엔화의 가치가 떨어져도 미국의 슈퍼스타 기업에 대항할 기업이 없는 상황에서 일본의 무역 수지 개선은 이루어지지 않을 가능성이 높다. 따라서 엔저가 지속되더라도 무역구조의 변화 때문에 엔화에 대한 수요가 크게 증가하지 않을 것이다.

엔화가 약해진 이유를 한마디로 요약하면, 공급이 늘고 수요가 줄었기 때문이다. 일본의 통화 당국이 외환 시장에 개입하지 않았다면, 엔달러 환율이 170엔 수준으로 올라갔을 것으로 생각된다.

| 약한 엔화의 영향

환율은 여러 경제 상황에 의해 결정되지만, 변동이 커지면 경제 상황에도 영향을 미친다. 엔저는 수출하고 있는 대기업의 수익을 크게 개선할 것이다. 예를 들어 2024년에 4월에서 6월 사이에 반도체 제조 기업인 키오시아^キオクシア株式会社는 1295억 엔의 영

업이익을, 르네사스 일렉트로닉스 Renesas Electronics Corp는 1,106억 엔의 영업이익을 얻고 있다. 엔저로 인한 수익의 개선 덕분에 반도체 산업을 중심으로 일본 국내에 설비투자 붐이 일어나고 있다. 타이완 기업인 TSMC는 구마모토현에 2조 엔을 투자해 두 개의 반도체 공장을 건설 중이다. 제1공장은 2024년 2월 개소했으며, 제2공장은 2027년 완공을 목표로 공사가 이루어지고 있다. 일본의 반도체 파운드리 기업 라피더스 Rapidus도 2나노 반도체 양산을 위해 연구 개발 및 생산 투자에 2027년까지 5조 엔을 투자할 예정이다. 이들 기업에 뒤이어서 소니 SONY와 미쓰비시전기 Mitsubishi Electric Corp를 중심으로 한 8개의 일본 기업도 2029년까지 반도체에 5조 엔을 투자할 계획이며, 미국의 웨스턴디지털 WDC은 키오시아와 합작으로 벌써 이와테현에 1조 엔, 미에현에 2790억 엔을 투자했다. 또한, 마이크론 Micron Technology은 2024년에 히로시마현에 2조 엔을 투자한다. 반도체 제조 기업뿐 아니라 반도체 생산에 필요한 재료를 생산하는 JSR, SUMCO 등도 5천억 엔 설비투자를 할 계획이고, 도쿄일렉트론 Tokyo Electron, DISCO 등과 같은 반도체 장치 기업도 설비투자를 크게 늘리고 있다. 이와 같은 설비투자는 양질의 고용을 창출할 것이기 때문에 가계소득을 증가시켜 소비를 자극한다. 투자와 소비의 증가로 총수요가 늘어나 경기가 좋아지는 선순환이 일어날 것이다.

한편으로 부정적인 영향도 있다. 엔저는 노동자를 비롯해, 수출을 하지 않고 내수에 의존하는 중소기업에 악영향을 미칠 가능성이 높다. 먼저 노동자에 미치는 영향을 생각해보고자 한다. 엔저가 급속도로 이루어지면 수입 물가를 높여서 인플레이션이 일어날 확률이 높아진다. 소위 아베노믹스*라 불린 이차원의 금융 정책을 10년 넘게 실시했음에도 꿈쩍도 하지 않던 근원 소비자 물가 지수가 2023년 이후에 아베노믹스가 목표로 했던 2%를 확실히 넘어서고 있다. 이와 같은 물가 상승으로 명목임금이 높아졌음에도 실질임금의 상승률은 26개월 연속으로 마이너스를 기록하고 있다. 실질임금의 하락은 가계소득을 떨어뜨려 소비를 줄이게 만들 것이다. 소비감소는 경기 악화로 이어져 실업을 증가시키고 이에 따라 다시 소비를 줄이는 경제를 악순환의 연쇄로 몰아넣을 위험성이 있다.

다음으로 수출을 하지 않는 중소기업에 미치는 악영향을 생각해보자. 일본의 중소기업 중 97%는 내수에 의존해서 사업을 하고 있다. 엔저로 에너지 가격과 원자재 가격이 오르기 때문에 비용이 많이 오를 것이지만, 국내 시장에 의존하고 있기 때문에 비용증가분을 가격에 전가시키기 어렵다. 그래서 전체 고용의 70%를 담당하고 있는 중소기업의 수익성은 수출 대기업과 달리 크게 나빠질 것이다. 수익성이 나빠진 중소기업은 성장을 위한 설비투자도, 고용 창출도 할 수 없고, 노동자의 임금도 올려 줄

---

* 아베와 이코노믹스의 합성어로, 대대적인 양적완화를 통한 엔화 약세로 경기 회복을 추진하겠다는 아베 신조安倍 晋三 일본 총리의 경기부양책.

수도 없다. 결과적으로 중소기업과 대기업 간, 중소기업에 속한 노동자와 대기업에 속한 노동자 사이의 격차는 매우 크게 확대될 것이다.

엔저가 경제에 미치는 영향은 수출 대기업이 주도하는 투자 확대와 고용 창출의 효과와 중소기업에 의한 투자 축소와 고용 상실의 효과 중에 어느 쪽이 더 큰가에 의해 좌우될 것으로 생각된다. 정부는 엔저로 인한 순영향을 최대화하고, 악영향을 최소화하기 위한 최적의 정책을 실시해야 함은 두말할 필요가 없다.

| 엔화의 급속한 약화를 막기 위한 금융 정책

미일간의 금리차를 줄여서 급속한 엔저를 막고, 엔저에 따른 코스트푸시 인플레이션^{Cost-push Inflation}*을 억제하기 위해서 7월 31일에 일본은행의 금융정책결정회합은 당초의 예상대로 단계적인 국채 매입의 감액과 정책금리의 인상을 결정했다. 이 결정에 따라 예상대로 엔달러 환율은 140엔 수준으로 떨어졌지만, 예상 외로 주식시장은 민감하게 반응하였고, 8월 5일에 닛케이 평균 주가가 역사상 최대인 4,451엔 하락하였다. 이는 금리 인상이 섭

---

* 임금 인상, 원자재 가격 상승 등 생산 비용이 올라가서 발생하는 물가의 상승.

지 않다는 사실을 명확하게 보여주고 있다. 현재 일본의 정책금리는 0.25%이고, 근원 소비자 물가 지수의 상승률은 2.6%이기 때문에 실질금리는 -2.35%가 된다. 이 같은 실질금리를 고려하면 정책금리를 앞으로 2.35%까지 올릴 수 있는 여지가 있다고 할 수 있지만, 지난 7월 31일에 있었던 정책금리 인상 결정이 급속한 엔저는 막을 수 있는 반면에 급속한 자산 가격의 하락을 가져온다는 사실을 명확히 보였기 때문에 금융 정책 당국의 운신 폭이 넓지 않음을 알 수 있다. 일본에서는 급속한 엔저도 문제이지만, 미국 경제 상황이 나빠져 다시 급속한 엔고가 되는 상황을 더 큰 문제로 생각하고 있다. 일본은행은 FRB의 기준금리의 결정 상황을 주시하면서 엔달러 환율이 140엔 수준에 머물 수 있도록 하는 선에서 금융정책을 운용할 것으로 예상된다.

| 엔저가 한국경제에 미치는 영향

최근 2년 동안 한국의 통화 정책은 미국의 경제 상황과 정책 대응에 따라 이루어진 측면이 강하다. 예를 들어 일본과 달리 한국은 미국과 금리차를 줄이기 위해서 급속한 금리 인상을 해왔다. 그래서 원화의 가치하락은 막았지만, 경기침체 더불어 상당 기간 경상수지 적자가 지속되었다. 이 같은 상황은 엔저가 수출의존도가 높고, 해외시장에서 일본과 경쟁하는 제품이 많은 한국경제에 악영향을 미치고 있음을 보였다고 할 수 있다. 앞으로 한국이 통화 정책을 결정할 때 일본의 경제 상황과 정책 당국의 대응에 주의 깊게 고려할 필요가 있다고 생각된다.

04

부동산에서 첨단제조업으로: 중국의 성장 동력 전환과 경제 전망

이현태 | 서울대학교 국제대학원 국제학과 교수

| 2024년 중국경제, 경기 둔화

2024년 상반기 중국경제는 5.0% 성장했으나, 갈수록 성장세가 둔화되었다(1분기 5.3%, 2분기 4.7%). 수출이 성장을 주도했지만 소비가 기대에 미치지 못하면서 경제 성장을 제한했다. 소비는 3.7%, 고정자산투자는 3.9%, 수출은 6.9% 성장했으나, 소비는 상품과 외식업 모두 전년 동기 대비 증가율이 낮아졌으며, 고정자산투자에서는 제조업 투자는 증가율이 높아졌으나, 인프라투자는 증가율이 둔화되고 부동산 개발 투자(-10.1%)는 부진이 심화되었다. 소비자 물가는 2024년 상반기 0.1% 상승에 그치면서 전년 동기 상승률 0.7%보다 떨어졌고, 생산자 물가는 -2.1%를 기록하여 전년 동기 상승률 -3.1%보다 감소폭이 줄었으나 여전히 마이너스를 기록했다. 고용 상황은 2024년 7월 기준 전국 도시 조사 실업률이 5.2%, 청년 실업률(16~24세)이 17.1%로 2024년 최고치를 갱신하였다. 이러한 상황에서 2024년 중국 정부가 설정한 경제 성장률 목표인 5.0% 내외를 달성하기 어렵다는 전망도 제기되고 있다.

이러한 거시경제 지표들은 중국경제가 경기 둔화 국면에 있음을 보여준다. 코로나19 국면 이후 계속되고 있는 소비 부진과 부동산 개발 투자의 급감이 핵심 원인이다. 이로 인한 수요 부족은 물가 하락과 고용 부진으로 이어지면서 결국 생산 증가와 경제 성장을 제약하고 있다. 중국 정부는 소비 및 투자 증진을 위해 각종 정책을 내놓고 있으나, 경기 회복에 이르기까지는 상당한 시간이 걸릴 것이다. 이는 소비 부진과 부동산 개발 투자의 급감이 그동안 중국경제의 성장 동력이었던 부동산 산업의 위기와 깊숙이 연관되어 있기 때문이다.

| 경기 둔화의 원인: 부동산 시장의 위기

중국 부동산 시장은 깊고 오랜 부진에 빠져 있다. 주택 가격 지수는 2022년 3월 이후 계속해서 기준선인 100을 밑돌고 있으

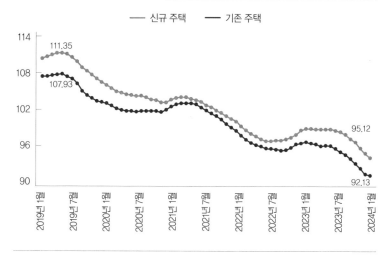

그림 5 중국 주택 가격 지수(전년도=100)

신규 주택   기존 주택

111.35
107.93
95.12
92.13

2019년 1월 / 2019년 7월 / 2020년 1월 / 2020년 7월 / 2021년 1월 / 2021년 7월 / 2022년 1월 / 2022년 7월 / 2023년 1월 / 2023년 7월 / 2024년 1월

* 출처: CEIC

며, 2024년 중반에는 기존 주택 가격이 92.1까지 하락했다. 이러한 부진의 원인은 2016년으로 거슬러 올라가며, 당시 시진핑習近平 정부는 공급 과잉 문제를 해결하기 위해 투기 수요를 억제하는 정책을 도입했다. "집은 투기의 대상이 아닌 거주의 대상"이라는 구호와 함께 부동산에 대한 입장이 전환되었고, 이는 시장 수요에 큰 영향을 미쳤다. 또한, 2020년 8월 중국 정부는 부동산 개발업체의 차입 한도를 엄격히 제한하는 '3개의 레드라인三條紅線'* 정책을 도입했다. 이로 인해 부채가 많던 개발사들은 유동성 위기에

---

* 중국은 부동산 업체에 '선수금을 제외한 자산부채비율 60% 미만', '순부채비율 100% 이하', '유동비율 1배 이상' 등 강도 높은 규제안을 내놓았다. 이로 인해 헝다가 디폴트에 빠졌고, 이어 비구이위안 등 다른 부동산 개발 업체도 연쇄 디폴트를 선언했다.

직면했고, 시장 침체는 가속화되었다. 정부는 분양된 주택의 완공을 유도하면서도 자금난을 겪는 개발사를 따로 구제하지 않아 기업의 재정 부담은 더욱 가중되었다. IMF에 따르면, 2023년 10월 기준으로 중국 부동산 개발 업체의 약 3분의 1이 사실상 파산 상태에 있다. 게다가 코로나19로 인한 장기 봉쇄는 중국인들의 소득을 감소시키고 외부 활동을 제한하여 부동산 수요를 더욱 위축시켰다. 2022년 12월 코로나19 봉쇄 해제 이후에도 부동산 시장의 심리는 여전히 회복되지 않고 있다.

부동산 경기 침체는 중국경제 전반에 악영향을 크게 미쳤다. 우선 중국 가계 자산의 약 60%가 부동산에 묶여 있어, 부동산 가치 하락이 소비 심리와 지출에 큰 타격을 주었다. 부동산 기업들의 개발 투자도 현저히 감소해 전체 고정자산 투자를 끌어내리고 있다. 또한 부동산 판매 감소는 가구, 가전제품, 홈 데코와 같은 관련 분야에서도 소비자 지출을 위축시켰다. 중국의 부동산 부문이 GDP의 약 4분의 1에 해당한다는 점을 고려하면 현재의 중국 경기 둔화의 핵심 원인이 부동산에 있음을 알 수 있다. 이외에도 부동산 위기는 토지 판매에 크게 의존하는 지방 정부의 재정을 더욱 압박하고 있다. 2021년 정부 수입의 26%에 달했던 토지 판매 수입은 2023년까지 17.4%로 급감했다. 이는 지방 정부의 재정 문제를 악화시키고 부채 증가와 프로젝트 지연으로 이어지고 있다. 그리고 헝다恒大地产와 같은 대형 부동산 개발 업체의 몰락은 연쇄 금융위기에 대한 우려도 불러일으켰다. 다만 중국 통화 당국은 은행 대출 포트폴리오의 부동산 대출 비중을 23%로 제한해 리스크를 선제적으로 관리해 왔고 대부분의 부동산 대출을 국유 은행이 보유하고 있어 시스템적 금융위기가 발생할 가능성은 낮다.

부동산 침체가 경제에 미치는 악영향을 인식한 중국 정부는 2023년 중반부터 몇 가지 부동산 부양책을 시행했다. 생애 첫 주택 자격 완화, 담보 대출 규제 완화, 매수자 자격 조치 완화, 계약금 비율 축소, 거래 수수료 인하, 부동산세 도입 유도, 일부 부동산 개발 프로젝트에 대한 화이트리스트 선정 및 자금 지원, 주택 이구환신* 정책, 담보 대출 기준 금리LPR 인하 등의 정책 등이다. 그러나 정부는 여전히 '3개의 레드라인' 정책을 유지하며 "주택은 투기가 아닌 거주를 위한 것"이라는 입장을 고수하고 있다. 2024년 7월 중국 공산당 중앙위원회 3차 전체회의에서도 대규모 단기 부양보다는 장기적인 부동산 구조 개혁에 중점을 두겠다는 의지를 재확인했다. 만약 중국 정부가 신속한 경제 회복을 원한다면, 2007~8년 글로벌 금융위기GFC, Global Financial Crisis 당시처럼 대규모 경기부양책을 부동산 개발이나 인프라 개발에 집중하는 방식을 선택해야 할 것이다. 그러나 현재 상황에서는 그런 대규모 개입이 이루어질 가능성은 낮아 보인다. 예를 들어 대규모 자

---

* 중고 제품을 가져오면 신제품 구매 시 할인 우대를 제공하는 중국의 정책. 오래된 기존 주택을 팔아 신규 주택을 구매할 때 일정 보조를 지원해 부동산 시장을 활성화하려는 제도이다.

금을 부동산 및 인프라 개발에 투입하거나, 부동산 개발 회사의 대출 제한(3개의 레드라인) 정책을 폐지하거나, 미국식으로 재무 위기에 빠진 개발 회사에 대규모 공적 자금을 투입하는 방안은 현재 고려되지 않고 있다. 현 정부는 부동산 경기 침체가 광범위한 금융 불안정을 초래하지 않도록 리스크 관리에 집중하면서 새로운 부동산 개발 모델 구축, 규제 권한의 지방 정부 이양, 금융 메커니즘과 선분양 제도 개혁 등이 지속 추진하고자 한다. 이는 장기적으로 부동산 시장을 안정시키고 점진적인 질적 개선을 이루기 위한 것이다. 따라서 중국 부동산 시장의 빠른 회복은 어렵고 현재의 침체는 향후 몇 년간 지속될 것이다. 수백 만 채에 이르는 주택 재고를 소진하고 부실한 부동산 개발 업체들을 정리하기 위해서는 많은 시간이 필요하기 때문이다. 다만, 9월 중국 정부는 이전보다 과감한 △지급준비율 인하 △정책 금리 인하 △주식 시장 활성화 등 대규모 부양책을 발표했고, 주택담보대출 금리 추가 인하와 대도시의 주택 구매 규제 철폐 등 부동산 활성화를 위한 강화된 정책도 내놓았다. 이는 그동안 장기적인 구조조정에 집중하던 중국 정부가 단기 부양책도 병행하겠다는 의미로서 해석되며, 이런 조치들이 2025년 부동산 시장의 추가 하락을 막고 실물 경제 회복으로 이어질 수 있을지 주목된다.

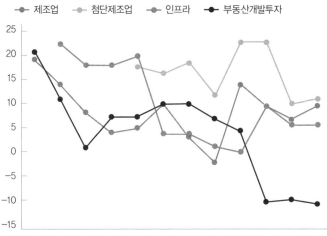

그림 6 중국의 분야별 고정자산투자 증가율 추이

凡例: ━●━ 제조업　━●━ 첨단제조업　━●━ 인프라　━●━ 부동산개발투자

	2013	2014	2015	2016	2017	2018	2019	2020	2021	2022	2023	2024
제조업	18.5	13.5	8.1	4.2	4.8	9.5	3.1	−2.2	13.5	9.1	6.5	9.6
첨단제조업					17.0	16.1	11.5	22.2	22.2	9.9	10.4	
인프라		21.8	17.2	17.4	19.0	3.8	3.8	0.9	0.4	9.4	5.9	5.7
부동산개발투자	19.8	10.5	1.0	6.9	7.0	9.5	9.9	7.0	4.4	−10.0	−9.6	−10.1

* 주: 1) 첨단제조업은 컴퓨터 및 사무기기, 전자통신 설비, 의료 설비 기구, 항공기 및 항공설비, 제약, 정보성 화학 제품을 포함하며 중국 국가통계국에서 관련 통계를 제공함. 2) 2024년은 1~4월 누계.
* 출처: CEIC DB(검색일: 2024. 5. 30)를 활용하여 저자 작성.

| 성장 동력 전환: 첨단제조업 육성

　　중국 정부는 침체된 부동산 부문을 억지로 부양하지 않겠다는 기조를 명확히 했다. 이에 한때 중국 경제 성장의 중심이었던 부동산 부문은 이제 장기 구조조정의 대상이 되었다. 그렇다면 탈^脫부동산하고자 하는 중국경제는 무엇을 향후 핵심 성장동력으로 삼아야 하는가? 이에 대한 중국 정부의 답은 이미 나와 있다. 중국 정부는 차세대 자동차, 이차전지, 반도체, 로봇, 태양광 같은 첨단 제조업에 중점을 두는 전략적 전환을 했다. 그리고 이들 산업에서의 중국의 약진은 대외적으로 글로벌 공급 과잉의 원인이 되고 있다.

중국의 첨단제조업으로의 전환은 관련 투자의 집중적인 증가에서 잘 드러난다. [그림 6]의 중국의 분야별 고정자산투자 추이를 살펴보면 공급측 개혁, 미중 갈등 격화, 코로나19 확산 속에서도 첨단제조업에 대한 투자 비중이 갈수록 늘어나고 있음을 확인할 수 있다. 2017년 이후 첨단제조업에 대한 연평균 투자증가율은 15.9%로서 전체 제조업 6.7%, 인프라 6.1%, 부동산 개발 1.0%를 인프라와 부동산 개발의 그것을 크게 상회한다. 2015년 이후 중국 정부는 공급측 개혁을 내세우면서 과잉 생산 문제가 있는 일부 전통 제조업에서는 구조조정을 하고 있으나, 제조업의 질적 제고를 위한 첨단제조업에 대한 투자는 더욱 확대하고 있다.

예를 들어, 중국 정부는 2009년부터 2023년까지 신에너지 자동차 부문에 약 2,309억 달러를 지원한 것으로 알려져 있다. 2014년을 중국 신에너지 자동차 원년으로 삼아서 '신에너지자동차 구매세 면제정책', '정부기관 및 공공기관 신에너지 차량 구매 실시 빙안', '신에너지자동차 보급사용 추진을 위한 지도 의

견' 등 각종 정책을 실시하였고, 2015년 '중국제조 2025**'의 10대 중점 분야 및 13.5규획의 핵심 육성 산업에도 신에너지 자동차를 포함시켰다. 또한 2024년 중국 정부는 폐지했던 EV 기업들에 대한 직접 보조금을 2024년에 부활시켰으며, 소비 및 수출 확대를 위한 다양한 정책을 시행하고 있다. 반도체 부문에도 대규모 정부 지원이 집중되고 있다. 2014년 '반도체 산업 발전 추진 요강'을 발표하며 반도체 굴기 추진을 본격화하고 2015년 '중국제조 2025'의 핵심 산업에도 포함했다. 중국은 2025년까지 반도체 자급률을 70% 이상까지 끌어올린다는 목표를 세우고 2014년, 2019년, 2024년에 반도체 빅펀드 1, 2, 3기를 각각 조성하였다. 중앙정부의 빅펀드 자금 외에 지방 정부 펀드 및 금융권의 지원까지 포함하면 약 285조 원가량이 반도체 분야에만 투입될 것으로 추정된다.

또한 최근에는 최근 중국 정부는 AI 기술을 다양한 산업과 융합하여 경제와 사회 전반에 걸친 혁신을 촉진하는 '인공지능 플러스 이니셔티브' 정책도 발표하였다. '인공지능 플러스 이니셔티브' 정책은 AI 기술을 기존 산업 및 서비스와 융합하여 새로운 부가가치를 창출하는 것을 목표로 한다. 제조업과 관련해서는 AI를 활용한 스마트 제조 시스템 구축을 통해 생산 효율성을

---

* 중국 국무원 총리 리커창이 제조업 활성화를 위해 2015년에 발표한 산업고도화 전략. 2025년까지 첨단 의료기기, 전기차, 반도체 등 10개 하이테크 제조업 분야에서 대표 기업을 육성하고, 혁신 역량 강화, 산업 기초 고도화 등을 통해 기술 자급자족 달성 등 질적 성장을 목표로 한다.

극대화하고 품질을 향상시키며, 제조업의 디지털 전환을 촉진한다. 인공지능 플러스 정책이 제조업에 성공적으로 접목된다면 제조업의 스마트화를 통해 중국 제조업의 생산성 향상, 품질 개선, 혁신 촉진, 비용 절감, 공급망 효율화 등을 통해 제조업 발전에 긍정적인 영향을 미칠 수 있을 것이다. 중국 정부는 또한 인공지능 플러스와 관련된 좀 더 포괄적인 전략으로 '신질생산력新 質生产力, New Productive Forces' 정책을 발표하기도 하였다. 신질생산력은 첨단기술, 고효율, 고품질의 특성을 보이는 '새로운 질적 생산'으로, 첨단과학과 기술을 활용한 품질 제고를 말하는 것으로 생각된다. 시진핑 주석이 2023년 9월 7일 '신시대 동부 전면 진흥 좌담회'에서 최초로 언급한 후에 2024년 양회에서 포함되었고 7월 중국 공산당 중앙위원회 3차 전체회의에서도 중요하게 다뤄졌다.

요컨대, 중국 정부는 탈부동산으로 인한 성장 동력의 상실을 첨단제조업 육성을 통해서 대신하고자 한다. 여러 중국 국내외 경제학자들이 중국경제의 체질 개선을 위해 투자 대신 소비, 제조업 대신 서비스업 육성을 주문해 왔던 길과는 다른 선택이다. 중국 정부가 왜 이 길을 선택했는지에 대해서는 여러 논의가 있다. 격화되는 미중 갈등 속에서 중국은 핵심 산업과 기술에서 자립하고 첨단 산업에서 글로벌 리더가 되어야 할 필요성을 강하게 느꼈을 것이다. 또한 무분별한 소비와 향락적 서비스업을 배척하는 사회주의적 가치에서 비롯된 선택이었을 수도 있다. 여하튼 부동산에서 첨단세조업으로의 성상 동력 전환이 얼마나 빠르고 적확하게 이루어지느냐에 따라 향후 중국경제의 성장과 발전이 좌우될 거라는 점은 명확하다.

| 2025년 중국경제 전망: 어려움은 계속된다.

중국경제에서 최근 두드러진 민간 소비 및 부동산 개발 투자 부진으로 인한 경기 둔화는 결국 부동산 시장의 극심한 침체에서 비롯된 것이다. 따라서 부동산 시장의 안정 회복과 그로 인한 수요 자극 여부가 2025년 경제 회복의 핵심이 될 것이다. 중국 정부는 2007년 금융위기 직후와 같은 부동산 재부양을 시도하지 않고, 왜곡된 부동산 산업의 구조조정을 유도하면서 향후 저렴해진 부동산 가격이 수요를 자극해 시장을 정상화할 것으로 기대하고 있다. 이런 과정을 거쳐 부동산 시장이 긴 터널을 빠져나오면, 부동산이 경제 성장에 더 이상 걸림돌로 작용하지 않을 것이다.

다른 한편으로는, 중국이 최근 집중 육성하고 있는 첨단제조업이 빠르게 발전하면서 기존에 부동산이 담당하던 부가가치 생산을 대체하고 새로운 성장 동력으로 자리매김해야 한다. 기술혁신에 기반을 둔 제품을 생산하여 국내외 시장에서 신규 수요를 창출하고 점유율을 높여나가는 것이다. 부동산 부문에서 줄어든 부가가치 생산분을 첨단제조업 부문에서 대체해 경제 성장을

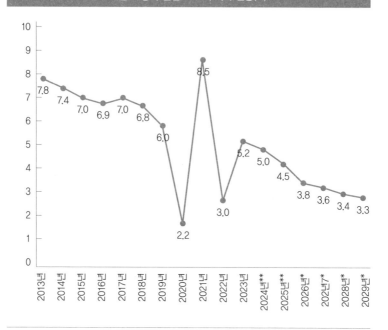

그림 7 중국 실질 GDP 추이와 전망(%)

* 출처: IMF, Statista.

지속하는 것이 중국이 꿈꾸는 미래다. 즉, 부동산 시장의 연착륙
과 첨단제조업의 발전이 결합되어야 이상적이다. 다만 이 시나리
오가 얼마나 빠르고 원만하게 실현될지가 관건이다. 2025년의 경
제도 그런 관점에서 바라보아야 한다. 이런 의미에서 2025년 중
국경제는 2023~24년 못지않게 어려운 국면을 겪을 것이다. 부
동산 시장의 안정과 첨단제조업의 육성은 모두 중장기적인 과제
로서 짧은 기간 안에 성과를 내기 쉽지 않기 때문이다. 따라서
2025년 중국의 경제 성장률노 2024년 복표치인 5.0%보다 낮아

저 4.5%를 다소 상회할 것으로 예상된다([그림 7] 참고).

| 한국에 대한 시사점: 중국발 과잉 생산에 대한 대응

중국의 부동산 구조조정과 첨단제조업 육성은 글로벌 과잉 생산 문제를 심화시킨다. 우선, 부동산 경기 침체로 인해 철강, 시멘트, 가전제품 등 전통산업 제품의 중국 내 수요가 감소하면서, 이들 제품이 세계 시장으로 쏟아져 나오고 있다. 동시에, 첨단제조업 투자는 중국의 전기차, 이차전지, 반도체, 태양광 등의 생산능력을 급격히 늘리며, 중국산 제품이 세계 시장에 저가로 공급되고 있다. 대표적으로 국내 수요 대비 500만 대 이상의 과잉 생산 능력을 보유했다고 알려진 중국산 전기차 산업은 글로벌 수출을 강화하면서 2023년 자동차 수출국 1위에 올랐다. 이차전지의 경우에도 중국은 저가 공세로 전 세계 시장의 약 60%를 차지하고 있다. 이러한 과잉 공급은 세계 시장의 가격 하락을 초래하고, 경쟁이 치열해지면서 각국은 무역 장벽을 높이고 있다. 미국, EU, 아세안 등은 이미 중국산 제품에 대한 관세와 규제를 강화하고 있으며, 이로 인해 중국 기업들은 수출망 다변화와 해외 투자를 가속화하고 있다.

이처럼 중국의 과잉 생산이 전통과 첨단 산업에서 동시에 진행되면서 세계 경제 지형에 큰 변화를 예고하고 있다. 한국은 앞으로 예상되는 범용 반도체 등의 중국발 과잉 생산에 대비해, 중국의 산업 정책 방향을 주의 깊게 모니터링하고, 정부 지원금과 산업 역량 변화를 분석해야 한다. 또한, 중국의 첨단 기업 유치를 통해 국내 산업을 강화하고, 이를 활용하여 글로벌사우스 Global South* 진출을 도모할 필요도 있다. 중국의 첨단제품 수출이 대중 중간재 수출증가로 이어질 수 있도록 연계성을 강화한다. 반면, 미국, EU, 인도 시장에서는 중국산 제품의 공백을 기회로 활용할 수 있다. 아세안과 남미 시장에서는 중국 기업과의 경쟁이 치열해질 것으로 예상되므로, 현지 기업과의 협력이, 한국 시장에서는 우월한 서비스와 브랜드 파워를 활용한 방어 전략이 필요하다. 이렇듯 세계 시장에서 중국의 공세는 피할 수 없는 현실이다. 이에 한국은 시장별 맞춤형 전략을 세우고, 글로벌 지정학적 정세를 활용해 기회를 창출해야 할 것이다.

---

* 인도, 브라질, 멕시코 등 북반구 저위도와 남반구에 위치한 아시아·중남미·중동·아프리카의 신흥개발도상국을 말한다. 자원이 풍부하고 인구가 많아 향후 큰 시장으로 부상할 것이란 전망 속에서 새롭게 주목받고 있다.

05

인도경제의 고성장 지속가능성과 중국 대체 가능성

정무섭 | 동아대학교 국제무역학과 교수

| 인도경제 고성장 지속될 것인가?

6% 이상의 인도경제 고성장은 앞으로 수년간 지속될 가능성이 높다. 2024년 8월 기준 인도경제의 GDP 성장률은 2024년에는 6.5~7%, 2025년에는 6.5% 내외를 달성할 것으로 주요 기관들이 전망하고 있다. 3개월 단위로 발표되는 아래 IMF의 인도 경제 성장률 전망치([표 3] 참조)의 변화를 보면 2025년에도 6.5%보다는 높은 성장률을 달성할 수 있을 것으로 보인다.

UN이 2024년 초에 전망한 2024년 인도 경제 성장률은 6.2%였던 반면, 인도 중앙은행은 7%, 인도 정부는 7.3%를 제시했다.

2025년이 되어야 정확한 성장률 결과를 알 수 있을 것 같지만, 현재까지 상황을 보면 UN보다는 인도 내의 전망기관들의 낙관적 전망이 실제로 달성될 가능성이 높아 보인다. [표 3]에서 보이는 바와 같이 2023년의 전망치도 실제로 달성된 값은 8%가 넘는 것으로 나타났고, 2024년의 성장률도 3개월마다 계속 상향되고 있다. 이처럼 인도를 포함한 주요국의 전망치들이 3개월마다 심하게 요동치고 있는 것은, 거시 경제 전망에서 아직은 외생적으로 결정되는 것으로 여겨지는 글로벌 밸류체인Global Value Chain의 조정 효과가 충분히 반영되지 못한 결과라 판단된다.

전 세계 경제가 고물가, 고금리, 고달러의 어려움에 홍역을 치르고 있는 상황에서 인도는 주요국 중 유일하게 6% 이상의 고성장을 이어가고 있다. 아이러니하게도 아직 2,000달러대에 불과한 1인당 GDP와, 상대적으로 낮은 산업화 수준과 국제화 수준이 이러한 전 세계적인 경제충격에 큰 영향을 받지 않고 나 홀로 고성장을 이어갈 수 있는 큰 이유라 할 수 있다.

표 3 IMF의 인도 경제 성장률 전망치 변화(단위: %)			
	2023년	2024년	2025년
2024년 1월 전망	6.7	6.5	6.5
2024년 4월 전망	7.8	6.8	6.5
2024년 7월 전망	8.2	7.0	6.5

* 출처 : IMF WEO 분기별 전망치

또한 중국과 러시아와 소통하는 브릭스^{BRICS}* 국가의 중요한 일원이면서 동시에 미국의 대중국 견제의 핵심적 전략 파트너 국가라는 이중적인 위치 또한 격동하는 세계정세 가운데 경제적 이득을 얻고 있고 앞으로도 얻게 될 중요한 이유가 되고 있다.

일례로 인도의 고질적 고물가는 수입에 의존하는 원유나 가스 등 에너지 가격의 국제 변동의 여파를 고스란히 받기 때문인데, 최근 지속되는 러-우 전쟁으로 서방의 경제 제재를 받고 있는 러시아의 에너지 수출에도 불구하고 인도는 이에 동참하지 않고 값싸게 사주면서 인도 내 에너지 가격 안정에 큰 혜택을 받고 있다.

미중 갈등 가운데 탈중국한 다국적 기업들의 주요한 이동 지역이 동남아와 인도라 할 수 있으며, 특히 베트남 대비 절반 정도인 인건비 수준과 더 젊고 더 많은 경제활동인구가 있다는 점이 다국적 기업들의 인도 투자 러시의 주요한 원인이 되고 있다. 이에 더해 인도는 동남아와 달리 미국과 중국에 이어 세계 3위로 부상하는 고성장 시장이라는 매력이 있기에 이러한 인도 투자 러시는 계속해서 지속될 것이고, 따라서 인도는 고성장을 이어갈 가능성이 높다.

이러한 7% 내외에 달하는 고성장의 지속으로 인도는 2024년

---

* 브라질^{Brazil}, 러시아^{Russia}, 인도^{India}, 중국^{China}, 남아프리카 공화국^{South Africa} 등 신흥경제 5국을 일컫는 용어.

현재 세계 5위의 경제 규모에서 일본과 독일을 제치고 2027년 이후에는 세계 3위의 경제 대국으로 부상할 것으로 전망된다. 이러한 순위상승은 앞에 있는 4대 강국인 미, 중, 일, 독의 경제 상황에 따라 인도의 상대적 부상은 더욱 가속화될 가능성이 높아 보인다.

인도가 중국을 대체할 세계의 공장이 될 수 있을 것인가?

실제로 인도에 대한 외국인직접투자FDI, Foreign Direct Investment 증가세를 보면 2024년 2분기 대인도 FDI는 전년 대비 26%가 증가한 224억 달러를 기록했다. 이러한 추세라면 2025년에는 연간 1,000억 달러 이상의 역대 최대 규모의 외국인직접투자를 달성할 가능성 또한 존재한다. 중국은 반대로 2024년 상반기 1990년대 이후 처음으로 외국인직접투자의 순유출을 경험하고 있다. 이로 인해 일각에서는 넥스트 차이나의 선두주자로 인도가 중국을 대신하는 세계의 공장이 될 수 있지 않을까 하는 가능성을 예기하는 주장이 제기된다. 실제로 굴삭기 등 주요 건설장비를 생산하는 한국의 글로벌 대기업의 인도, 한국, 중국, 브라질 공장의 2024년 상반기 생산공장 가동률을 살펴보면, 인도가 106%로 한국 64%, 중국 37%, 브라질 32%에 비해 압도석으로 높게 나타나고 있다.

하지만 인도에 대한 투자는 최근 제조업 투자에도 불구하고, 주로 서비스 분야를 중심으로 이루어져 왔다는 점과 외국인직접투자가 중국과 같이 폭발적으로 증가하고 있지는 못하다는 점에서 많은 전문가들은 인도가 중국을 대체하기는 힘들 것으로 판단한다. 실제로 인도는 여전히 외국인 투자에 규제가 많고 인프라 수준이 낮다. 이런 까닭에 중국이 블랙홀처럼 전 세계의 투자 자본을 흡수하던 지난 20여 년간의 모습을 인도가 재현하기는 힘들어 보인다.

하지만 이러한 규제들은 항상 나름의 이유가 있는데, 인도의 외국인 투자에 대한 중앙과 지방의 다양한 규제는 인도가 중국과 같은 일당 독재국가가 아니라 오히려 지나치다고 평가받을 정도의 민주주의 국가Too Much Democracy이기 때문이기도 하다. 중국의 고도성장을 인도보다 긍정적으로 여기는 평가도 존재하지만, 필자의 생각으로는 인도의 성과와 중요성에 대한 다소 지나친 부정적 평가라는 생각이다. 인도 국민 입장에서 고도성장만 좇으며 외국 기업의 투자를 무분별하게 허용해주는 것이 옳은지는 생각해 볼 필요가 있다. 마찬가지로 외국 기업의 입장에서도 신속하고 과감한 규제 완화와 막대한 인센티브로 투자를 유치한 뒤, 기업이 사업을 안정시키자 다양한 명목으로 규제를 가하고 자국 기업에 기술을 빼돌리는 등 부당한 차별을 하며 사업을 포기하도록 유도하는 국가의 방식에 따르고 싶지 않을 것이다. 인도의 휴대폰과 자동차 시장에서는 1990년대 어려운 여건을 극복하고 인도에 진출한 한국의 기업들이 아직도 인도 시장 점유율 1, 2위를 다투고 있는 상황과, 많은 투자에도 불구하고 중국 내수시장에서는 거의 존재감이 없는 기업들의 현실과 대조적이다.

실제로 나렌드라 모디^{Narendra Modi} 총리가 이끄는 인도 정부는 10년간 추진된 제조업 육성 정책 '메이크 인 인디아^{Make in India} *'의 가장 큰 걸림돌로 제조업 단지와 인프라를 조성할 땅을 확보하는 어려움을 이야기하는 지적이 많다. 국가 전체적으로는 해당 토지개발로 경제발전을 달성할 수 있을 것이지만 해당 지역에서 조상 대대로 이어온 삶의 터전을 지키고자 하는 인도 주민들의 권리를 보장해주는 것 또한 발전 과정에서 동시에 추구해야 할 중요한 가치라 할 수 있다. 이러한 가치를 존중하는 인도의 문화와 의식이 경제발전 중심 사고를 하는 사람들의 눈에는 지나친 규제로 보일 수 있다. 여기에는 오랜 식민 지배 경험 탓에 고유의 전통을 지키는 것이 외세의 억압과 착취에 대한 저항으로 인식하는 국민 의식이 일면 자리 잡고 있는 것으로 보인다. 이로 인해 인도의 지식인이나 고위층에서는 유교주의 국가나 기독교 기반의 민주주의 국가 또는 공산주의 국가에서 보여지는 것처럼 국가 전체의 경제 성장과 발전을 이루고자 하는 공통된 열망이

---

* 인도에 생산 시설을 설립하는 외국 기업에 투자금 지원, 세금 감면, 인센티브 지급 등 다양한 혜택을 제공하는 내용의 성책이다. 외국 자본을 유치해 인도를 세계 제조업 허브로 만드는 것이 목표이다.

잘 나타나지 않는 것으로 보인다. 즉 국가보다는 개인 또는 가족과 소속 집단의 전통이 더 중요한 것으로 인식되고 있는 것이 아닌가 여겨진다. 이러한 국민 의식은 힌두 민족주의를 기반으로 한 경제발전을 표방하는 모디 정권에 대한 압도적인 지지로 드러난다. 모디 정권은 인도 국민의 강력한 지지를 통해 인도 전체를 새로운 패러다임에서 경제발전을 도모해 고도성장을 달성하는 데 큰 성과를 냈다고 평가받는다. 이러한 경제적 성과를 기반으로 2024년 6월에 치러진 총선에서 모디 정부는 인도의 건국 지도자인 네루 정부를 제외하고는 유일하게 3연임에 성공한 정부가 되었다. 선거 결과 국민민주연합NDA*이 연방 하원 전체 543석 중 294석을 얻으며 과반수를 넘었기 때문이다. 이러한 선거 결과와 함께 최근 시행된 조사에 따르면 모디 총리의 인기가 네루의 인기를 넘어서고 있는 것은 이러한 10년 동안의 고도성장과 그로 인한 국민국가로의 성장경로로의 진입의 결과라 할 수 있을 것이다.

이처럼 국민 모두가 경제발전으로 다 같이 잘 살아보자는 국민국가로의 변화의 성과 중 단적인 예가 전국적인 화장실 보급 정책이라 할 수 있다. 모디는 집권초인 2014년 5년간 1억 개 이상의 화장실을 전국에 보급하는 정책을 추진했다. 기존의 인도 다수의 농촌 지역 집안에서는 화장실을 집 안에 두지 않고 야외

---

* 모리 총리 소속 집권당 인도국민당이 주도하는 여당 정치연합.

배변을 하는 문화를 갖고 있었으며, 이를 전국적으로 바꾸려는 시도를 모디 총리가 시행한 것이다. 10년이 지난 현재까지도 여전히 완벽한 수준은 아니지만 대다수 지역에 화장실이 보급되었고 국민위생과 국민 보건의 변화를 이끌고 있다. 이러한 점에서 세계 최대 인구를 가진 나라에서 민주주의적인 기반 위에서 이루어낸 인도의 고성장은 더욱 가치가 있다고 할 수 있다.

결론적으로 인도가 중국을 대신해 전 세계의 공장이 될 가능성은 적어 보이나, 인도 자국의 산업화를 통한 국민의 삶의 수준을 높이는 방향으로, 외국기업과 자국 경제발전의 시너지를 발휘하는 형태의 경제 성장세를 이어갈 수 있을 듯하다.

| 인도 고성장의 발목을 잡을 단기적인 위험요인은?

인도경제의 고성장은 매우 꾸준하게 이어져 오고 있으며, 이를 가로막을 단기적으로 치명적인 위험 요인은 많지 않아 보인다.

그럼에도 불구하고 인도 고성장에 걸림돌로 작용할 것으로 보이는 첫 번째 요인은 매년 GDP 대비 6% 내외의 대규모 재정적자의 지속을 극복하는 것이 어렵다는 점이다. 이는 각종 정부의 보조금과 투자지출 수요 등 급증하는 정부 재정 지출 수요에 비해 턱없이 부족한 재정 확보 여력의 결과다. 이러한 재정적자의 극복을 위해서는 보조금의 삭감 등 정부의 지출을 줄이는 방안과 부족한 재원을 확보하기 위해 추가적인 세금 부담을 국민과 국내외 기업에 부담시키는 것이 필요하다. 이러한 두 가지 조치 모두 쉽지는 않으나 실행 시 경제 성장률의 발목을 잡을 가능성이 높다. 실제로 골드만삭스^{Goldman Sachs}는 2024년 8월에 인도의 2024년과 2025년의 경제 성장률 전망을 정부 재정 지출 감소를 원인으로 0.2%p만큼 줄여서 발표했다. GDP의 60%에 달하는 누적된 국가부채와 7%에 달하는 높은 국채금리는 고성장을 위해 필요한 대규모 인프라 투자 등의 정부지출 수요를 감당하는 것을 매우 어렵게 하고 있다. 여기에 아직도 상당수의 국민들은 과세가 원천적으로 불가능한 전근대적인 방식의 경제구조^{Unorganised Sector}인 가내수공업 방식의 생산과 전통 시장 형태의 유통과 소비로 이루어지고 있어, 이를 과세가 가능한 현대적 경제로 전환하는 것 또한 산업화와 경제 성장 과정에서 매우 어려운 과제다. 2025년 인도 정부는 총선이 끝난 시점에서 재정적자 문제를 해결하기 위해 과감한 지출 구조조정과 조세 개혁을 단행할 것으로 보이며, 이러한 조치들은 모두 성장의 발목을 일정부분 잡을 것이다.

GDP 대비 2% 내외의 큰 규모로 지속되는 경상수지 적자 또한 인도 경제 성장의 걸림돌이다. 경상수지 중 상품수지의 적자는 매년 더욱 심각해지고 있다. 이러한 대규모 상품수지 적자는 해외에 나가서 일하는 인도인들^{NRI, Non Resident Indian}이 매년 인도로 송금 또는 투자하는 막대한 규모의 자금에 의해 상쇄되어 그나마 그 규모가 줄어들고 있다. 다행인 점은 이러한 경상수지 적자 규모는 외국인직접투자의 증가세가 이어지면서 이들 기업의 수출 증가과 수입대체 효과로 인해 줄어들 여지가 있다는 것이다. 하지만 유가 등 에너지나 원자재, 수출입 농산물 가격의 급등락으로 인해 발생하는 대외 부문에서의 충격은 인도 경제 성장의 위험 요인으로 꼽힌다. 2025년에는 불안한 국제 정세가 이어지며 에너지 가격이 급등하고 있다는 부정적인 요인과 미국의 금리 인하에 따른 달러화 약세로 수입 원자재 가격이 하락하는 긍정적인 요인이 상존할 것으로 보인다.

이외에도 고실업, 기후요인에 의한 주기적 농산물 파동으로 인한 인플레이션 문제 등이 항상 인도경제의 변동성을 높이고 있으나, 지금과 같은 고도성장의 큰 흐름에는 이러한 일시적 충격과 구조적인 문제는 충분히 극복 가능한 요소라고 판단된다.

| 인도에 대한 한국의 투자와 교역 확대 필요성?

한국의 해외 직접 투자 러시는 2000년대의 중국 투자 확대와 2010년대의 베트남 투자 확대에 이어 대인도 투자 확대가 필요하다. 하지만 아직은 [그림 8]에서 보이는 바와 같이 본격적인 인도 투자 러시가 일어나지 않고 있다. 여전히 인도에 대한 투자금액은 베트남에 대한 투자의 1/5 수준인 5억 달러 내외를 유지하고 있다. 따라서 인도에 대한 본격적인 해외투자의 확대는 인도의 높은 성장세와 꾸준한 성장 가능성과 세계 경제에서 차지하는 비중을 고려할 때, 지속적으로 확대될 필요가 높다.

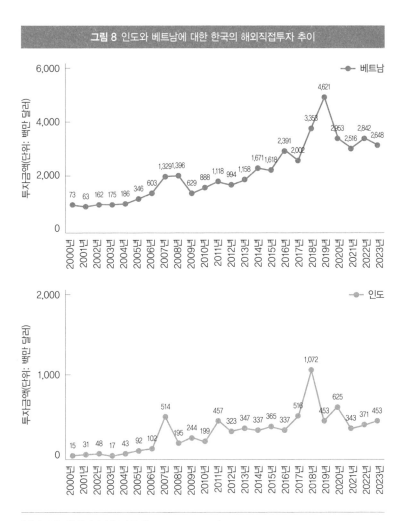

그림 8 인도와 베트남에 대한 한국의 해외직접투자 추이

* 출처: 수출입은행 해외직접투자 통계(stats.koreaexim.go.kr)

글로벌 산업환경의 변화

지정학적 리스크와 산업 정책, 회복 가능성의 EU와 성장 추세의 인도네시아

오철 | 상명대학교 글로벌경영학과 교수

　종종 한 해를 마무리하면서 '험난하고 고된 한 해'라는 표현을 통상적으로 쓰지만, 국제 지정학적 변화의 관점에서 2024년은 '현상 유지'에 가깝다고 할 수 있다. 이스라엘-하마스 전쟁이 진행 중이지만, 대형 지정학적 사건으로 확대되지 않았고, 미국도 대선을 의식해 현상 유지 전략을 취한 한해였다. 바이든 정부의 대중국 핵심 견제 기조인 "좁은 마당에 높은 장벽small yard with high fence" 정책은 중국과 분리할 것은 분리하고, 협력할 것은 협력하겠다는 현상 유지 전략의 연장선에 있었다. 중국 역시 내부 경제에 힘을 쏟아야 하는 복잡한 상황 속에서 현상 유지 기조를 택할 수밖에 없었다. 러시아도 러-우 전쟁의 교착으로 현상을 변경할 만한 의지도 크지 않았다. 하지만, 2025년은 미국 대선 이후 변화하는 대통령의 정책 기조에 따라 중국, 러시아뿐만 아니라 북한 및 중동 국가들의 대응이 예상되고, 이는 해당 지역의 중대한 변화 가능성이 크다. 당연히 이런 지정학적 변화는 한국 경제뿐 아니라 세계 경제의 영향을 줄 것이다.

미국의 '대중국 견제'는 현재 가장 중요한 정책목표 중 하나이다. 이 정책목표는 세부 접근법에 차이는 존재하겠지만 민주, 공화 양당 모두 큰 방향은 동일선상에 있다. 트럼프 후보가 대선에서 이긴다면 차기 트럼프 정부는 중국 대응을 외교의 최우선 순위로 삼고, 러-우 전쟁의 조기 종결을 시도할 가능성이 매우 크다. 이 과정에서 나토 동맹국과 갈등이 있을 수 있으며, 한국을 포함한 아시아 동맹국과도 방위비 문제로 갈등을 빚을 수도 있다. 해리스 후보가 대선에 승리할 경우 외교 정책은 바이든 정부의 기조를 따르겠지만, 계속 이어온 중국과의 첨단기술 경쟁은 현재보다 더 심화될 확률이 높다. 중국은 2025년에 어떤 포지션을 취할까? 현재 중국은 경제 성장률이 추세적으로 하락하고는 있지만, 이를 반전할 효과적인 수단은 마땅하지 않은 상황이다. 따라서 여러 반전 시도가 있을 수 있으나, 근본적으로 현상 유지 기조를 이어갈 가능성이 크다.

2024년은 미국과 유럽의 산업 정책 부활이 두드러진 해였다.

이미 오래전부터 산업 정책을 활용해온 중국의 5개년 계획 및 산업별 계획 등의 정책은 말할 것도 없지만, 미국의 CHIPS 법, IRA, 유럽의 반도체 법, 그린딜 투자 계획 등의 '서구 산업 정책'이 최근 실행되고 있다. 본래 산업 정책은 WTO 체제와 자유주의의 기조 추세에서 서구에서는 오랜 기간 잘 쓰지 않는 정책이었으나 코로나19와 러-우 전쟁을 거치면서 구체적인 산업 정책 법안들이 만들어져 시행되고 있다. 이렇게 극적으로 부활한 서구의 산업 정책은 2025년에 어떤 양상으로 전개될까? 미국과 유럽의 산업 정책 방향은 지정학적 동기와 경제 안보 정책과 맞물려 그 맥락을 같이하는 방향으로 진행될 것으로 보인다. 구체적으로 AI, 양자컴퓨팅, 합성생물학, 로봇공학, 우주개발 등 신흥전략 기술이 산업 정책의 핵심 타깃이 될 것이다. 또한 이번에 새롭게 부활한 산업 정책은 과거처럼 국가가 투자자로 나서서 대표기업을 육성하는 방식이 아니라, 민관협력을 중시하는 새로운 정책 수단의 확대라는 특징을 가지고 있다. 예를 들어, 미국의 IRA는 전기차의 북미 내 제조, 배터리 소재의 FTA 체결국 조달 조건으로 보조금을 지급함으로써 지정학적 동기와 경제 안보를 기반으로 신기술 기반 산업에 보조금을 지급하되 민관협력 방식을 지향하고 있음을 분명히 하고 있다. 선진국들이 본격적으로 산업경쟁에 뛰어들면서 산업 정책이 새로운 양상을 보이고 있으며, 이제는 산업 정책의 필요성에 대한 논쟁이 아닌, 어떻게 실행할 것인가가 중요한 문제로 보인다.

이제 지정학의 시선을 유럽으로 돌려보자. 2024년 유럽은 경제적 관점에서 매우 어수선한 한 해였다. 러-우 전쟁으로 인한 에너지 위기는 계속되었고, 세계 2위의 완성차 업체인 폭스바겐Volkswagen이 경영난을 이유로 1937년 창사 이래 처음으로 독일 내 공장을 폐쇄하기로 결정했다. 특히 대규모 난민은 EU에 경제뿐만 아니라, 정치적·사회적 충격을 주었다. 2015년 시리아 내전으로 인한 약 130만 명의 대규모 난민의 유입을 시작으로, 아프가니스탄, 알바니아, 아프리카 난민이 300만 명 이상 유럽으로 유입되었고, 2022년 시작된 러-우 전쟁 이후에는 약 800만 명의 우크라이나 난민이 유입되었다고 추정된다. 이러한 단기간 대규모 난민의 유입은 치안의 불안, 본국인과의 갈등, 국가재정부담의 증가와 복지체계의 붕괴를 초래한다. 에너지 위기와 난민의 위기는 유럽이 -5.5%의 역성장했던 2020년을 기점으로 현재까지 경기 반등을 어렵게 하는 요인이었다.

최근 IMF는 2025년부터 EU의 조심스러운 회복 가능성에 대해 언급하고 있다. 금리의 선제적 인하를 통해 성장의 발판을 마련했고, 2025년에는 디지털과 그린기술 관련 투자가 더 활성화될 것이라고 예상하고 있다. 또한, EU의 경제적 성장에 발목을 잡았던 실패한 이민에 대한 구체적 해결안도 속속 제시되고 있는 점도 2025년에 대한 경기회복 전망의 가능성을 밝게 하고 있다.

동남아로 시선을 돌리면, 최근 몇 년간 4~6%의 안정적 경제 성장을 하고 있는 세계인구 4위의 국가가 눈에 뜨인다. 바로 인도네시아이다. 동남아시아 경제 규모 최대 국가이고 경제 규모 2위인 태국과는 규모면에서 상당한 격차를 벌리고 있다. 미중 갈등과 코로나19 이후 공급망의 재편으로 동아시아 제조업이 동남아로 이동하는 상황에서 베트남과 인도네시아가 떠올랐고, 그 중 세계 4위의 인구, 다양한 천연자원, 넓은 영토를 가진 인도네시아가 더욱 주목을 받게 되었다. 최근 신태용 감독이 인도네시아 국가대표팀을 이끌고 2026년 북중미 월드컵 아시아 예선전에서 엄청난 성과를 내면서 한국 내에서도 관심이 높아지고 있다.

그러나 인도네시아는 비즈니스 관점에서 볼 때 호락호락한 나라는 아니다. 배터리의 핵심 요소인 니켈 세계 매장량 1위를 자랑하지만, 2020년 갑자기 원광 형태의 니켈 수출을 금지해 EU가 인도네시아를 WTO에 제소하는 일이 있었다. 또한 한국과 공동 개발 중인 초음속 전투기 KF-21에 지금까지 3천억 원만 납부하고 무려 1조 원을 연체하는 등 악연도 있다. 이로 인해 한국 내에서는 비용은 지불하지 않고 기술만 가져가려는 인도네시아에 대한 분노의 여론도 만만치 않다. 성장잠재력과 최근의 관심에도 불구하고 인도네시아는 아직 1인당 국민소득 5,000달러의 중진국 하위수준의 국가이며, 부패지수 세계 115위를 차지하는 나라이기도 하다.

이 책의 제2부는 4개의 주제로 구성되어 있다. 지정학적 리스크와 한국경제라는 주제의 서울대 김병연 교수의 글, 산업 정책의 다양성이라는 주제의 산업 정책 분야 국내 최고 전문가인 산업연구원 김계환 박사의 글, 2025년 유럽경제를 주제로 한 대외경제정책연구원장을 역임한 고려대학교 국제대학원 김흥종 교수의 글, 인도네시아 경제를 주제로 한 동남아경제 최고 전문가 연세대학교 국제대학원 고영경 교수의 글을 통해 2025년 지정학적 리스크, 산업 정책, 유럽 경제, 인도네시아의 경제 전망에 대한 이 분야 최고의 전문가들의 예측을 담고 있다. 대부분의 경제 상황은 복잡하게 얽혀있으며, 이 복잡성을 이해하고 대응계획을 마련해야 어려움을 극복할 수 있다. 미래는 알 수는 없지만, 대비는 할 수 있다. 이글을 통해 독자들이 2025년 경제의 흐름과 추세를 읽고, 개인, 기업, 국가 차원의 전략 수립에 큰 도움을 받기를 바란다.

06

지정학 리스크와 한국경제

김병연 | 서울대학교 경제학부 석좌교수

　향후 상당 기간 한국경제가 당면할 주요 리스크는 지정학에서 유래할 가능성이 크다. 특히 2025년은 이 리스크가 급증할 수 있는 해이다. 일단 2024년 11월에 열릴 미국 대선 결과가 주목된다. 이에 따라 중국과 러시아뿐 아니라 북한 및 중동 국가의 대응이 예상되고 그 결과 이 지역에서의 중대한 변화가 일어날 수 있다. 이 변화는 금리, 무역, 공급망에 영향을 미치고 그 강도에 따라 세계 경제가 요동칠 수도 있다. 반대로 중국, 러시아, 북한, 중동에서 일어난 사건의 충격이 미국을 비롯한 전 세계에 파급될 수도 있다. 이처럼 2025년에는 지정학이 한국뿐 아니라 세계 경제의 키워드기 될 전망이다.

| 2024년의 평가

2024년은 미국, 중국, 러시아의 지정학 전략이 현상 유지에 가까웠다. 바이든 대통령과 시진핑 주석은 2023년 11월에 샌프란시스코에서 정상회담을 가졌다. 이 회담에서 미국은 다가올 대선을 의식했고 중국은 경제에 관심을 쏟아야 했기 때문에 양국 정상은 관계를 악화시킬 의도가 없음을 서로 피력했을 것이다. 교착 상태에 빠진 러-우 전쟁으로 러시아가 현상을 변경할 힘이나 의지도 크지 않았다. 2024년의 가장 큰 지정학적 변화는 지정학적 이해관계가 가장 복잡하게 얽혀있는 이스라엘-하마스 전쟁과 중동 지역으로의 확전 위험이었다. 그러나 이들 국가는 초강대국이나 강대국이 아니라는 점에서 지정학적으로 대형 사건은 아니었다. 반면 2025년은 미국 대선 후의 지정학 판도에 따라 초강대국과 강대국이 현상 변경을 시도할 수도 있다. 거기다 중동 전쟁이 확전되거나 북한이 판을 흔들 가능성도 존재한다.

| 미국의 전략과 대선

미국은 중국 대응을 가장 중요한 정책 과제로 간주한다. 바이든 정부가 2022년에 발간한 국가안보전략보고서에 따르면 중국은 "(미국의)유일한 경쟁국"으로서 "압도해야 할 대상"이다. 한편 러시아는 "당면한 위협국"으로 "봉쇄의 대상"이다. 현재 지정학의 여러 변화가 미국의 이러한 전략의 부수적 결과다. 미국은 중국 대응에 집중하기를 원한다. 그런데 미국의 국력은 옛날 같지 않다. 이 목적으로 자원을 집중하기 위해 아프가니스탄에 병력을 철수하고 이스라엘과 사우디아라비아의 협상을 중재했다. 그러나 이스라엘과 사우디아라비아의 밀착을 위협으로 간주한 이란이 하마스를 이용하여 이스라엘을 공격한 것이 최근 중동 문제를 일으켰다는 것이 전문가들의 일반적인 해석이다. 러-우 전쟁도 이와 유사하다. 미국은 유럽 문제에 개입을 줄이고 문제가 발생한다면 유럽의 북대서양조약기구^{NATO, 나토} 동맹국을 통해 이를 해결하려는 정책을 폈다. 러시아는 이러한 미국의 의도를 파악하고 우크라이나 침략을 감행했다. 그러나 문제가 발생하자 미국은 이스라엘 및 우크라이나와 유럽 동맹국을 지원하지 않을 수 없었다. 이런 가운데 미국이 북한 문제에 힘을 쏟기는 더욱 어려워졌다. 북한도 러시아와 밀착하고 중국에 의존하여 생존 가능하다고 믿고 미국과의 대화를 거부해 왔다.

변화는 미국 대선 결과에서 비롯될 가능성이 크다. 트럼프와 해리스 중 누가 당선되든 세계 패권 경쟁에서의 대중 승리가 미국의 가장 중요한 목표라는 데는 이견이 없을 것이다. 그러나 그 접근법에서는 차이가 날 수 있다. 먼저 트럼프 후보가 대통령이 된다면 중국 대응을 더 중요하게 생각할 것이다. 이를 위해 러-우 전쟁의 조기 종결을 시도할 가능성이 있다. 그 과정에서 우크라이나뿐 아니라 나토 동맹국과 갈등을 빚을 수도 있다. 이는 나토 동맹국뿐 아니라 한국, 일본 같은 아시아 동맹국의 안보 불안을 증가시킬 전망이다. 일반적인 예측에 따르면 트럼프 후보는 유럽 국가의 방위비를 증가시키고 한국과 일본로부터 각각 주한미군과 주일미군 주둔 부담금을 올리는 선에서 갈등을 마무리할 것으로 본다. 그러나 미국과 동맹국의 갈등이 예상외로 심각해질 가능성도 존재한다. 러시아와 중국은 이 상황을 자국이 의도하는 목적을 성취할 호기로 이용하려 할 수 있다.

트럼프는 중국으로부터 수입하는 물품에 대해 관세를 대폭 올리는 융단폭격식 정책을 펼 가능성이 있다. 바이든 정부는 "좁은 마당에 높은 담"을 만드는 전략을 취했다면 트럼프는 넓은 마당에 산탄총을 발사하는 전략을 펴는 셈이다. 또는 첨단반도체, 양자 기술, AI 등 패권 경쟁에 핵심이 되는 첨단기술에는 바이든 정부의 정책을 따르되 그 외 대중 무역에도 충격을 주는 넓은 범위의 디커플링을 시도할 수도 있다. 후자의 정책은 전 세계 경제에 상당한 충격을 가할 수도 있다.

해리스 후보가 대통령이 될 경우는 바이든 정부 2.0이 될 가능성이 크다. 먼저 첨단기술 경쟁에서 중국을 확실히 제압하려는 전략이 디폴트 옵션이 될 것이다. 그러나 외교안보 분야에서 경험이 일천한 해리스가 처음부터 방향을 잘 잡고 제대로 안착할지는 미지수다. 중국, 러시아, 북한, 또는 중동의 일부 국가가 먼저 움직이면서 미국을 흔들어 보려는 시도를 할 수도 있다. 가장 나쁜 시나리오는 미국의 정치적 혼란이다. 가능성은 작겠지만 만약 대선 과정이나 그 결과를 둘러싸고 대규모의 폭력 사태가 일어나는 등 큰 혼란이 발생하면 미국뿐 아니라 우방국의 안보 불안은 더 심각해질 것이다. 이러한 미국발 정치 리스크는 미국을 넘어 세계 경제에도 부정적인 충격을 줄 수 있다. 중국과 러시아는 대내외적으로 대안적 정치체제의 장점을 부각할 뿐 아니라 대외적으로 더욱 공세적인 정책을 펼 수 있다.

| 중국 및 러시아의 지정학 리스크

2025년으로 한정한다면 중국이 먼저 나서 현상 변경을 시도할 가능성은 작다. 시진핑 주석의 정책 우선순위는 내부 문제, 특히 경제 회복에 두어질 것이기 때문이다. 현재 중국은 경제성장률이 추세적으로 하락하는 가운데 이를 반전할 효과적인 수단을 갖고 있지 못하다. 국유은행과 국유기업의 사유화를 통해 총요소생산성을 증가시킬 수 있지만 중국 공산당이 이를 수용하기는 어려워 보인다. 중국 기업과 가계도 여러 불확실성에 직면해 있으므로 내수 진작책으로 경기 침체를 극복하기도 힘들다. 아마 과학 기술 발전에 가장 큰 기대를 품고 있겠지만 이는 성공이 불확실한 확률 게임이다. 일부 과학 기술 분야에서는 성과가 있더라도 중국의 정치경제 시스템상 이를 경제와 사회 전체에 확산하기에는 한계가 있다. 더욱이 미국을 비롯한 서방의 견제로 첨단기술 발전에 제약이 가해지면서 중국경제 회복은 기대에 미치지 못할 개연성이 크다. 따라서 미국 내부가 크게 흔들리거나 미국의 고립주의 정책으로 미국과 우방의 갈등이 심각해지지 않는 한 2025년의 중국 대외 정책의 기조는 현상 유지일 것으로 전망된다.

러시아는 러-우 전쟁의 종전을 더 강하게 추진하고 싶을 것이다. 러시아는 세계 유가가 배럴 당 40달러 이하로 내려가지 않는 한, 그리고 중국, 인도, 튀르키예 등이 러시아 원유를 계속 사들이는 한, 전비 조달에는 큰 문제가 없다. 그러나 러-우 전쟁으로 장기 경제 성장은 큰 타격을 받았고 경제의 내구력도 약화하고 있다. 따라서 푸틴Vladimir Putin 대통령은 현재 러시아군이 점령한 우크라이나 동부 지역의 러시아 영토로의 편입, 우크라이나의 나토 가입 포기, 서방의 대러 제재 해제 등을 조건으로 내걸고 휴전 혹은 종전 협정을 맺으려 시도할 것이다. 그러나 이는 미국 트럼프 후보가 대통령으로 당선되어 우크라이나뿐 아니라 나토 동맹국과의 심각한 갈등을 무릅쓰지 않는 한 실현되기 어려운 조건이다. 현재 나토 동맹국은 우크라이나에서 러시아를 패퇴시키지 못한다면 다음은 나토 회원국이 러시아의 침략 대상이 될 것을 우려하고 있다. 우크라이나가 러시아의 쿠르스크 지역으로 진격한 이유도 종전 협상을 대비한 포석으로도 보인다. 이를 종합할 때, 러-우 전쟁의 향방을 결정지을 가장 중요한 변수는 미국의 대선 결과와 전쟁 양상일 것으로 판단된다.

| 북한발 지정학 리스크

한반도의 가장 큰 변수는 북한이다. 중국과 러시아와 달리 북한의 현상 변경 시도는 정해진 미래로 보인다. '언제, 그리고 어떻게'가 변수일 따름이다. 북한 체제의 장기 지속 가능성은 제한적이다. 핵 고도화에 과잉 투자, 경제에는 과소 투자가 초래한 불균형이 지나치게 높아 체제 내구성이 하락하고 있다. 이런 데다 지정학적 바람이 순풍에서 역풍으로 바뀐다면 김정은 국무위원장은 북한에 우호적인 기회를 만들기 위해 판을 흔들려는 시도를 할 수 있다. 연속적으로 핵 실험을 할 수도 있고 심각한 군사 도발을 감행할 수도 있다. 혹은 2018년 초처럼 남한과 미국에 대화를 제의할 수도 있다. 북한 자체의 시도만으로써는 한국에 큰 리스크가 되기 어렵다. 그러나 만약 북한 문제가 중국, 러시아 리스크와 결합될 때는 남한의 경제뿐 아니라 안보에도 큰 충격이 될 수 있다. 예를 들어 러-우 전쟁에서 러시아가 위기에 몰린다면 푸틴 대통령은 러-북 공조를 더 절실히 원할 수 있다. 북한으로부터 더 많고 다양한 무기를 들여올 수도 있고 북한군이 러-우 전쟁에 개입하는 시나리오도 배제할 수 없다. 그 대가로 러시아는 북한에 첨단 군사기술까지 제공할 가능성도 존재한다. 시정학에서 러시아판과 북한판이 결합되면서 한반도를 둘러싼 불확실성은 증폭된다.

| 시사점

지정학은 복잡하게 얽혀있다. 우리 정부와 기업은 이 복잡성을 이해하고 변화에 대비해야 한다. 먼저 지정학의 변화 지점을 파악하고 대응 계획을 만들어야 한다. 그리고 변화 양상을 주목하면서 필요할 경우 대응 계획을 실천에 옮겨야 한다. 거시경제 리스크에 관심을 기울이면서 동시에 공급망 균열과 무역 충격에도 대비할 필요가 있다. 무엇보다 최선의 전략은 지정학 리스크를 사전에 인지하고 대비하는 것이다. 그리고 가능할 경우, 사전에 리스크 자체를 줄이는 것도 우리 정부의 중요한 책무다.

07

자본주의의 다양성에서 산업 정책의 다양성으로

김계환 | 산업연구원 선임연구위원

| 선진국이 주도하는 지정학적 동기의 산업 정책 부활

최근 산업 정책 부활의 특징 중 하나는 미국, EU 등 선진국과 중국 등 경제 규모와 국제정치에 대한 영향력이 대단히 큰 나라들이 주도하고 있으며, 지정학의 귀환이나 강대국간 전략적 경쟁과 밀접히 결부된 현상이라는 점이다. 자유주의 국제경제질서의 확장기에 개도국, 체제전환국 등 시장경제의 제도적 기반이 아직 취약한 경제에 대해 일시적 예외적으로 허용된다고 생각되던 산업 정책이 이제 자유주의 경제질서의 확산을 주도하던 선진국으로 확산되면서, 이제 논쟁의 초점도 산업 정책을 할 것인가라는 오래된 질문보다는 어떻게 잘 할 것인가로 옮겨졌다.

이러한 변화는 IMF의 새로운 산업 정책 모니터링 자료에서 잘 드러난다. 2009년 이후 무역에 영향을 미치는 국가 정책을 조사해온 글로벌 트레이드 얼럿GTA, Global Trade Alert에 따르면, 2023년 도입된 산업 정책 관련 조치의 절반을 중국, 미국, EU가 차지하고 있다. 산업 정책 도입의 목적으로는 도입 건수의 2/3가 기후 위기 대응, 공급망 복원력, 안보 강화 동기가 1/3에 불과한 경쟁력 강화 동기를 압도적으로 넘어섰다. 관련 산업 부문은 민-군 겸용 제품, 반도체, 저탄소 기술 등 최근 경제안보 정책의 대상이 되는 분야가 가장 많았다.[*]

선진국, 강대국의 정책 수단으로 산업 정책의 중요성을 끌어올린 동인은 강대국 간 전략적 경쟁으로 표현되는 지정학의 귀환과 관련되어 있다. 2017년 미국 트럼프 정부가 중국과의 전략적 경쟁으로 이행을 선언한 이후, 세계 경세의 무역과 투자는 아직 윤곽이 불분명한 새로운 구조와 질서로 이행하고 있다. 국가안보와 관련된 결정이 경제적 효율성이나 이익에 우선하는 안보 우위의 국가 개입이 확대되고 있으며, 무역이 정치·외교적 목적을 위한 수단이 되는 경제안보 정책이 확산되고 있고, 산업 정책도 이러한 경제안보 정책의 일부로 도입되고 있다.

위험축소derisking, 디리스킹 정책이라고 표현되기도 하는 경제안보

---

[*] S. Evenett et. al., 〈The return of industrial policy in Data〉, IMF, 2024.01.04.

표 4 미·유럽의 경제안보 정책과 산업 정책		
	유럽의 경제안보 정책	미국의 경제안보 정책
경제안보 리스크	① 에너지를 포함한 공급망의 복원력 ② 중요 인프라의 물리적 및 사이버 보안 ③ 기술 보안 및 기술 유출 ④ 경제적 의존의 무기화 또는 경제적 강압	① 공급망 다각화 ② 경제적 강압에 대한 대응 ③ 근로자에게 피해를 주는 관행에 대한 대응 ④ 첨단 기술 보호
정책	① 국내 경쟁력 강화(promoting) ② 혁신적인 무역 수단을 통한 경제 안보 　보호(protecting) ③ 파트너 국가와의 협력 강화(partnering)	① 현대판 산업전략 ② 동맹국과의 연대 ③ 혁신적인 무역협정 ④ 개도국에 대한 지원 ⑤ 첨단 기술 수출, 투자 규제

* 출처: EC(2023), European Economic Security Strategy; J. Sullivan(2023) 참고하여 정리

정책이 직면한 도전은 크게 공급망의 과도한 해외 의존에서 오는 취약성 완화, 외국의 경제적 강압에 대한 대응, 첨단기술의 보호이고, 이를 해결하기 위한 정책은 3P, 즉 국내 경쟁력 강화를 위한 진흥정책(promoting), 무역 정책 수단을 통한 기술 및 시장의 보호(protecting), 신뢰할 수 있는 파트너 국가화의 협력(partnering)이라는 점에서 산업 정책은 경제안보 정책의 핵심축으로 부상하였다.*

| 산업 정책 체계의 정비

강대국이 주도하는 새로운 산업 정책의 의미와 영향을 이해하

---

* 　EC, European Economic Security Strategy, 2023.

기 위해서는 경제안보 정책이라는 보다 큰 맥락 속에서 이해해야 한다. 미국은 백악관 국가안보회의를 정점으로 하여 상무부, 국무부, 재무부, 무역대표부 등 연방 부처로 이어지는 정책 추진 체계 아래 산업 정책, 수출 통제, 투자 심사 등 경제안보 정책이 정비되어, 1990년대 워싱턴 컨센서스와는 전혀 다른 '새로운 워싱턴 컨센서스*'가 체계를 갖추었다. 일본은 미국보다 앞서 경제안보추진위원회, 경제안보입법준비실, 경제안보추진실 등 부처간 협력에 기초한 추진 체계를 정비하는 한편, 2022년 경제안전보장 추진법으로 뒷받침하고 경제안보전략이라는 통합된 전략을 발표하였다. 유럽은 개방형 전략적 자율성을 비전하에 추진해오던 산업 및 통상 정책을 2023년 경제안보 전략으로 통합하는 데 이르렀다. 바야흐로 세계가 새로운 경제안보 시대로 접어들었다고 할 수 있다.

첨단기술의 완결형 산업생태계 구축으로 산업 정책 목표 변화

선진국 주도의 산업 정책의 부활은 정책의 타깃에 대해서도 중요한 함의를 갖는다. 첫째, 미래 국력의 가장 중요한 원천으로

---

* 〈Remarks by National Security Adviser Jake Sullivan on Renewing American Economic Leadership at the Brookings Institution〉, White House Briefing, 20230.04.27.

인식되는 AI, 양자컴퓨팅, 합성 생물학, 로봇 공학, 우주 개발 등 신흥 전략 기술의 산업 정책의 핵심 타깃이 된다. 둘째는 제조와 생산의 중요성에 대한 재인식이다. 과거에 선진국, 특히 미국, 프랑스, 영국 등 제조와 생산의 중요도를 높게 보지 않던 나라들도 안보상의 목적으로, 때로는 국내에 양질의 일자리를 늘린다는 목적으로 제조업 확대 정책을 펴고 있다. 셋째는 두 번째 함의와 연관된 것으로 기술의 개발을 넘어 산업화를 통한 대량 생산으로 이어지는 혁신 사이클의 전 단계를 국내에서 완결하고자 한다는 것이다. 적어도 전략적으로 중요하다고 판단하는 기술과 산업에 대해서는 과거와 같이 생산 과정의 수직적 분할을 통해 제조와 생산을 해외로 이전하는 것이 아니라 국내에 제조 기반을 구축하여 완결된 생태계를 구축하는 것을 목적으로 한다는 것이다. 신흥 전략 기술 분야에서 기술의 개발은 물론 산업화를 통한 대량 생산까지 포함하는 완결된 산업 생태계 구축을 목적으로 보조금 지급, 투자 지원, 국내 시장 보호는 물론 경쟁국의 기술 접근을 막기 위한 수출 및 투자 규제 등 온갖 수단을 망라한 산업 정책 경쟁이 펼쳐지고 있다.

안보 중심의 산업 정책 동기와 완결형 산업 생태계 구축이라는 목표를 고려할 때, 앞으로 당분간 산업 정책의 타깃은 두 가지 방향으로 확대될 것이다. 하나는 지금까지 반도체, 이차전지, AI 등에서 합성 생물학, 양자컴퓨팅 등 새로운 분야로 확대될 것이다. 다른 하나는 이들 기술 및 제품의 생산에 참여하는 공급망, 이들 기술이나 제품을 중간재로 사용하는 수요산업이나 최종재로 확대이다. 예를 들면 레거시 반도체라고 하더라도 이를 중간재로 사용하는 제품을 사이버 보안을 이유로 수입을 제한하고, 국내 생산으로 대체하려는 정책이 강화될 것이다.

| 민관협력 방식을 중시하는 새로운 정책 수단의 확대

새로운 산업 정책의 특징 중 하나는 민간 부문과의 새로운 협력 관계를 구축하고, 국가가 직접 투자자로 나서는 것이 아니라 민간기업의 투자 확대 유도에 초점을 맞춘다는 점이다. 국가가 투자자로 나서 국가대표기업을 육성하던 직접적 개입보다는 민간기업의 투자를 촉진하기 다양한 형식의 민관협력 방식을 활용한다. 이것은 국가가 정책 목표 달성을 위해 민간부문을 파트너로 활용하는 일종의 민관합작투자사업PPP, public-private partnership 형식임을 의미한다.

IRA에서는 전기차의 북미 내 제조, 배터리 소재의 FTA 체결국 조달을 조건으로 보조금을 지급한다. 유럽에서는 산업별로 유럽 전역에 걸쳐 통합된 가치사슬의 형성을 목표로 하는 대중소기업을 포함한 공공, 민간 부문 이해당사자의 자발적 이니셔티브로 정책 수요와 투자 수요를 발굴하여 정책 당국에 제안하는 역할을 담당하는 산업 동맹Industry Alliance이 만들어졌다. EC에서는 산업데이터·에지·클라우드, 배터리, 무탄소 항공기, 신재생 연료, 순환 플라스틱 분야에 산업동맹이 구축되어 활동하고 있고, 반도체 등 다른 분야로 확대될 예정이다.

정책 수단상의 또 하나의 특징은 강대국의 거대한 재정동원력의 이용이다. 반도체에서는 미국의 CHIPS 법이 520억 달러, 유럽의 CHIPS 법이 430억 유로, 일본의 5G 추진법 2조 엔 등 기술 개발 및 자국 내 제조 설비 재구축을 지원하는 대규모 지원책을 도입하였다. 기후 위기 및 에너지 전환 정책 분야에서도 미국의 IRA 3,910억 달러, 유럽 그린딜 투자계획 6,000억 달러, 일본의 경제이행 채권이 20조 엔 등의 동원이 예정되어 있다. 이러한 재정 동원 계획은 대부분 10여 년에 걸친 장기 계획이기 때문에 앞으로 자국 시장 보호와 결합된 민간투자 유인 효과로 증폭되어 해당 산업의 글로벌 생산 및 무역 구조에 지대한 영향을 미칠 것이다. 중소규모 국가가 갖추기 힘든 거대한 내수 시장과 재정 동원력을 갖춘 국가가 해외기업의 투자까지 포함한 투자유치 경쟁에 뛰어들었다는 것은 경쟁지형이 이중화된다는 것을 의미한다.

| 대투자 파이낸싱과 유도계획의 부활

신흥 전략 산업의 국내 제조 역량과 공급망 재구축, 에너지

	미국	EU	일본	중국
반도체	**CHIPS and Science Act** • 미 반도체 제조업의 부활을 위해 520억 달러 • 390억 달러 직접 지원, 110억 달러 첨단 칩 연구 진흥 등	**Chips Act** • 공공/민간 포함 430억 유로 동원하여 EU의 반도체 세계 시장 점유율을 두 배로(10%에서 30년 20%로) • EU 예산에서 33억 유로	**5G 진행법(수정본)** • 21~22 회계연도에 2조 엔, 23 회계연도에 3.4조 엔의 추가 예산 배정 • TSMC에 4,760억 엔 추가 지원(9,000억 엔 까지) 검토, 키오시아, 웨스턴디지털 929억 엔, 마이크론 464억 엔 등	**'국가직접회로사업 투자기금'** • '중국제조 2025' 펀드 • 첫 번째 펀드는 등록자본금 1,440억 위안으로 설립, 두 번째는 2,000억 위안, 세 번째('24년 5월)은 3,440억 위안
녹색 성장	**IRA** • 향후 10년간 에너지 안보 및 기후 변화 대응에 3,910억 달러 투자(1,920억 달러 청정전기, 1,200억 달러 보조금/대출, 370억 달러 첨단 제조 세금감면, 140억 달러 진기차 등)	**유럽 그린딜 투자 계획** • 그린 투자를 촉진하기 위해 6,000억 달러 준비 • 대표적인 프로그램으로 REPower EU, Recovery and Resilience Facility, REACT-EU, InvestEU	**GX(경제) 이행채권** • 향후 10년간 150조 엔의 공공/민간 투자촉진 • 10년 만기의 정부채 20조 엔 발행	**EV 구매 보조금** • 전기차 신차 구매 시 1만 위안 보조금 • 지금까지 정부가 지출한 보조금은 총 3,000억 위안 **반도체 투자** • 12.8조 위안의 펀드 설립 • 21~22 동안 지방정부가 최소 총 21.6조 위안 투자

표 5 주요국의 반도체, 에너지 전환 산업 정책 재정 동원 사례: 미국, EU, 일본, 중국

* 출처: Kazumasa Iwata, "Major International Challenges", Keynote Speech: ESRI International Conference, 2024

전환 등 새로운 산업 정책이 해결하고자 하는 도전은 장기에 걸친 대규모 투자를 필요로 한다. 앞의 표에서 주요국들은 반도체 기술 및 산업 발전이나 에너지 전환 및 기후 위기 대응을 위해 대규모의 재정 자원을 동원하는 데서도 드러나듯이, 앞으로 산업 정책 관련 대규모 투자의 파이낸싱이 주요 이슈가 될 것이다. 선진국은 탈탄소화, 탈세계화, 군비 확충을 위한 산업화 군비경

쟁을 벌이고 있다고 해도 과언이 아니고, 이 모두가 대규모의 정부지출을 동반하는 투자를 필요로 한다.* IMF는 2050 탄소중립을 달성하기 위해서는 연간 3~5조 달러의 투자가 필요하다고 추산한다. 국제에너지기구IEA도 신재생에너지, 에너지 효율성, 전기화, 저탄소 기술에 연간 4조 달러의 투자가 필요하다고 추산한다. 현재의 3.3조 달러로 추산되는 연간 투자 규모와 비교하면 해도 연간 7천억 달러에서 1조 7천억 달러의 투자가 추가적으로 이루어져야 한다는 의미이다.** 여기에 공급망 내재화와 군비증강 등에 필요한 추가적인 투자를 고려하면 공공지출과 투자 필요액은 더욱 증가할 것이다. 저축 과잉의 시대가 가고 부족의 시대가 온다고 해도 과언이 아니다.***

이 장기 대규모 투자를 어떻게 파이낸싱할 것인가가 앞으로 산업 정책의 기획과 실행에서 주요한 도전이 될 것이다. 이 대규모 투자는 정부가 혼자 감당할 수 있는 수준도 아니고, 양적으로는 민간 부문의 참여 없이는 불가능하다. 그렇다면 정부와 민간 부문의 역할 분담은 어떻게 되어야 하나? 민간 부문을 장기 대규모 투자로 유도하기 위해 투자의 걸림돌인 기술, 시장, 규제

---

* Andy Haldane, 〈The global industrial arms race is just what we need〉, Financial Times, 2023.06.26.
** Bernhard Lorentz et al., 〈Financing the Green Energy Transition: A US$50 trillion catch〉, Deloitte, 2023.11., p.9.
*** 이 변화는 길게 보면 저축을 포함하여 노동력, 에너지, 원자재 등 자원이 풍부한 시대에서 부족의 시대로 이행이라고 할 수 있다. P. Artus and O. Pastré, 《De l'économie d'abondance à l'économie de rareté》, Odile Jacob, 2023.03.

118   2025 한국경제 대전망

등의 불확실성을 어떻게 완화하거나 제거할 수 있나? 현재의 금융 시스템이 산업 정책의 파이낸싱이라는 도전에 대응할 수 있는 역량이 있나?

투자의 파이낸싱이 직면하는 도전 중 가장 중요한 것을 들자면 '지평선의 비극The Tragedy of the horizon'이다. 전 영란은행 총재였던 마크 카니Mark Carney가 사용한 용어로, 정치의 의사결정 주기는 2~3년에 불과하기 때문에 기후 위기처럼 장기적인 대응이 필요한 사안에 대해서는 각국과 세계가 효과적으로 대처할 수 없다는 뜻이다. 만일 기후 위기가 재정 및 금융 안정의 요소로 파악되기 시작했다면 그때는 이미 너무 늦었다는 것이다.* 현재의 금융시스템은 단기 중시 성향으로 기후 환경 악화와 같이 그 결과가 먼 미래에나 확실하게 나타나는 투자의 파이낸싱에 한계가 있다는 것이다.

또한 대규모 구조 전환은 기술, 공급망은 물론 시장에서의 수요와 공급 관계로 복잡하게 연관되어 있는 여러 부문이 동시에 발전할 때 효과를 발휘할 수 있기 때문에, 이런 연관 분야의 투자를 어떻게 조율할 것인가가 산업 정책의 도전으로 제기된다.

최근 보이는 시장 보호, 수출 투자 규제 등 규제 수단과 보조금, 조세 등 재정적 수단의 확대 경향은 당분간은 지속될 것으로 봐야 할 것이고, 산업 정책과 다른 정책과의 조율과 정합성

---

* 마크 카니, ≪초가치: 돈으로 살 수 없는 미래≫, 이경식 역, 윌북, 2022.

을 어떻게 달성할 것인가가 주요 이슈로 부상할 것이다. 특히 투자 파이낸싱을 위한 수단의 하나로서, 정책 당국의 도구상자와 경제학자의 개념상자에서 오랫동안 사라져 있던 유도계획indicative planning의 필요성이 다시 부각될 것으로 보인다. 제2차 세계 대전후 전후 복구, 개도국의 산업화를 위한 정책 수단으로 널리 채용되었던 유도계획이 새로운 구조 전환이라는 도전에 직면하여 시장경제의 불완전성을 보완하는 정책 수단으로 필요하다는 인식이 나타나고 있다. 이미 중국의 5개년 계획 및 산업별 계획은 말할 것도 없고, 미국의 CHIPS 법, IRA, 유럽의 반도체 법, 그린딜 투자계획 등도 유도계획의 요소를 갖고 있으며, 프랑스, 영국 등 개별 국가로 들어가 보면 보다 구체적인 형태를 갖춘 유도계획이 도입되고 있다.*

유도계획이 구체적으로 실현되는 방식은 국가의 제도적 특성이나 정치 문화의 차이에 따라 나라마다 다르겠지만 몇 가지 공통의 요소를 가져야 할 것이다. 첫째, 공공투자 장기 액션 플랜이다. 정부가 넷 제로 등 장기 목표를 분명히 하는 것은 물론 공공투자 중장기 계획을 명시적으로 밝힘으로써 민간부문이 직면하는 정책 불확실성을 해소해야 한다. 둘째, 관련 정책 간 정합성을 높이는 조정 기능을 강화해야 한다. 국내 생산 역량 강화는

---

* 미 첨단 배터리 컨소시엄(FCAB)의 리튬배터리 국가 전략(FCAB, 2021, National Blueprint for Lithium Batteries: 2021-2030), 프랑스 정부의 녹색산업 전략(Gouvernement Francais, 2023, France Nation Verte, Industrie Verte)

정부조달, 한시적 시장 보호나 수출시장 확대 등 시장 확대 정책과 조율되어야 하고, 국내 시장 형성을 위한 규제 정책과 조율되어야 한다. 셋째, 공공 부문과 민간부문의 투자가 수렴하도록 지원하는 대전환 친화형 금융 수단이 확충되어야 한다.

선진국이 산업 정책 경쟁에 본격적으로 뛰어들면서 이제 산업 정책을 둘러싼 논쟁은 산업 정책을 할 것인가 말 것인가 필요한가 아닌가보다는 어떻게 할 것인가로 바뀌었다. 글로벌 표준이 국가 정책을 지배하던 시대와 달리 산업 정책은 각국의 국제 분업 내 위치, 국가의 제도적 특성, 정치적 전통 등 각국 특성의 영향을 크게 받을 것이다. 다양한 자본주의 간 경쟁의 연장에서 다양한 산업 정책 간 경쟁의 결과에 따라 세계 산업 지형이 크게 영향을 받을 것이다. 시장 실패를 보정하기 위해 도입되었지만, 덩치가 커진 만큼 이제 국가 실패의 위험도 그만큼 커질 것이다. 20세기 산업 정책의 역사를 재평가하고, 새로운 산업 정책이 지정학과 기술혁명이 상승 작용하는 구조 전환에 기여하는 길을 찾아내는 것이 연구자와 정책입안자에게 새로운 도전으로 제기되었다.

08

조심스럽게 기지개 펴는 2025년 유럽경제

김흥종 | 고려대학교 국제대학원 특임교수

2008년 글로벌 경제 위기 이후 선진국 중 가장 큰 타격을 받고 있는 곳을 꼽으라면 유럽일 것이다. EU와 유로존의 경제 규모는 2010년 14.57조 달러와 12.71조 달러에서 2023년 18.35조 달러와 15.54조 달러로 각각 26%와 22% 증가하는 데 그쳐, 미국이 같은 기간 15.05조 달러에서 29.36조 달러로 무려 95% 증가한 것과 크게 대비된다.* 물론 일본은 같은 기간에 5.76조 달러에

---

* www.imf.org/external/datamapper/NGDPD@WEO/WEOWORLD/EU IMF는 비교의 편의를 위하여 2010년과 2023년 모두 EU에 크로아티아를 포함하고 영국을 제외한 27개 회원국 현재 상황을 적용하였다. 실제로는 2010년에는 영국이 EU 회원국, 크로아티아는 EU 비회원국이었으며, 2023년에는 그 반대였다. 같은 기간 영국과 크로아티아의 총 GDP는 각각 34%와 39.4% 증가하였다.

서 4.21조 달러로 역성장하였으니 일본에 비할 바는 아니나, 일본의 저성장이 1990년대부터 지속된 현상임에 반해 유럽의 경우에는 글로벌 경제 위기 이후 두드러진 추세라는 점에서 주목된다.

유럽경제의 위기는 크게 보아 아직도 긴 꼬리를 드리우고 현재 진행 중이며, 2025년은 유럽경제에 현재 진행 중인 다양한 도전과제와 싸우면서 조심스럽게 회복을 기대하는 한 해가 될 것이다. 그러나 회복의 강도는 미약하여 중국이나 인도 같은 거대 개도국뿐만 아니라 같은 선진국권인 미국에 비해서도 여전히 성장률이 밑돌 것으로 예상된다.

2024년 유럽경제: 전쟁과 에너지 위기, 금리 정상화 충격에서 서서히 벗어나

글로벌 경제 위기 이후 중첩된 요인들이 현 단계 유럽경제에 영향

2010년부터 본격화된 유럽 재정 위기는 그리스를 비롯한 남유럽 국가들을 위기 상황으로 몰아 유로존 탈퇴 가능성까지 제기되는 극한 상황에까지 이르렀다. 독일중앙은행의 전통을 이어받은 유럽중앙은행ECB은 위기 극복 과정에서 민간에 신속히 유동성을 공급하는 새로운 조치를 단행했으며, 이러한 행동은 팬데믹 중에 다시 재연되었다. 이제 ECB는 이자율 정책뿐만 아니라 양적완화^{QE}/긴축 조치의 신속성과 대상 채권의 범위에서 매우 과감한 조치를 취하는 기관으로 인식되고 있다. 그러나 유럽 경제위기는 회원국 간의 단합에 악영향을 미쳤을 뿐만 아니라 유럽경제의 추세적 하락을 가속화했다.

이민과 난민 문제는 과거부터 유럽에 상당한 영향을 미쳤으나 2010년대에 유입된 이민/난민은 유럽 정치와 경제, 사회에 큰 충격을 주었다. 2007년 EU에 가입한 루마니아와 불가리아에 7년간 유예된 이주의 자유가 허용된 때가 2014년 1월이었다. 두 나라에서 100만 명 이상이 서유럽으로 이동했다. 2015년에는 시리아 내전에 따른 대규모 난민이 유럽으로 쏟아져 들어왔다. 당시 시리아의 인구 2,200만 명 중 탈출한 시리아인이 670만 명을 넘었고, 이 중 130여만 명은 에게해와 튀르키예를 경유하여 유럽으로 이동하였다. 2015년 EU로 유입된 이주민 중 난민으로 추정되는 불규칙 이민$^{irregular\ migration}$은 170만 명을 넘어 단기간에 폭발적으로 증가하였다. 대다수는 시리아 난민이었으나, 알바니아, 이라크, 아프가니스탄, 에리트레아를 포함한 아프리카에서도 유입되었다. 2015년 한 해 동안 합법적 이민을 포함하여 약 380만 명의 외국인이 EU로 유입되었다.

한편, 2022년 러-우 전쟁 발발 이후 EU로 유입된 우크라이나인은 800여만 명으로 추정된다. 그 결과 현재 EU 내 난민만 계산해도 700만 명이 넘으며 이는 EU 인구의 1.6%에 해당한다. 독일의 경우 2.8%에 달한다. 이리한 대규모 이주는 단기적으로는

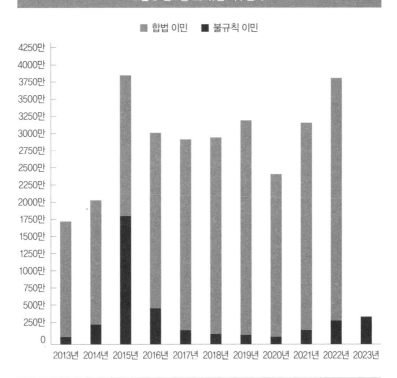

그림 9 연도별 EU 유입 이주민 수

■ 합법 이민　■ 불규칙 이민

* 출처: EU(2024), 유럽 이주 통계

적지 않은 부담으로 작용했다. 치안 불안, 외국인 혐오와 갈등 증가, 정부 재정 부담, 지역 단위 복지 체계의 붕괴와 지역사회의 동요, 극우 정당의 급부상 등 다양한 부작용을 낳고 있다.

더욱이 2020년부터 2년 넘게 계속된 팬데믹은 유럽경제에 큰 타격을 주었다. 2020년 전 세계 실질 GDP가 -2.7% 역성장한 가운데 EU는 -5.5%, 유로존은 -6.1%의 경기 후퇴를 경험, 중

남미와 함께 지역별로 가장 큰 타격을 받은 것으로 나타난다. 스페인(-11.2%), 영국(-10.4%), 그리스(-9.3%), 이탈리아(-9%), 그리고 프랑스(-7.5%)는 대표적으로 역성장한 유럽국가이다[*]. 유럽은 팬데믹 이후 회복 기간에도 상대적으로 다른 지역에 비해 경기 반등이 미약했는데, 2023년에는 EU가 0.6%, 유로존이 0.4%의 미미한 성장세를 나타내어 미국(2.5%)과 일본(1.9%)보다 낮았다.

유럽경제가 2023년에 상대적으로 저성장을 보인 이유는 장기적이고 구조적인 요인들이 있으나 단기적으로 볼 때는 2022~23년 사이에 ECB가 단행한 통화 정책의 정상화 과정과 관련이 깊다. ECB는 0%를 유지하던 기준금리를 2022년 7월부터 2023년 9월 사이에 열 차례에 걸쳐 4.5%까지 인상하였다. 2024년 6월 0.25%p 다시 인하할 때까지 고금리는 성장률을 급격히 떨어뜨렸다. 유로존 인플레이션은 지난 2021년 7월 2.2%를 기록한 뒤 가파르게 상승해 2022년 10월엔 최고 10.6%까지 치솟았는데, 금리 인상 후 빠르게 안정되어 2024년 8월 2.2%를 기록, 3년 1개월 만에 다시 안정권에 근접했다. 물론 미국의 경우와 비교하면 미국은 이자율 인상에도 불구하고 경기 호황이 지속된 반면, 유럽은 이자율 정책에 훨씬 더 민감하게 반응하였고 이것이 다시 2024년 6월 기준금리의 선제적 인하의 배경이 되었다. 이를 유럽경제의 기초체력이 더 취약하다고 해석하기도 한다.

---

[*] 한국의 성장률은 -0.7%였다.

지금 어디에 있는가

IMF의 2024년 7월 전망에 따르면, 2024년 EU와 유로 지역의 경제 성장률은 각각 1.2%와 0.9%로 전망된다.[*] 이는 2023년의 0.6%, 0.5% 보다는 나은 수준이다. 주요 국가별로 보면, 독일이 0.2%로 여전히 침체국면을 벗어나지 못하고 있으며, 프랑스(0.9%), 이탈리아(0.7%), 그리고 영국(0.7%)은 약한 성장세를 이어나갈 것이다.[**] 2023년보다 더 나은 경제성적표를 예상하는 가장 큰 이유는 ECB의 금리 인하 정책이다. 2024년 6월 기준금리를 0.25%p 인하한 ECB는 9월에도 추가적인 조치가 유력하며, 2024년 하반기 인플레이션이 잦아들 것으로 예상됨에 따라 금리 인하 국면을 이어 나갈 것으로 예상된다.

2024년 유럽경제는 2022년 러-우 전쟁 이후 높아진 에너지 가격으로 여전히 고통받고 있다. 2022년 2월 전쟁이 발발하자 에너지 가격은 크게 뛰었고, 그 뒤 높은 수준에서 등락을 거듭하였다. 유로 지역은 러시아로부터 에너지 의존도가 높았기 때문에 그만큼 충격도 컸다. 2021년 러시아는 유럽 주요국에 에너지 상품을 가장 많이 공급한 국가로서, 유로존 전체 에너지 수입의 23%를 차지했다. 2020년 기준 러시아는 유로존 원유 수입의 23%, 석탄 수입의 43%를 차지했다. 천연가스의 경우 2020년 유

---

[*] 〈World Economic Outlook update: The Global Economy in a Sticky Spot〉, IMF, 2024.07.

[**] 참고로 2024년 미국은 2.6% 성장할 것으로 예상된다. 우크라이나와 전쟁 중인 러시아는 3.2%, 중국은 5%, 인도는 7%의 성장률이 예상되며, 일본은 서유럽과 유사한 0.7%로 전망된다.

로 지역 가스 수입의 35%를 러시아가 공급했다. 독일과 이탈리아는 유럽 주요국 중 러시아산 천연가스에 대한 의존도가 가장 높았다.

초창기 러시아에 대한 EU의 제재는 대체 가능성이 높은 석탄과 석유에 집중되었으나 시간이 지나면서 천연가스(PNG)로 옮겨갔다. 이는 러시아산 천연가스에 의존하고 있는 독일을 비롯한 일부 국가에 재앙과도 같은 에너지 위기로 이어졌으며, 이는 높은 전기 가격으로 전가되었다. 2022년 10월 10%가 넘는 인플레이션은 주로 에너지 가격 및 에너지 가격에 영향받은 식품, 교통 및 주택 가격에 기인했다. 2023년 하반기에 접어들어 더 이상의 상승은 나타나지 않아 물가안정에 도움을 주었으나, 이미 높아진 에너지 가격은 지금도 민간 부문의 소비활동에 걸림돌로 작용하고 있다. 전 세계에서 전기료가 가장 높은 10개국 중 8개, 20개국 중에서 15개국이 유럽국이다.[*]

2024년 EU 차원에서 주목해야 할 이슈로는 지난 4월 유럽의회가 승인한 이민·난민협정The Pact on Migration and Asylum과 6월 초에 치러진 유럽의회 선거다. 새로운 이민·난민협정은 EU의 국경 방어를 강화하면서도 자격심사와 송환 절차를 간소화하고, 회원국들

---

[*] worldpopulationreview.com/country-rankings/cost-of-electricity-by-country 전기료가 가장 높은 10대 국가는 덴마크, 독일, 영국, 오스트리아, 이탈리아, 벨기에, 버뮤다, 스페인, 케이만군도, 체코이며, 그다음 10개국은 리투아니아, 네덜란드, 아일랜드, 자메이카, 바베이도스, 에스토니아, 카보베르데, 라트비아, 스웨덴, 리히텐슈타인이다. 참고로 한국은 147개 비교 대상국 중 94위로 kwh당 선기료가 덴마크나 독일의 1/6 수준이다.

의 선택지를 넓혔다. 이 법안은 유럽이 지속적으로 실패해 온 이민과 난민 정책을 개선할 수 있는 종합법안으로 평가되지만, 정책의 성공은 2024년 새롭게 구성된 EU 집행부의 정책 실행 능력뿐만 아니라 송출국인 중동·아프리카 국가들의 정치·경제적 안정과도 밀접한 관련이 있다.

향후 5년간 EU의 주요 의사결정에 영향을 미칠 유럽 의회 선거가 6월 6~9일에 걸쳐 진행되었다. 그 결과 720석 중에서 중도우파 유럽국민당이 188석으로 1석이 늘어났다. 반면, 중도좌파 사민 그룹은 12석 감소한 136석, 중도자유주의 계열은 20석 감소한 77석, 녹색당 계열은 14석 감소한 53석으로 쪼그라들었다. 중도파 세 당의 합은 여전히 401석으로 과반수를 유지하였기 때문에 중도파 리더십은 유지되었다. 반면, 극우 계열은 유럽 보수개혁당이 16석 늘어난 78석, 유럽애국자당은 8석 늘어난 84석이 되었다. 독일대안당이 주축이 된 유럽주권국가당 25석을 더하면 유럽의회에서 극우 계열은 187석에 달하여 큰 세력으로 거듭났다. 좌파당은 46석으로 6석 늘었다. 선거 결과 극우세력의 부상과 자유주의 중도파의 몰락, 중도파 연합의 권력 유지가 특징적이다. 향후 유럽의회에서 좌우 대립이 격화될 것으로 예상되며, EU 차원에서 더욱 강경해질 반이민·난민 정책과 유럽 시민 사회에서 반이슬람 정서의 확산, 일부 녹색정책의 추진동력 약화, 무역 투자 자유화의 퇴조 및 유럽에서 러시아와 중국의 영향력 확대가 예상된다.

| 한 걸음 더 나아가는 2025년 유럽경제

　　IMF의 2024년 7월 전망에 따르면, 2025년 EU와 유로 지역의 경제 성장률은 각각 1.8%와 1.5%로 전망되어 정상 성장률로 복귀할 것으로 전망된다.[*] 주요 국가별로 보면, 독일이 1.3%로 침체국면을 벗어나고, 프랑스(1.3%), 이탈리아(0.9%), 그리고 영국(1.5%)도 반등할 것이다.[**] 2025년에는 금융 여건이 완화되면서 투자가 활성화되고, 노동 시장 여건이 개선되며 명목임금이 상승하여 내수가 살아날 것으로 전망된다. 인플레이션은 2% 이하로 안정되어 ECB의 금리 인하가 계속될 것으로 보인다.

　　2025년 유럽경제는 디지털과 그린 전환을 가져오는 기술혁명에서 미국, 중국, 동아시아에 뒤처지고 있는 문제, 기존 산업의 낮은 생산성, 인구 고령화 등 고질적인 도전과제를 극복하기 위한 노력을 계속하는 가운데, 우르줄라 폰 데어 라이엔[Ursula Gertrud von der Leyen] EU 집행위원장의 재임을 위한 공약 연설에서 볼 수 있듯이 청정무역과 투자 활성화를 위한 특별 조치, 해외 보조금 규제와 핵심 소재 공급망 안정 등 경제 안보와 공급망 안보를 위한 EU 차원의 조치, 반덤핑 등 무역구제조치의 적극적 구

---

[*] 〈World Economic Outlook update: The Global Economy in a Sticky Spot〉, IMF, 2024.07.
[**] 참고로 미국과 일본의 2025년 성장률 예상치는 각각 1.9%와 1.0%이다.

사, 데이터보호와 구축, 국방산업 강화를 추구할 것이다.* 아울러 2025년 7월 1일부터 불가리아가 유로화를 도입함에 따라 유로 존 회원국은 21개국으로 늘어나, 난관 속에서도 EU와 유로존의 확대 및 심화 작업을 계속 이어갈 것이다.

---

* 〈Statement at the European Parliament Plenary by President Ursula von der Leyen, candidate for a second mandate 2024-2029〉, Directorate-General for Neighbourhood and Enlargement Negotiations, 2024.07.18.

09

인도네시아, 불확실한 시대의 밝은 미래

고영경 ㅣ 연세대학교 국제학대학원 디지털통상 연구교수

　잠재력은 풍부하지만 아직 '잠자는 호랑이'라 평가받던 인도네시아가 드디어 기회의 땅으로 거듭났다. 골드만삭스는 2050년 중국, 미국, 인도와 함께 인도네시아가 4대 경제대국으로 등극할 것이라는 전망을 내놓았다.[*] 풍부한 자원, 2억 7천600만 명의 인구, 높은 젊은 층 인구 비율이 성장을 뒷받침해 인도네시아가 글로벌 생산과 소비의 중심으로 부상할 것이라는 예측이다. 인도네시아의 잠재력이 갑자기 등장한 것은 아니다. 과거 세계은행

---

[*] Kevin Daly and Tadas Gedminas, 〈The Path to 2075 — Slower Global Growth, But Convergence Remains Intact〉, Goldman Sachs, 2022.12.06.

WB, World Bank이 아시아의 기적 중 하나로 인도네시아를 꼽았었다.[*] 그러나 이러한 기대는 90년대를 거치며 보기 좋게 빗나갔다. 그리고 2010년대 맥킨지MGI(2012)와 PwC(2017)가 2030년 인도네시아를 각각 세계 7위, 5위 경제대국이 될 것이라는 전망을 제시했었다.[**]

과거와 지금 인도네시아를 바라보는 시각이 달라진 것일까? 90년대 초반에는 구조적인 문제를 외면한 채 과도하게 낙관적인 시각이 지배적이었다면, 2000년 이후의 분석은 안정적 성장을 근거로 보다 현실적이고 신뢰도 높은 평가를 제시하고 있다. 더욱이 최근의 글로벌 환경 변화—지정학적 불확실성의 증가, 미중 갈등, 자유무역 기조의 퇴보 등—는 세계 경제의 전망을 어둡게 만들고 있지만, 역설적으로 중립 노선을 취하는 자원 부국 인도네시아의 가치를 높이고 있다. 특히 인도네시아의 거대한 내수 시장은 이러한 상황에서 더욱 큰 강점으로 부각되고 있다. 그러나 한국인들에게 여전히 '잠자는 호랑이'로 인식되는 경향이 있다. 수교 50주년을 맞아 '포괄적·전략적 동반자 관계'로 격상되었음에도 인식 전환이 더딘 상황이다. 이제는 글로벌 관점에서 인도네시아

---

[*] Nancy M. Birdsall et al, 〈The East Asian Miracle: Economic Grwoth and Public Policy〉, World Bank, 1993.09.26.

[**] Raoul Oberman et al, 〈The archipelago economy: Unleashing Indonesia's potential〉, McKinsey Global Institute, 2012.09.01.
     John Hawksworth et al, 〈The Long View: How will the global economic order change by 2050?〉, PwC, 2017.02.07.
     두 보고서에서 사용된 경제규모는 구매력으로 계산한 GDP 수치이다.

의 잠재력과 기회를 재평가하고 새로운 전략을 구상할 시점이다.

| 안정적이고 꾸준한 성장의 길을 걸어온 자원부국

인도네시아는 인구 세계 4위, 17,500개 이상의 섬으로 구성된 최대 섬나라며, 한반도의 9배 크기인 1,904,569km² 면적으로 세계 14위다. 해안선은 108,000km, 동서 길이 약 5,120km, 남북 1,900km에 달한다. 그야말로 대국*國이다. 동아시아, 남아시아, 오세아니아와 맞닿은 지리적 요충지로 역사적 무역 중심지 역할을 했다. 자원이 풍부해 니켈 매장량 세계 1위, 주석과 보크사이트 2위, 구리 7위며 원유, 천연가스, 금, 코발트, 석탄도 생산한다. 열대우림기후로 다양한 목재와 팜오일 생산 세계 1위다.

한국과 마찬가지로 인도네시아도 1997년 아시아 금융위기를 겪으며 경제가 큰 타격을 받았으며, 2000년대부터 안정적으로 성장했다. 2003~13년 연평균 5.7%라는 높은 성장률을 기록했으며, 이후 10년간 4.2% 성장률을 유지했다. 코로나19로 2020년에는 마이너스 성장을 했으나 빠르게 회복하여 2023년 GDP 1조 3,710억 달러로 세계 16위, 구매력 기준 4조 3천억 달러로 8위를 차지했다. 1인당 GDP는 4,941달러, 구매력 기준 15,613달러에 달한다(World Bank).

2013년 이래 인도네시아의 연평균 경제 성장률은 베트남, 중

표 6 인도네시아와 아시아 주요 국가의 GDP 및 연평균 성장률				
국가	2023년 실질 GDP (십억 달러)	1993-2003 CAGR	2003-2013 CAGR	2013-2023 CAGR
인도네시아	1,371	3.20%	5.70%	4.20%
베트남	420	7.40%	9.00%	6.00%
싱가포르	501	5.30%	6.70%	3.00%
말레이시아	400	5.40%	5.00%	4.00%
필리핀	437	3.90%	5.40%	4.70%
태국	515	3.60%	4.00%	1.80%
SEA-6	3,643	4.10%	5.70%	3.90%
중국*	17,795	9.50%	9.50%	6.00%
인도	3,574	6.10%	7.60%	5.70%

* 주: 중국의 성장률에서 홍콩과 마카오는 포함되지 않음
* 출처: IMF

국, 인도 다음으로 주변국을 압도했고 국가경쟁력도 향상되었다. 이 성과의 주역은 조코 위도도^{Joko Widodo} 대통령의 개혁 정책이다. 가구 사업가 출신 조코위 대통령은 청렴하고 개혁적인 인물로 '인도네시아의 오바마'로 불렸다. 그의 조코위노믹스^{Jokowinomics}로 인도네시아경제는 질적, 양적 변화를 겪었다. 먼저 인프라 확충을 최우선으로 삼아 2014년 154.7조 루피아에서 2024년 422.7조 루피아로 정부 예산을 대폭 늘렸다. 둘째, 'Making Indonesia 4.0' 정책*으로 고부가가치 산업과 디지털 경제를 육성하고, 다

---

*   조코위 대통령이 2018년 발표한 국가 제조업 육성 정책. 식음료, 섬유 및 봉제, 자동차, 화학, 전자 등 5개 중점 분야의 산업을 육성하고 자국 제조업의 경쟁력 강화를 목표로 한다.

운스트림 정책으로 원자재 수출을 제한하며 관련 제조업을 국내로 유치했다. 대표적으로 니켈 원광 수출을 금지하고 국내 제련, 가공, 배터리팩, 전기차 제조까지 이어지는 밸류체인 구축을 목표로 삼았다. 셋째, 외국인 투자유치에 적극적이었다. 법인 설립과 투자 절차를 간소화하고 조세감면을 확대했으며, 옴니버스법Omnibus Law*으로 외국인 투자 업종을 전면 개방했다. 조코위의 복지 확대 정책도 긍정적인 영향을 미쳤다. 건강보험과 교육비, 생계비 지원 프로그램 등 조코위가 추진한 사회보장제도는 빈곤 감소와 저소득층의 교육 기회 확대에 크게 기여하였다.

조코위노믹스는 글로벌 경제 환경의 변화, 지정학적 위험 증가와 맞물리면서 더 큰 성장 기회를 맞았고, 이는 외국인직접투자의 대폭 증가 및 경상수지 흑자전환으로 이어졌다. 미국과 중국이 갈등을 빚으면서 글로벌 기업들은 탈중국을 실행했고, 러-우 전쟁으로 원자재 가격 상승과 함께 자원부국이면서 정치적 안정성이 높은 인도네시아의 가치도 더 상승했기 때문이다. 다운스트림 정책 역시 현대자동차와 LG에너지솔루션, 중국 칭산그룹青山, BYD 등 전기차 및 배터리 관련 기업들을 인도네시아로 끌어오는 데 성공했다. 덕분에 인도네시아 외국인 직접투자는 2022년 46.6%라는 역대급 성장률에 이어 2023년 473억 달러

---

*　2020년 통과된 일자리 창출 특별법RUU CIPTA KERJA. 76개 법안, 1,200여 개 조항에 규제 완화를 통한 국내외 투자 활성화, 노동 시장 유연화 등의 내용이 담겨 있으며, 궁극적으로 보다 많은 일자리를 창출하는 것이 목표이다.

로 사상 최고치를 기록했다. 2024년 1분기에만 15.5%나 증가한 125억 달러로 상승세를 이어 갔으며, 경제 성장률도 2024년 상반기 5%를 상회하면서 성장 기조가 유지되었다. 영국 파이낸셜 타임스[FT, Financial Times]는 조코위 대통령이 지난 10년 동안 인도네시아를 가장 매력적인 투자처로 재탄생시켰다고 평가했다.[*] 그의 성과는 비단 경제 수치만이 아니다. 폭넓은 외교로 G20를 유치했고, 진영을 막론하고 세계 정상들과 어깨를 나란히 하며 국민에게 자부심과 "성장 마인드셋[Growth Mindset]"을 심어주었다.

| 새로운 리더 프라보워 "Golden Indonesia 2045"

조코위의 시대는 가고 새 리더가 온다. 2024년 대선에서 프라보워 수비안토[Prabowo Subianto]가 당선됐다. 조코위와 두 번이나 겨룬 그는 조코위의 아들 기브란을 파트너로 삼아 드디어 승리의 맛을 봤다. 80%에 육박하는 조코위 지지도를 흡수한 그는 2045년까지 인도네시아를 고소득 국가로 만들겠다는 목표 아래 조코위 정책 계승을 약속했다. 따라서 조코위노믹스의 핵심 다운스트림 정책, 'Making Indonesia 4.0' 등은 계속될 전망이다. 340억

---

[*] A. Anantha Lakshmi and Andy Lin, 〈In charts: how the Joko Widodo era remade modern Indonesia's economy〉, Financial Times, 2024.02.11.

달러 규모의 신수도 누산타라 프로젝트*는 인구과밀과 경제집중, 지반 침하 등 자카르타의 고질병을 해결하려는 조코위의 야심작이다. 신수도 사업은 계속되겠지만, 공사 지연과 80%를 민간투자로 해결하겠다는 계획이 차질을 빚고 있어 완공 시점은 늦춰질 것으로 보인다.

프라보워의 '골든 인도네시아' 건설에 투자 활성화와 산업고도화는 필수 요소이다. 조코위의 인프라 확충 노력에도 불구하고 인도네시아 전역에는 여전히 발전소, 항만, 도로가 부족하다. 에너지의 경우, 높은 화석연료 의존도와 탄소 배출량 때문에 인도네시아의 그린 전환도 시급한 과제이다. 신수도를 포레스트 시티, 스마트 시티로 꾸미는 것 역시 그린과 디지털 전환 실현의 일환이다.

프라보워의 대선 공약 중 눈에 띄는 것은 전국 아동과 임산부 대상 무상급식과 무상 우유 제공 프로그램이다. GDP의 약 2%, 국가 예산의 14%에 해당하는 막대한 예산을 필요로 하기에 프라보워는 정부의 과감한 부채 차입을 주장했다. 재정 확대의 또 다른 이유는 국방 예산 증가이다. 군 출신이자 현 국방장관인 프라보워가 강한 인도네시아를 목표로 국방비 증액을 요구하는 것은 당연한 수순처럼 보인다. KF-21 분담금은 줄였지만, 81억 달러가 드는 프랑스 라팔 전투기 42대 구매 계약은 체결

---

* 기존 수도 자카르타에서 보르네오섬 동칼리만탄의 누산타라로 수도를 이전하려는 프로젝트이다.

완료된 상태이다.

현재 인도네시아의 GDP 대비 부채비율은 39%로 세계적으로도 낮은 편이다. 법으로 재정적자는 GDP의 3%, 부채비율은 60% 미만으로 제한하고 있어 프라보워의 요구는 수용 가능해 보인다. 그럼에도 세계은행 등은 재정 건전성 악화 가능성을 경고한다. 불안한 경제 환경에서 세수가 예상만큼 늘지 않는다면 재정적자가 급격히 늘어날 수 있기 때문이다.

| 불확실성의 시대, 인도네시아를 잡아라

인도네시아경제의 단기 전망은 '맑음'이다. 세계은행과 IMF는 2025년 성장률을 5.1%, 아시아개발은행은 5.0%로 전망했고, 인도네시아 중앙은행은 5.7%를 제시했다. 베인앤컴퍼니^{Bain & Company}의 보고서는 인도네시아 성장률을 5.7%로 예측하며, 아세안 주요국 성장률이 중국을 앞지를 것으로 내다봤다.[*] 이런 장밋빛 전망의 배경엔 지정학적 불확실성 속 인도네시아의 유리한 위치, 프라보워의 조코위 정책 계승과 확장재정, MZ 세대와 중산층이 이끄는 강력한 내수가 자리하고 있다.

---

*   Charles Ormiston and Taimur Baig, 〈Navigating High Winds: Southeast Asia Outlook 2024–34〉, Angsana Council, 2024.08.01., pp.16.

인도네시아의 외교 전략 또한 주목할 만하다. 미중 사이에서 교묘한 균형 외교를 펼치는 중간국의 전략은 프라보워 대통령 당선인의 행보에서도 드러난다. 그는 첫 해외 정상회담 상대로 시진핑을 선택하고 푸틴과도 만났지만, 인도네시아를 친중국이나 반미국가로 분류하지는 않는다. 동시에 미국과의 관계 강화도 추구하고 있다. 특히, 니켈부터 완성차까지 다운스트림 밸류체인 구축에서 미국과의 핵심 광물 FTA의 체결은 중요한 분기점으로 인도네시아의 미래 성장과 직결되는 중요한 과제다. 관련 한국기업들의 추가 투자도 양자 FTA 성사에 달려있다.

표 7 세계은행의 인도네시아 및 주요 이머징 국가 경제 성장률 전망		
	2024년	2025년	2026년
인도네시아	5.0%	5.1%	5.1%
베트남	5.5%	6.0%	6.5%
말레이시아	4.3%	4.4%	4.3%
필리핀	5.8%	5.9%	5.9%
태국	2.4%	2.8%	2.9%
중국	4.8%	4.1%	4.0%
인도	6.6%	6.7%	6.8%
브라질	2.0%	2.2%	2.0%
멕시코	2.3%	2.1%	2.0%

* 출처: World Bank, 2024, 〈Global Economic Prospects〉

| "차이나 플러스 원"에서 아시아 지역 밸류체인으로

글로벌 불확실성 속에서 인도네시아를 향한 외국인직접투자는 지속될 전망이다. 미중 갈등 속에서 멕시코가 니어쇼어링Nearshoring*을 통해 대미 우회 수출의 전진기지로 자리매김했다면, 인도네시아는 아세안의 중심 국가로서 '차이나 플러스 원' 전략의 핵심 대상국이다. 안정적인 자원 공급망, 전략적 위치에 더해 풍부한 인력과 거대 소비시장의 성장은 인도네시아를 더욱 매력적인 투자처로 만들고 있다. 이에 한국, 일본, 유럽, 미국 기업들뿐만 아니라 성장이 둔화된 중국 기업들까지 인도네시아로의 투자를 확대하고 있다. 향후 10년간 인도네시아를 포함한 아세안 주요국의 성장률과 외국인 투자증가율이 중국을 앞지를 것이라는 전망도 나왔다.** IMF는 2029년에는 인도네시아가 한국의 GDP를 추월할 것으로 전망했다.

아세안은 2022년까지 한국의 제2의 교역 대상이자 해외 투자처, 인프라 시장이지만, 베트남의 비중이 컸다. 한국 정부와 기업들은 베트남에 치우친 자세를 보이며, '포스트 차이나'에서 우선적으로 베트남만을 고려했었다. 그러나 이제는 베트남과 함께

---

* 생산 시설을 해외로 이전하는 오프쇼어링Offshoring과 생산 시설을 본국으로 다시 이전하는 리쇼어링Reshoring의 중간 형태로, 기업이 자국과 비슷하거나 인접한 국가에 생산 시설을 이전하는 것을 말한다.

** Charles Ormiston and Taimur Baig, 위의 글, pp.4.

인도네시아를 품는 '차이나 플러스 원' 구상이 필요하며, 한 발 더 나아가 지역 밸류체인 구축을 염두해야 한다. 자원은 풍부하나 인프라 개발, 제조업 고도화, 그린에너지, 디지털 전환 등 다양한 분야에서 선진국과의 투자 및 기술 협력을 필요로 한다. 이에 많은 국가가 인도네시아와의 협력을 모색하고 있으며, 인도네시아는 이를 전략적으로 활용하고 있다. 한국은 이러한 경쟁 구도 속에서 일본, 중국, 유럽과 차별화된 협력 모델을 제시해야 한다.

한국은 이미 인도네시아와 최고 수준의 전략적 관계를 맺었지만, 정부나 기업 모두 인도네시아 정책과 시장에 대한 이해도가 베트남만큼 깊지는 않다. ODA와 산업협력 등 여러 프로젝트가 진행되고 있지만 단기적인데다 정권교체에 따라 변동성이 크다는 점에서 상호신뢰가 부족하다. 인도네시아식 유연성도 고려해야 한다. 예를 들어, 전기차 인센티브 정책 변경 사례*에서 볼 수 있듯이, 인도네시아의 정부 방침은 유동적이며 자국 이익 극대화 조치에 적극적이다. 한국도 이러한 상황변화에 민첩하고 유연한 대응 전략을 준비할 필요가 있다.

---

* 현대자동차는 2022년 현지 진출 자동차 생산기업 가운데 최초로 현지 전기차 생산을 시작하였으며, 배터리셀 제조공장도 건설하였다. 인도네시아 정부는 2024년까지 자국 부품 사용 비중TKDN, Tingkat Komponen Dalam Negeri이 40% 이상인 전기차를 대상으로 사치세 감면, 2025년부터는 현지화율 60% 이상인 경우에만 세제 혜택을 제공하기로 하였다. 그러나 시행령을 바꿔 2026년까지 현행 40%를 유지하고 2027년부터 60% 상향조건을 적용하기로 하였으며 투자 약속 수입 전기차에도 세제 혜택을 적용해주기로 결정하였다. 이 조치로 현대차의 현지 생산 이점이 희석되고, 전기차 생산 계획을 가진 중국 전기차 기업들에 혜택이 확대되었다.

이런 맥락에서 2024년 프라보워 대통령 취임은 좋은 계기로 삼을 수 있다. 조코위의 그늘에서 벗어난 경제구상이 필요하기 때문이다. 한국만의 경쟁우위를 강조하며, 단기적 성과와 장기적 기술 이전을 동시에 고려한 협력 프레임워크를 재구성할 필요가 있다. 기업들도 마찬가지로 단기 및 중장기 전략 계획이 필요하다. 인프라와 에너지에 더해 농수산업부터 푸드 밸류체인, 바이오, 사이버보안, 창조산업과 같은 동반성장 섹터들을 집중해 기간별 성과가 도출되어야만 상호 파트너십이 공고화될 수 있다.

물론 인도네시아경제에 기회요인만 있는 것은 아니다. 기후위기, 경기변동 리스크, 미국 대선에 따른 FTA 불확실성, 비효율적 기업환경 등 위험요인도 있다. 산업고도화와 노동과 자본생산성 향상은 인도네시아경제의 장기과제이며, 단기간 해결될 문제가 아니다. 현재 낮은 정부부채비율을 고려하면 재정 건전성 악화는 당분간 우려할 문제가 아니며, 오히려 주요 사업과 분야에 얼마나 효율적으로 자원이 배분, 활용될 것인지에 지켜봐야 한다. 잠재력이 큰 나라에서 이제 성장의 모멘텀에 올라탄 인도네시아, 한국은 전략적 산업 파트너 지위를 강화해야 할 때이다.

완만한 시장금리 하락과 자산시장의 향방

금리하락 완만하고 자산가격은
경제성장률과 유동성에 의해 결정

정문영 | 한국기업평가 금융부문 전문위원

인플레이션이 완화되고 있다. 2022년 7월에 전년 동기 대비 6.3%의 상승률을 보였던 한국의 소비자 물가 상승률이 2024년 8월에는 2.0%까지 하락하였으며, 미국의 전년 동월 대비 소비자물가 상승률도 2022년 6월 9.1%로 고점을 찍은 이후 점차 안정화되어 2024년 8월에는 2.5%를 기록하였다. EU와 영국의 2024년 7월 물가상승률도 각각 과거 대비 하락한 2.8%, 3.0%를 나타냈다.

연준은 2024년 9월 18일자로 0.5%p의 기준금리 인하를 단행하였는데 4분기 중 추가적인 금리 인하가 이루어질 것이라는 관측이 지배적이다. 다만, 미국 시장금리에는 기준금리 인하가 상당 부분 선반영되어 있기 때문에, 2024년 4분기와 2025년 미국 시장금리 하락은 완만하게 진행될 가능성이 높다. 2024년 9월에 2년만기 미국 국채 평균금리는 3.64%를 기록하였다. 인하된 기준금리인 5.0% 대비로도 1.0%p 이상 낮은 수준이다.

2024년 4분기 이후 시장금리가 추가적으로 하락할 수는 있지만, 코로나19 이전 대비로는 높은 수준에 머무를 가능성이 높다. 경기를 과열 또는 위축시키지 않는 적정 수준의 금리를 중립금리라 하는데, 최근 몇 년간 전 세계적으로 자금수요가 자금공급을 상회하면서 중립금리가 상승했기 때문이다. 전 세계에서 가장 재정 규모가 큰 미국 정부가 대규모 재정적자로 인해 국채 발행을 크게 늘렸고, 코로나19 이후 선진국 대부분의 재정적자 규모가 확대되었다. 경기 침체로 민간의 자금수요가 감소하더라도 주요국 정부의 자금수요가 이를 압도할 가능성이 높다. 탈세계화와 글로벌 공급망 재편에 따른 대규모 투자, 코로나19 이후 임금 상승과 복지 확대, 고령화에 따른 노년층의 저축 소비도 자금 수요 증가 요인이다.

현재 진행 중인 탈세계화(블럭화)는 패권국인 미국이 자체적인 기술 혁신을 통해 후발국에 대한 장벽을 높이는 형태로 진행되고 있기 때문에, 전 세계적으로 생산성 향상 노력이 가속화될 것이다. 특히 컴퓨터와 인터넷(범용기술)을 스마트폰과 자율주행,

AI 등의 하위 발명에 연계하는 연구가 주목받고 있다. 급격히 상승했던 시장금리가 안정화되고, 생산성 향상이 지속적인 경제 성장으로 이어지면, 현재 역전되어 있는 미국 국채의 장단기 금리차도 정상화될 가능성이 높다.

미국 시장금리의 수준은 미국 대선 결과에도 큰 영향을 받을 것으로 예상된다. 트럼프 후보는 이민 규모 축소, 큰 폭의 법인세 인하 및 고율의 관세 부과, 미국의 분쟁지역 개입 축소를 공약으로 내걸고 있다. 이민 규모 축소로 인한 노동력 부족 및 관세 부과로 인한 수입 물가 상승은 직접적인 인플레이션 상승 요인으로 작용할 수 있고, 우크라이나에 대한 지원 중단을 포함한 대외 문제 개입 축소도 시기에 따라 농산물 및 에너지 공급망 교란 요인으로 작용할 수 있다. 트럼프 후보가 당선될 경우, 중립금리가 추가적으로 상승하면서, 2025년 이후 기준금리 인하 여지가 제한될 가능성이 있다. 투자자의 입장에서 2025년은 큰 폭의 추가적인 금리 하락이 이루어져서 채권 가격이 크게 상승하는 한 해가 되기보다는 역전되었던 장단기 금리가 정상화되는 해로 기억될 가능성이 크다.

한국은 물가상승률이 미국보다 먼저 안정되었고, 경기 위축 우려가 미국보다 높다는 측면에서는 기준금리 인하 필요성이 더 크다. 2021년 이전 대비 환율이 상승히였지만, 레고랜드 사태 직후인 2022년 10월을 제외하면, 월평균 환율은 대체로 1,300원대를 유지하고 있고, 2024년 들어 환율 변동폭도 축소되었다. 미국이 먼저 기준금리를 0.5%p 인하한 점도 환율이 통화 정책에 주는 부담을 완화시키는 요인이다. 경제 성장률과 환율, 물가에는 기준금리 인하에 속도를 내야 할 요인이 충분하다.

문제는 가계부채와 부동산 시장이다. 2024년 2분기 이후 주택담보대출을 중심으로 가계부채가 빠른 속도로 늘어나고 있는 점을 감안하면, 2024년 9월말 기준으로는 GDP 대비 가계부채 비율이 3월말 대비 상승하였을 것으로 예상되며, 2024년 8월 기준금리 동결에도 가계부채와 부동산 가격 상승이 영향을 미쳤다. 향후 한국은행의 기준금리 결정이, 경제 성장과 물가상승률에 대한 고려를 중심으로 이루어질 수 있느냐, 아니면 가계부채 규모와 부동산 시장 상황까지도 한국은행의 부담이 되느냐는 현재 진행 중인 금융 정책이 어느 정도 실효를 거두느냐에 따라 달라질 수 있을 것으로 판단된다.

금융감독원은 2024년 6월말 기준으로 연체·연체유예, 또는 만기연장 3회 이상인 부동산PF 사업장(관련 금융기관 익스포저 33.7조 원)에 대해 강화된 기준을 적용한 사업성 평가를 실행하도록 하였다. 평가 결과, 추가적인 사업 진행이 어려운 부실우려 사업장과 관련된 금융권 익스포저는 13.5조 원(금융권 부동산PF

익스포저 216.5조 원의 6.2%)이며, 관련 익스포저의 대부분이 상각이나 사업장 경공매를 통해 2025년까지 구조조정될 것으로 예상된다. 금융 시장에 큰 충격 없이 계획대로 상각이나 경공매가 이루어지고, 관련 금융기관이 이로 인한 손실을 감내할 수 있다면, 그리고 경공매로 사업장을 인수한 사업 주체가 낮아진 원가 부담을 기반으로 적절하게 부동산개발을 재개할 수 있다면, 한국은행은 부동산 시장과 건설경기 변동성에 대한 부담을 덜어내고, 금리가 경제 성장과 물가에 미치는 영향을 중심으로 기준금리를 결정할 수 있을 것이다.

가계부채의 경우도 마찬가지이다. 은행권의 주택담보대출과 신용대출, 제2금융권의 주택담보대출을 대상으로 실행 중인 스트레스 DSR을 통해 가계부채 규모를 충분히 억제할 수 있다면 한국은행은 상대적으로 자유롭게 기준금리를 인하할 수 있을 것이다. 그러나 스트레스 DSR의 적용을 받지 않는 정책 대출상품이 대거 출시되거나, 시장금리 하락이 지속되어 스트레스를 부과해도 대출한도가 크게 줄지 않는다면 한국은행은 기준금리인하에 더 큰 부담을 느끼게 될 것이다. 2020년 이후 주택담보대출 증감과 부동산 가격 등락의 상관관계가 과거 대비 크게 높아진 상황이기 때문에 가계부채 규모가 안정적으로 관리된다면 부동산가격도 안정화될 가능성이 높다.

실제로 2000년 이후 한미 기준금리의 동조화 지수를 산출해보면, 금리 인상기에는 0.95에 달했지만, 금리 하락기에는 0.81 수준이다. 금리 인상기에는 미국 기준금리가 한국은행 기준금리 결정에 결정적인 변수로 작용했지만, 금리 인하기에는 경제 성장률, 물가상승률 외의 다른 경제변수를 기준금리에 반영하더라도, 급격한 환율 변동 등 대외변수로 인한 부담이 인상기만큼은 크지 않았고, 다양한 국내 변수가 보다 적극적으로 고려되었다는 의미로 해석할 수 있다.

　현재 금융 시장에서는 2024년 중 한국은행이 한두 차례 정도의 기준금리 인하를 단행할 것이라는 전망이 지배적이다. 한국의 시장금리는 기준금리에서 크게 벗어나지 않는 수준에서 결정되는 경향이 큰데, 2024년 9월 평균 3년 및 10년 만기 국고채 금리는 2.9%, 3.0% 수준으로 이미 두 차례 이상의 기준금리 인하 전망(2024년 9월 23일 현재 한국은행 기준금리 3.5%)이 반영되어 있다. 2024년 4분기와 2025년에도 한국 시장금리 하락의 속도와 폭은 완만할 것으로 예상된다.

　2025년의 경우 시장금리 하락에도 불구하고 미국 주가는 하락할 가능성이 높다. 미국 주가는 이미 코로나19 이후 시장에 유입된 풍부한 유동성을 기반으로 한 차례 가파른 상승세를 보였다. 이 상승세는 특히 빠른 속도의 기술혁신이 계속되는 기업이나 공격적인 주주환원이 이루어지는 기업에서 두드러졌다. 많은 미국 기업에서 주가가 이익 증가 속도보다 더 빠르게 상승하면서 시장 전반의 밸류에이션 부담이 높아졌다. 일부 기업들은 당기순이익을 모두 주주들에게 돌려주는 것은 물론, 빚까지 내 주주환원에 사용했는데, 이는 일시적으로는 주가 상승으로 이어졌지만, 본질적으로 지속 불가능한 정책이다. 늘어난 미국 정부의 재정적자도 여러 경로를 통해 미국경제와 주식 시장에 부정적인 영향을 줄 것으로 보인다.

한국 주식에서도 뚜렷한 모멘텀을 발견하기는 어렵다. 2000년대 초반 '중국 특수 이후' 새로운 성장 동력을 찾지 못하고 있기 때문이다. 그래도 주식 시장에 밸류에이션 과잉이 없다는 점은 긍정적이다. 2025년 예상 이익과 자기자본을 기준으로 한 주가수익비율^{PER}과 주가순자산비율^{PBR}은 각각 9.17배와 0.92배에 불과하다. 밸류업 정책이 성공한다는 보장은 없지만, 성과를 보지 못하더라도 한국 증시에 큰 데미지는 없을 것이다. 한국은 늘 디스카운트되어 거래되는 시장이었기 때문이다. 반대로 소액주주 친화적인 투자 문화가 만들어질 경우 한국 증시의 상승 잠재력은 매우 커질 수 있다.

부동산 가격은 그 무엇보다 주택담보대출 등 관련 대출의 총량 변화에 영향을 받을 전망이다. 주택 등 부동신 가격 상승으로 대출 없이 부동산을 구입하기 어려워지면서, 이와 같은 현상은 점점 강화되고 있다. 부동산 관련 대출 증가가 부동산 가격에 영향을 미치기까지의 시차도 점점 줄어들고 있다. 다시 말해 금융당국이 가계부채와 관련된 총량 규제를 일관되게 집행한다면, 부동산 가격은 정체 내지 소폭 하락하는 양상을 보이겠으나, 정책금리로 부동산담보대출을 추가 제공하거나, 총량 규제를 완화한다면, 부동산 가격은 언제든 다시 빠른 속도로 상승할 수 있다. 반면 대출 총량 규제가 지속되는 가운데, 부실 부동산 PF 관련 경공매 확대나 기타 신규주택 건설계획 수립으로 공급 물량이 확대된다면 일시적으로 부동산 가격이 정체·하락할 가능성도 존재한다.

이 책의 제3부는 5개의 글로 구성되어 있다. 금융통화정책 부문의 권위자인 서강대학교 경제학부 허준영교수와 채권 시장 최고의 금리 전문가 중 하나인 신동준박사는 각각 정책입안자와 시장참여자의 입장에서 최근 본격화된 금리 하락을 다루었다. 미국 기준금리가 큰 폭으로 인하되었지만, 미국 등 주요국의 정부부채 수준이나, 세계 경제 블럭화, 한국의 가계부채 및 부동산 시장 가격을 감안할 때, 기준금리 인하나 시장금리 하락 속도가 빠르지는 않을 것이라는 분석이다. 신한은행 오건영팀장은 최근 몇 년간 거시경제지표에 영향을 미치는 시장변수 전반에 대해 신속하면서도 깊이 있는 통찰을 보여주고 있는데, 이 책에서 는 미국 대선 공약 중 인플레이션과 금리에 영향을 미칠 수 있 는 부분 중 핵심만을 선별하여 전달하고 있다. 주식시장에서 신 뢰도 높은 전망을 꾸준히 내놓고 있는 신영증권의 김학균 리서 치 센터장은 최근 수년간 빠른 상승세를 보인 미국 주식은 이와 같은 상황 하에서는 가격 부담이 커질 수밖에 없으며, 오히려 한 국 주식이 투자 부담이 작다는 분석을 내놓았다. 한국건설산업 연구원에서 주택을 중심으로 부동산시장과 정책을 연구하고 있 는 김성환 부연구위원은 당분간 부동산 시장 유동성 규모에 따 라 결정될 것이라 전망하였는데, 이는 첫번째 글인 허준영교수의 원고와도 일맥상통하는 내용이다.

독자들이 여기에서 2025년 자산시장의 흐름을 읽고 자산운 용 전략에도 활용할 수 있기를 기대한다.

10

고인플레이션 시기 이후 한층 복잡해진 통화·금융 정책 운용

허준영 | 서강대학교 경제학부 부교수

1970년대 말 이후 40년 만에 찾아온 전 세계적 고인플레이션 국면이 2024년 들어서는 한층 완화된 모습이다. 미국의 인플레이션은 개인소비지출PCE, Personal Consumption Expenditure 물가지수 기준 2022년 6월 6.8%에서 추세적으로 하강하여 2024년 6월에 2.5%까지 내려왔다. 우리나라의 소비자 물가 지수 상승률 또한 2022년 7월 6.3%의 정점 이후 2024년 7월 기준 2.6%까지 하락하여 한국은행의 목표치인 2%에 근접한 상황이다. 이러한 상황에서 각국의 통화 정책은 연준과 별개로 자국 중심의 독자적 정책 기조로 선회하고 있다. 2024년 6월 4.5%였던 기준금리를 미국보다 먼저 0.25% 인하하기로 한 유럽중앙은행이 대표적인 예이다.

2025년 통화 정책: 고인플레이션 시기 이후 금리 인하기로 진입할 것으로 예상되나…

한국의 소비자 물가 지수 상승률은 2024년 1월 2.8%를 시작으로 완만히 하락하는 모습을 보였다. 기대 인플레이션율 또한 1월 3.0%를 기록하였고 이후 3%대 초반에서 등락을 거듭하다가 7월 2.9%로 하강하였다. 이러한 물가 수치는 2023년 1월부터 12차례 연속 3.5%에서 기준금리를 동결하고 있던 한국은행의 금리 인하 여지를 상승시켰다. 경제 성장률이 1.4%로 저조하였던 2023년 이후 2024년 1분기에는 전분기 대비 1.3%의 깜짝 성장을 하였으나 2분기에 다시 역성장(전분기 대비 -0.2%)을 함으로써 경기 부진에 대한 우려가 증대되었다. 특히 2024년의 경우 반도체를 중심으로 빠르게 반등하였던 수출과는 달리 소비·투자 등 내수 부진이 심각하여 내수와 수출 부문 사이의 격차가 심화되는 한해였다. 여기에 2023년부터 지속되어 온 부동산PF 부실 가능성 또한 우리 경제의 하방 리스크로 작용하였다. 이러한 상황에서 내수 침체와 부동산PF 부실화에 대응할 수 있는 금리 인하에 대한 기대가 증대되었다.

그러나 한국은행이 2024년 3/4분기까지 기준금리 인하를 쉽게 단행하지 못한 데에는 미국과의 금리차로 인한 외환 시장 불안과 자본 유출 가능성에 대한 우려가 있다. 2024년 상반기 내내 한국과 미국의 기준금리 역전 폭은 2%로 사상 최대였으며,

연초 시장은 2024년 내 6회 정도의 미국 기준금리 인하가 이루어질 것으로 예상하였으나, 연준은 인하 시작 시점을 연기하였고, 한국은행이 먼저 금리 인하를 단행하기에는 무리가 있었다. 사상 처음으로 원/달러 환율이 2023년 8월부터 12개월 연속 월평균 1,300원 선을 넘긴 킹달러(달러 강세) 현상도 한국은행이 부담을 느낀 요인 중 하나였다.

그러나 인플레이션 하락과 경기 침체 가능성에 대한 우려로 2024년 9월 연준은 금리 인하 기조로 선회하였다. 이와 같은 상황에서 2024년 3/4분기까지 한국은행의 금리 인하 시점을 지연시켰던 환율 측면에서의 제약은 완화될 것으로 보인다. 실제로 2024년의 원/달러 환율은 4월의 1,394원을 정점으로 8월 중순 기준 30원 이상 하락한 달러당 1,360원 수준에 근접하고 있다.

이러한 상황에서 연준의 금리 인하가 시작되면 국내 경제의 하방리스크에 대한 대응을 위해 한국은행도 곧 기준금리를 낮추기 시작할 것으로 판단된다. 다만 한국은행은 금리 인하 속도를 결정하는 데 있어 가계부채 증가 속도와 서울·수도권을 중심으로 한 주택 가격 상승세도 중요한 변수로 고려할 것으로 판단된다. 금리 인하에 대한 기대가 선반영되면서 3.5%에서 움직이지 않던 기준금리와는 달리 주택담보대출 금리 등 시장금리는 2024년 3/4분기 들어 빠르게 하락하였다. 이와 함께 향후 주택 공급 부족에 대한 우려와 2024년 9월부터 시행되는 스트레스 총부채원리금상환비율[DSR, Debt Service Ratio] *등 대출 규제 시행 전 막차 수요로 인해 2024년 2/4분기 이후 가계대출 증가세가 가파른 상황이다. 예를 들어 은행 가계대출은 2023년 8월(6조 9,000억 원) 정점을 찍고 내림세를 보이다가 2024년 4월부터 증가세로 전환해 7월까지 4개월간 22조 4,000억 원 늘었다. 이는 2023년 1년간 가계대출 증가폭(37조 1,000억 원)의 절반을 넘는 수치였으며, 주로 주담대를 중심으로 증가하는 모습을 보였다. '물가 안정'과 함께 '금융 안정'을 책무로 가지고 있는 한국은행 입장에서는 금리 인하기로의 전환에 있어 곤혹스러운 상황이 아닐 수 없다.

| 2024년 금융 정책: 정책목표 실행의 충실성에 관하여

2024년의 금융 정책은 세 가지 정도의 중요한 목표를 가지고 있었던 것으로 판단한다. 먼저 2022년 하반기 이후 지속적으로 우리 경제의 하방리스크로 지목되어 왔던 부동산PF 부실화 방지 및 구조조정이다. 이를 위해 PF정상화펀드 등을 통해 부동산 PF 시장의 질서 있는 연착륙을 도모하였으며, 해당 리스크가 금

---

* 차주가 금리 상승 등 예상치 못한 경제적 충격 상황에서의 상환 능력을 평가하는 지표. 앞으로 금리가 더 오를 위험을 반영한 수치를 가산하여 대출 한도를 계산하는 것으로, 실제 차주가 금리를 더 부담해야 하는 것은 아니다. 다만 스트레스 금리를 고려하면 원리금이 높아지기 때문에 대출 한도가 축소된다.

융권 전체 시스템 위기로 이어지는 것을 차단하려 하였다. 두 번째로는 가계부채 관리이다. 코로나19 위기 기간 중 확장적인 정책 기조에 따라 빠르게 증가한 가계부채가 누증되는 것을 스트레스 DSR 시행 등을 통해 둔화시키려 했다. 마지막으로는 자본 시장 선진화이다. 자본 시장 선진화를 위해 공정하고 투명한 시장 질서의 확립, 자본시장의 접근성 제고, 주주가치를 존중하는 기업경영 확립이라는 세 가지 방향하에서 범정부적 노력을 지속하였고, 궁극적으로는 코리아 디스카운트 해소를 통해 자본 시장이 국민과 기업이 함께 성장하는 상생의 장이 되도록 하는 정책을 표방하였다.

각 정책 목표는 현재 우리 경제에 있어서 필요한 것들로 알맞게 설정된 것으로 판단한다. 다만 목표의 실현 방안의 구체성에 대해서는 몇 가지 의문이 드는 것도 사실이다. 부동산PF 사업장의 구조조정에 대해서는 현재 얼마나 활발히 이루어지고 있는지에 대한 의문이 든다. 오히려 구조조정에 대한 적극적 의지보다는 현재 부동산PF 부문 부실화의 원인 중 하나인 고금리 기조가 조만간 누그러질 것으로 기대되는 시점에서 시간 끌기를 하고 있는 것이 아닌지에 대한 우려가 있다. 시행사의 자금력 부족으로 인해 브릿지론*으로 토지를 구입한 후 본PF의 자금으로 이를 상환하고, 수분양자의 자금으로 공사비를 충당하는 우리나

---

* 자금이 필요한 시점과 자금이 들어올 시점이 일치하지 않을 경우 단기로 받는 대출.

라 부동산PF 구조상 이번 위기를 잘 넘기더라도 향후 동일한 위기가 나타날 가능성이 상존함을 명심할 필요가 있다. 소극적 구조조정은 이와 같은 위기의 재발 가능성을 높일 수 있다.

가계부채 관리와 관련해서는 스트레스 DSR 시행 시점 연기(7월→9월)나 정책 금융 규모의 확대 등 정책 목표와 반하는 정책들이 시행된 것이 아닌지 점검할 필요가 있다. 위에서 언급한 바와 같이 스트레스 DSR 시행 연기로 인해 대출 규제 이전 가계대출 막차 수요가 생겨났고, 2024년 4~6월 사이 은행권이 취급한 주택담보대출 가운데 60%가 디딤돌 등 정책 금융 상품인 점 등 정책 모기지 공급도 주택담보대출을 자극한 측면이 있다. 이러한 정책들이 '가계부채 증가율을 GDP 성장률 범위 내에서 관리'하려는 금융 당국의 정책목표와 충돌하는 점은 없는지 살펴보아야 할 것이다.

마지막으로 자본 시장 선신화 방안 또한 큰 틀에서 일관적으로 추구되어 왔는지를 되돌아 볼 필요가 있을 것이다. 구체적 실천 방안 중 하나로 언급되었던 '기업 밸류업 프로그램'의 근간인 기업들의 자발적 기업가치 제고 노력에 대한 정책적 인센티브가 잘 설계되었는지, 이와 관련한 정부의 정책 의지가 지속적인지 점검해야 한다. 이와 관련하여 국내 증시의 선진화에 역행하는 것은 오히려 정부 정책일 수 있다는 지적에 귀 기울일 필요가 있다. 2023년 11월 갑작스럽게 시행된 공매도 전면 금지 조치가 시장의 선진화 방향과 역행하는 것이 아닌지에 대한 우려가 한 예이다.

2025년 통화·금융 정책, 정책 간 확실한 역할 분담이 중요

최근 20여 년 동안 가장 높은 금리를 유지함에도 불구하고 미국경제는 탄탄한 성장세를 보이고 있다. 미국의 2023년 경제 성장률은 2.5%였으며, 2024년도에 들어서도 1분기 1.4%, 2분기 2.8%(각각 전분기 대비 연율)의 순항을 이어가고 있다. 실제로 IMF에서는 2024년 4월에 발간한 세계경제전망에서 2024년 미국 경제 성장률 전망치를 기존 1월 전망의 2.1%에서 2.6%로 대폭 상향조정한 바 있다. 향후 이와 같이 견조한 미국 경제 상황이 지속된다면, 연준의 금리 인하 속도는 시장의 기대보다 더딜 가능성이 크다.

이러한 미국의 경제 상황과 함께 국내 가계부채 및 주택 가격 증가세가 쉽게 꺾이지 않을 경우 향후 한국은행의 금리 인하 속도 또한 제약될 수밖에 없다. 그러나 역설적으로 거시경제 측면에서는 금리 인하에 대한 필요성이 높아지고 있다. 가장 대표적인 이유로 현재 호조를 보이고 있는 우리나라 수출도 2024년 3/4분기 이후에는 미국의 대선 관련 불확실성과 미국을 제외한 경제권의 경기 부진으로 인해 하방리스크가 있는 상황이다. 특히 1% 미만의 성장세를 보일 것으로 예상되는 유로존이나 부동산 부문 침체에 마땅히 대응할 카드가 없어서 지속적인 경기 부진 이슈에 휘말리고 있는 중국경제에 대한 우려는 수출 중심의 우리 경제에 있어서는 악재로 작용할 수밖에 없다. 더구나 2024년은 수출 증가세가 내수 부진을 (적어도 숫자상으로는) 상쇄할 것으로 예상되는 한해 아니었던가!

다행인 점은 미국과의 기준금리 동조화가 미국 금리 인상기보다는 인하기에 상대적으로 약하여 미국이 기준금리를 인하한다고 해서 반드시 한국의 기준금리도 같은 속도로 인하해야만 하는 것은 아니라는 점이다. 우리나라에서 물가안정목표제가 명시적으로 도입되고 금리 중심의 통화 정책 운용이 시작된 2000년 이후 우리나라 기준금리는 미국 기준금리와 대체로 동조화하는 모습을 보였다. 우리나라와 미국 기준금리 간의 상관계수를 나타내는 '금리동조성 지수'를 구해보면 2000년 이후 전 기간에 걸쳐서는 0.84로 필리핀(0.9)이나 멕시코(0.9) 등의 신흥국보다는 낮으나 상당히 높은 것으로 나타났다. 다만 미국 금리 상승기(0.95)보다는 하락기(0.81)에 동조화 지수가 낮은 것으로 도출되어, 연준이 기준금리를 인상할 때보다는 인하할 때 상대적으로 우리나라 통화 정책 결정의 자유도가 확보되는 현상이 관측되었다.

이와 같은 관점에서 2025년 한국은행 통화 정책의 경기대응력은 결국 가계부채 증가와 주택가격의 상승이라는 금융 불균형이 어느 정도 누증되는지에 따라 결정될 것으로 보인다. 이러한 점에서 금융 정책과 통화 정책 간의 역할 분담이 중요할 것이다. 가계부채 양과 주택 가격 수준에 영향을 미치는 것은 통화 정책

뿐만 아닌 금융 정책, 그리고 정부의 부동산 공급 정책 등일 것이기 때문이다.

2024년 8월 '2024년 경제전망 수정'을 발표하면서 한국개발연구원KDI은 다음과 같이 언급했다. "(금융정책은) 스트레스 DSR 등 거시건전성 정책을 우선 도입하면서 금융안정을 추구하고, 한국은행은 물가·경기를 감안하여 금리를 지금보다는 낮은 수준으로 내릴 수 있을 것이다." 통화 정책과 금융 정책 간 확실한 역할 분담 및 각자의 역할에 충실한 정책의 추구가 지속되는 2025년 한 해가 되기를 소망해본다.

11

기준금리 인하와 함께 쌓여 가는 구조적인 장기금리 상승 압력

신동준 I 숭실대 금융경제학과 겸임교수, 경제학박사

| 민간을 압도하는 정부의 자금수요, 불안한 국채시장

연준은 기준금리 인하를 시작했지만, 장기금리에는 추세적 상승 위험이 쌓여가고 있다. 민간을 압도하는 정부의 자금수요가 장기적으로 국채금리에 강한 상승 압력을 가하고 있기 때문이다. 2008년 금융위기와 2020년 팬데믹을 거치면서 주요국 정부부채가 큰 폭으로 증가했다. 2007년 35.2%에 불과하던 미국의 GDP 대비 연방정부 부채비율은 2024년 99%에서 2034년 122%로 증가할 전망이다. 2차 세계 대전 당시 106%를 훌쩍 넘어선다. 부채가 크게 늘었음에도 불구하고 2021년까지 GDP 대비 이자

부담은 오히려 감소했다. 금리가 추세적으로 하락했기 때문이다. 그러나 팬데믹과 전쟁으로 급격한 인플레이션이 발생했고, 이를 잡기 위해 연준은 가파른 속도로 기준금리를 인상했다. 그 결과 전 세계적으로 국채금리가 급등했다. 큰 폭으로 늘어난 국가부채는 막대한 이자 부담으로 돌아오고 있다. 연준의 기준금리 인하가 시작되면서 2024년 9월 미국 10년 국채금리가 4.0%를 하회했지만 금융위기 이후 14년(2008~21년) 평균인 2.3%와 비교하면 여전히 높은 수준이다.

2024년 미국의 재정적자는 2.0조 달러로 GDP의 7.0%에 달할 전망이다. 이자를 갚기 위한 순이자 지출은 8,920억 달러로 국방 재량 지출을 넘어섰고, 2034년에는 두 배 이상 증가할 것으로 예상된다. 이자를 갚기 위한 순이자 지출은 2023년 GDP 대비 2.4%에서 2034년에는 GDP의 4.1%로 증가한다. 향후 10년 동안 재정적자의 무려 60%가 이자를 갚기 위해 사용된다. 저금리에 발행되었던 국채가 만기 후에 고금리로 차환 발행되면서 이자부담이 기하급수적으로 증가하고 있기 때문이다. 재정적자 중에서 순이자 지출을 제외한 기초수지 적자^{primary deficit}도 인구 고령화와 의료비 등 사회보장 지출이 대폭 증가하면서 쉽게 줄어들기 어려운 구조다.

미 국채에 가장 많이 투자하는 주체는 외국인과 연준이다. 2023년 말 기준 외국인과 연준은 미 국채의 48%를 보유 중이다. 그러나 외국인의 수요가 정체되는 가운데, 연준은 보유채권

규모를 줄여 나가는 양적긴축^{QT}을 진행 중이다. 미국도 우리나라처럼 2022년 이후 개인들의 채권 투자가 폭발적으로 늘어나며 채권 시장을 떠받치고 있다. 금리 민감도가 상대적으로 높은 개인투자자들은 연준의 금리 인하가 시작되고 장기금리가 더 하락하면 차익 실현에 나설 가능성이 높다.

1980년대 이후 장기금리가 추세적으로 하락했던 배경은 전 세계적으로 생산가능인구 (15~64세)가 증가하면서 소비와 투자 등 '자금 수요'보다 과잉저축에 의한 '자금 공급'이 많았기 때문이었다. 2009년부터는 연준이 양적완화^{QE}를 통해 장기채권을 대규모로 사들이기 시작했다. 채권을 발행해 돈을 빌리려는 사람들보다 채권을 사거나 저축하려는 사람들이 항상 많았다. 장기금리는 경기가 좋을 때 조금 상승하고, 경기가 나빠지면 많이 하락하면서 추세적으로 하락했다.

경기가 나쁘면 자금수요가 줄어들기 때문에 장기금리는 더 많이 하락한다. 그러나 지금은 민간의 자금수요가 줄어도 정부가 빌려야 하는 돈의 규모가 이를 압도한다. 지금 정부가 하고자 하는 것은 해외 공급망의 의존도를 낮추기 위해 해외 이전 생산 시설을 다시 자국으로 돌아오게 하는 리쇼어링, 에너지 전환, 그리고 기술 혁신에 따른 공장 설비 등 과거에 비해 엄청난 돈이 필요한 대규모 투자다. 미국의 '재산업화^{reindustrialization}'라고 부를 정도다. 부채가 역대급으로 증가한 정부는 더 빌려야 하는데, 빌려줄 곳이 마땅치 않다. 중앙은행은 채권의 보유량을 줄이고 있고 외국인의 미 국채 수요는 정체되고 있다. 노후를 위해 저축하던 사람들은 은퇴하면서 그동안 쌓아 두었던 저축을 소비하기 시작했다.

지난 40~50년 동안과 반대로, 장기금리가 경기가 좋을 때 많이 상승하고, 경기가 나빠지면 조금 하락하면서 추세적으로 상승할 위험이 쌓여가고 있다. 최악의 경우 경기가 나빠져도 금리가 상승할 수 있는데, 경제가 나빠지면 경기부양을 위해 오히려 국채를 더 발행해야 하기 때문이다.

장기금리를 구성하는 요인인 '기간프리미엄^{term premium}'은 장기채권을 보유하는 동안 발생할 위험에 대한 보상이다. 장기채권의 만성적인 수요 우위 때문에 추세적으로 하락하며 2016년 이후 마이너스 값으로 떨어졌던 기간 프리미엄이 정상화되고 있다. 지난 40년 동안의 장기 하락추세에서 벗어나 반전되는 흐름이다. 팬데믹 이후 국채 발행이 급격히 늘면서, 그동안 수요 우위였던 장기채 수급에 변화가 나타났기 때문이다. 2022년 6월 연준은 보유채권을 줄이는 양적긴축을 시작했다. 기간프리미엄의 정상화는 장기금리 수준을 높여 채권가격에 영향을 주는 것은 물론, 미래의 현금흐름을 이자율로 할인하여 평가하는 주식과 부동산 등 대부분의 자산에도 상당한 영향을 끼칠 것이다.

| 쌓여가는 구조적인 인플레이션 상승 압력

인플레이션 측면에서도 구조적인 상승 압력들이 쌓여가고 있다. 첫째, 탈세계화와 글로벌 공급망 재편에 따른 대규모 투자가 인플레이션을 한 단계 끌어 올리고 있다. 미국과 중국의 공급망이 블럭화되고 호환성이 낮아지면서 기존 공급망의 효율은 낮아지고 비용이 높아졌다. 미국은 자국 내 투자를 늘리기 위한 지원 정책을 펼치고 있다. 가장 효율적으로 구축됐던 기존의 공급망이 재편되는 과정에서, 가까이 있지만 더 비싼 노동력, 더 비싼 원자재와 중간재가 투입되었다. 비효율과 비용을 상승시키는 요인들이다.

둘째, 팬데믹을 거치면서 임금상승과 복지확대가 광범위하게 진행되었다. 팬데믹에서 벗어났지만 이를 되돌리는 것은 정치적으로 매우 어려운 일이다. 몇 차례의 위기를 극복하면서, 경기 침체에도 국민들이 최소한의 수요 하단을 유지할 수 있는 기반이 마련되었다. 대공황 이후 자본주의는 점차 디플레이션과 경기침체에 강하고, 인플레이션에는 취약한 체질로 변해왔다. 주기적으로 나타났던 극심한 디플레이션은 사라졌고, 장기 인플레이션 사이클은 이전보다 높이도 한 단계 더 높아지고 길이도 길어졌다.

셋째, 고령화에 따른 부양 비율 상승과 신흥국의 생산가능인구 감소도 추세적인 인플레이션 상승 압력을 높이고 있다. 베이비붐 세대가 은퇴하기 시작하면서 생산가능인구 (15~64세)가 노년층이나 유소년층을 부양해야 하는 부담인 '부양비율'이 추세적으로 상승하기 시작했기 때문이다. 부양비율이 상승하면 저축이 줄고 소비가 늘어난다. 특히 치매 등 간병에 의존하는 고령자가 늘어나는 것은 상당한 부담이다. 노후를 위해 저축하던 사람들은 은퇴하면서 저축을 소비한다.

인구구조 변화에 따른 고령화와 생산가능인구 감소는 성장 잠재력과 인플레이션을 낮춰 금리를 하락시키는 요인이자 뉴 노멀 시대의 저성장, 저물가, 저금리를 이끄는 핵심 배경 중 하나였다. 선진국은 생산가능인구 감소에 따른 물가 상승 압력이 존재했으나, 신흥국의 풍부한 저임금 노동력이 유입되면서 나타나는 물가 하락 압력이 이를 압도했고 전세계적으로는 저물가가 유지될 수 있었다. 그러나 저임금 노동력의 상징이던 중국도 2010년부터 생산가능인구가 감소하기 시작했다. 생산가능인구가 감소하면 생산보다 소비는 더 증가한다. 기업들은 생산성을 높이기 위해 자본에 대한 투자를 지속적으로 늘린다. 결국, 생산과 저축보다 소비와 투자가 증가하면서 인플레이션 상승 압력은 추세적으로 높아질 것으로 예상된다.

| 다시 시작된 위대한 기술의 시대

탈세계화와 보호무역주의, 미중 갈등에도 불구하고 경제는 더 성장할 것이다. '탈세계화'는 경제의 성장동력이 노동과 자본에서 '기술 혁신'으로 이동하는 것을 의미하기 때문이다. 2차 세계 대전과 냉전을 거쳤던 1920~1970년은 탈세계화(블럭화) 시대였지만 경제 성장률과 주가 상승률은 세계화 시대보다 더 높았다. 세계화 시대에는 노동과 자본이 경제 성장을 이끌었다. 값싼 노동력과 해외 공장, 자유로운 무역은 세계화 시대의 효율성을 상징했다. 그러나 자유무역의 한계 비용이 높아지고 세계화의 수혜를 입은 후발 경쟁국인 중국이 급성장하면서 패권국인 미국은 장벽을 높이고 자체적인 기술 혁신에 집중하기 시작했다. 세계화 시대였던 1972년 이후 달에 가지 않았던 인류가 50여 년 만에 다시 달 착륙을 시도하고 있다. 기술 패권을 유지하기 위한 혁신과 표준화 경쟁으로 경제와 공급망은 블럭화되지만 그 과정에서 '위대한 기술의 시대'가 시작된다. 그리고 기술 혁신에 따른 생산성 향상은 탈세계화 시대의 경세 성장을 이끈다.

1, 2차 산업혁명이 생산성 혁신을 바탕으로 '산업혁명'으로 정의될 수 있었던 것은, '범용기술(증기력, 전기)'이 발명된 이후 약 50년 이상의 '축적의 시간'을 거쳐 '하위 발명(증기기관, 전력)'과 연결되며 상용화되었기 때문이다. 개인용 컴퓨터와 인터넷이 발명된 지 50여 년이 지났다. 컴퓨터와 인터넷(범용기술)은 스마트폰과 자율주행, AI 등의 하위 발명과 만나 생산성 혁명으로 진화할 채비를 갖추고 있다. 다가올 미래는 4차 산업혁명이 아니라 '3차 산업혁명'이 생산성 혁신을 통해 재조명되는 시간이 될 것

으로 판단한다.

기술 혁명은 반드시 에너지 혁명을 동반한다. 산업혁명 시기는 에너지원이 교체되는 에너지 혁명과도 일치한다. 1차 산업혁명 당시의 석탄, 2차 산업혁명 당시의 석유와 가스는 모두 각 에너지원의 보급률 비중이 약 5%에 도달한 후에 급격하게 보급이 확대되었다. 현재는 클린에너지가 임계점에 도달한 것으로 추정되고 있다. 젠슨 황 엔비디아 CEO는 "AI의 아이폰 모먼트^{iPhone moment}가 시작되었다"고 선언했다. 2007년 아이폰 출시 이후 아이폰 생태계를 기반으로 비즈니스의 기회가 폭발한 것과 마찬가지의 흐름이 생성형 AI를 통해 다시 시작된다는 의미심장한 발언이다. 기술적 특이점에 도달한 AI의 활용 비용이 낮아지면서 과거에는 엄두를 내지 못했던 일들이 가능해지고 있다. AI 확산 속도에 따라 가파른 생산성 향상이 예상된다. AI에 필요한 막대한 전력을 공급하기 위해서도 에너지 혁명은 필수적이다. 이는 구조적인 변화일 가능성이 높다. 생산성이 향상되면 경제 성장도 강해지면서 중립금리도 높아진다.

두 개의 중립금리가 주는 시사점, 인플레이션 재상승과 금융불안정

연준의 전례없이 공격적인 통화긴축에도 불구하고 미국경제는 여전히 견조하다. 2024년 하반기 이후 고용과 소비가 빠른 속도로 위축되는 조짐을 보이고 있지만 경기침체를 전망하는 기관은 아직 없다. 전망 기관들은 향후 미국경제가 완만하게 둔화되고 인플레이션은 안정될 것으로 예상하고 있지만, 2025년까지 경제성장률 전망은 여전히 잠재성장률인 1.8% 위에 있고, 물가 전망은 여전히 2.0%의 물가안정 목표 위에 있다.

1980년대 이후 대부분의 국가에서 추세적으로 하락하던 중립금리(균형금리)는 팬데믹을 전후로 상승 반전된 것으로 추정된다. '중립금리'는 경제를 뜨겁게도, 차갑게도 하지 않는 적절한 균형금리 수준을 말한다. 만약 현재 기준금리가 중립금리보다 충분히 높다면 경제는 위축되는 것이 자연스럽다. 그러나 만약 중립금리 자체가 한 단계 더 높아졌다면 현재의 기준금리는 충분히 긴축적이지 않거나 긴축효과를 내기 위해서는 시간이 오래 걸릴 수 있다. 탈세계화와 에너지 전환에 따른 대대적인 투자 증가, 기술혁신에 따른 생산성 향상, 그리고 재정적자 급증에 따른 정부의 자금조달 비용 상승 등이 팬데믹 이후 중립금리를 한 단계 끌어올리고 있는 것으로 추정된다.

2022년 말, 뉴욕 연은은 '두 가지 중립금리'라는 흥미로운 시각을 제시했다. 실물 거시경제의 균형을 달성하는 '자연이자율 (r^*)과 금융안정을 달성하는 '금융안정이자율 (r^*)'이 따로 존재한다는 것이다. '실물경제의 균형금리 (r^*)'와 '금융경제의 균형금리 (r^{**})' 개념인 셈이다. 중앙은행들은 전통적으로 실물경제의 균형

금리(r^*)에 초점을 맞춰 통화정책을 펼치기 때문에 혼란스러운 결과가 나타난다.

2008년 금융위기 이후는 실물경제의 균형금리(r^*)가 금융경제의 균형금리(r^{**})보다 현저히 낮았던 것으로 추정된다(기준금리 〈 r^* 〈 r^{**}). 중앙은행은 실물경제를 부양하기 위해 양적완화와 초저금리 정책을 펼쳤고 금융 시장에서는 거품이 만들어졌다. 경제는 침체에 빠지지 않았지만 불안정했고, 주식과 채권 등 금융자산 가격은 추세적으로 상승했다.

반면, 팬데믹 이후에는 실물경제의 균형금리(r^*)가 금융경제의 균형금리(r^{**})보다 현저히 높아진 것으로 추정된다(r^{**} 〈 기준금리 〈 r^*). 트럼프 대통령 당선 이후 대규모 재정확대 정책으로 r^*가 대폭 상승했기 때문이다. 만약 중앙은행이 실물경제에 초점을 맞춰 통화긴축을 펼칠 경우 금융 시장은 이를 견디지 못하고 파열음을 내기 시작한다. 경제는 견조하지만 금융시장에서는 주기적으로 변동성이 확대되고 금융불안정이 발생한다. 2022년 영국의 국채 발작, 2023년 미국의 지역은행 연쇄 부도 등이 그 사례다. 결국 경기 침체는 통화긴축의 결과가 아니라 금융불안정의 붕괴에 의해 발생할 가능성이 높다.

금융불안정을 방지하기 위한 연준의 보험성 기준금리 인하는 적절하다. 이론적으로는 금리 인하와 함께 재정긴축이 병행되어야 하겠지만, 11월 미국 대선을 앞두고 양당은 모두 기존의 감세 정책을 연장하겠다는 공약을 내 건 상태다. 공화당의 트럼프 후보는 추가 감세까지 공언하고 있다. 누가 미국 대통령으로 당선되더라도 예산 규모를 줄이는 재정긴축은 현실적으로 어려워 보인다. 2024년 9월 연준의 기준금리 인하 이후 금리파생상품 시장에는 2025년 말 약 2.75~3.00%까지 기준금리를 인하할 것이라는 전망이 반영되어 있다. 높아진 중립금리를 감안할 때, 연준의 과감한 기준금리 인하는 이제 막 진정되기 시작한 실물경제와 인플레이션을 다시 자극할 가능성이 있다. 기준금리 인하 속도와 강도가 강할수록 장단기 금리차는 확대될 것이다. 금리 하락에 따른 자본차익 목적의 장기채권 투자자라면 기준금리 인하 기대가 마무리된다는 인식이 확산되기 전에, 또는 현재 채권시장에 반영되어 있는 기준금리 인하 폭 이상으로 실제 인하가 어렵다고 판단될 때 차익 실현에 나서는 것이 안전할 것이다.

12

2024년 미국 대선의
나비 효과

오건영 | 신한은행 WM추진부 팀장

금융 시장의 흐름을, 특히 금리와 환율 등의 매크로 경제 전반을 보는 사람 입장에서 가장 경계해야 할 것이 정치 이슈가 금융 시장을 흔든다고 예단하는 것이다. 예를 들어 특정 국가의 선거 결과를 예측해서, 그 결과에 기반한 예측을 하는 경우 반대의 케이스가 펼쳐졌을 때 상당한 오류를 낳을 수 있기 때문이다. 대표적인 케이스가 2016년 6월 있었던 브렉시트 투표였다. 브렉시트 찬성보다는 반대가 많을 것이라는 낙관론에도 불구하고, 예상외의 결과가 나오면서 약 2주간 세계 금융 시장은 격렬하게 흔들린 바 있다. 이런 경험이 있기에 선거 결과에 대한 가정을 기반으로 경제 흐름을 예단하는 것은 상당히 위험할 수 있다.

미국 대선 역시 마찬가지이다. 2004년부터 마켓을 보아왔던 필자는 2004년, 2008년, 2012년의 대선이 금융 시장에 큰 영향을 주지 않고 무난하게 지나가는 것을 보았던지라 정치 이슈를 금융 시장 전망에 연결하는 것은 큰 의미가 없다는 입장을 견지하고 있었다. 그러나 2016년 대선부터는 분위기가 바뀌었다. 2016년 대선 직후 금융 시장 변동성은 극에 달했고, 2020년 대선을 전후해서도 마찬가지였다. 그리고 2024년 대선 정국에서도 금융 시장의 반응은 이미 과거의 그것을 넘어서는 듯한 분위기이다. 그 이전과 이후의 차이는 무엇일까? 2016, 2020, 2024년 대선은 그 이전과 무엇이 다를까? 답은 간단하다. 트럼프가 공고한 공화당 후보로 자리매김하고 있다.

2016년 트럼프 후보는 이전의 정치인들과는 다른 파격적 행보를 이어갔다. 멕시코를 면하는 국경에 장벽을 쌓는다는 공약부터 시작해서, 중국에 50%의 관세를 부과하겠다는 주장을 했다. 파격적 감세의 선언과 함께 미국 일국주의의 중요성을 강조했다. 이런 그의 메시지를 담은 것이 "Make America Great Again(MAGA)"이다. 그리고 예상을 깨고 2016년 11월 트럼프 후보가 대통령에 당선된 직후 세계 금융 시장은 격렬한 변동성을 보였다. 법인세 인하의 기대를 안고 주식 시장은 큰 폭 상승세를 나타냈고, 채권 시장은 재정 적자 급증에 대한 우려를 담고 금리 급등으로 반응했다. 미국으로 성장이 집중될 것이라는 기대감에 달러는 강세를 보였는데, 대선 이전의 흐름과는 사뭇 다른 모습이었다. 그리고 2020년 바이든 당선 이후에도 코로나19 백신의 발표와 겹치면서 달러 약세와 금리 상승 등, 그 이전과는 다른 방향성을 나타냈던 바 있다. 이런 과거의 기억을 감안하면 이번 대선을 전후해서도 세계 금융 시장의 불확실성이 높아지리라는 것은 어렵지 않게 점쳐볼 수 있다.

2024년 대선은 바이든의 후보 사퇴와 해리스 후보의 재부상, 그리고 트럼프 후보의 총격 사건 등으로 이미 뜨거운 감자로 떠오르고 있다. 특히 트럼프 총격 사태를 전후해서는 "트럼프 트레이드"라는 단어가 유행했고 실제 트럼프 정책을 금융 시장이 선반영하는 모습을 보이기도 했다. 선거 결과를 미루어 짐작하여 금융 시장의 흐름을 예단하는 것이 위험함에도 불구하고, 시장의 관심이 높아진 만큼 대선을 전후한 향후 금융 시장의 흐름에 관심이 더욱 쏠릴 수밖에 없는 이유라고 할 수 있다.

대선의 영향을 살펴보기 위해서는 우선 양측 후보가 주장하는 공약 중 서로 어긋나는 점에 주목해볼 필요가 있다. 우선 이민 문제를 살펴보자. 트럼프 후보는 과거 민주당 바이든 정부에서 진행했던 최악의 정책 중 하나로 무분별한 이민의 증가를 지목하고 있다. 실제 2021년 이후 최근까지 미국의 이민자 수는 급격하게 증가했는데, 이들의 주거 문제부터 시작해서 치안의 문제까지 각종 부작용이 나타나고 있으며 공화당은 이런 이민이 만들어내는 사회적 부작용을 더욱 부각시키면서 불법 이민을 막고 기존의 이민 절차를 더욱 까다롭게 할 것임을 예고하고 있다. 반면 해리스 후보 측의 입장은 약간 다른데, 바이든 정부 때의 포용적인 이민 정책에서 한발 물러난 것은 맞지만 전반적 기조는 유지하려는 모습이다.

물론 어느 쪽의 주장이 맞을지는 모르겠지만, 바이든 정부 당시의 이민이 부작용만을 만들어낸 것은 아니다. 코로나19 직후 집행된 강력한 경기 부양에 힘입어 미국경제는 뜨겁게 달아올랐고, 일자리가 넘쳐나기 시작했다. 일자리는 넘치는데 일을 할 사람이 모자라는 현상이 2~3년간 이어졌다. 이를 방치할 경우 높은 임금 상승을 경험하게 되는데, 이는 미국의 인플레이션 문제를 더욱 심화시킬 수 있다. 바이든 정부의 이민 급증은 이런 높은 노동에 대한 수요를 이민을 통한 노동 공급으로 완화시켰다고 할 수 있다. 과도하게 이민을 적대시하는 쪽으로 방향이 서게 된다면, 이민의 부작용을 최소화할 수는 있지만 임금 상승 발 인플레이션 리스크를 재차 점화시킬 수 있다. '인플레이션'과 '사회의 안정' 중 두 후보가 무엇을 중시하는가에 따라 큰 차이를 보이고 있는 것이다.

무역에 대한 입장 역시 사뭇 다르다. 우선 해리스 후보는 바이든 정부의 대외 교역 정책을 이어갈 것으로 보인다. 미국 일국주의보다는 동맹을 강조했던 바이든 정부는 니어쇼어링, 혹은 프렌드쇼어링friendshoring* 등의 신조어를 만들어내면서 미국과 미국의 우방들에 유리한 구조를 만들고자 노력했다. 그리고 중국, 러

---

* 신뢰가 쌓인 국가들 사이에서 공급망을 구축해 글로벌 공급망 교란 문제를 해결하는 방식.

시아 등 견제 대상 국가에 대해서는 우방들과 동맹을 형성하여 포위하는 전략으로 일관했다. 그리고 우방들과의 교역에서는 상당히 관대한 모습을 보여왔다.

반면 트럼프 후보는 당선 시 과거 재임 시절과 비슷하게 관세로 강하게 대응할 것임을 천명하고 있다. 10% 이상의 보편 관세를 도입하여 미국과 교역하는 어떤 국가에도 관세를 부과할 것임을 말하고 있고, 중국에 대해서는 60%의 고율관세를 통해 현재의 기울어진 운동장 격의 무역 구조를 바로잡을 것이라 공언하고 있다. 그리고 이렇게 거두어들인 대규모 관세 수입은 현재 미국에 상당한 압박 요인이 되고 있는 재정 적자 문제를 해결하는 데 상당한 도움을 줄 것이라 하고 있으며, 이렇게 아낀 재정을 법인세 인하 등 미국경제의 실질적 부양에 도움이 되는 쪽으로 흐르게 할 것임을 천명하고 있다.

그러나 이민의 케이스와 같이 관세의 부과가 긍정적인 결과만을 가져다주는 것은 아니다. 대규모 관세 부과는 결국 미국인 입장에서는 수입 물가의 상승으로 이어지면서 이들에게 인플레이션 압력을 높이는 쪽으로 작용하게 된다. 법인세 인하는 기업들에 혜택을 주지만, 인플레이션 부과는 모든 미국의 서민들에게 압박으로 다가오게 된다. 이민의 증가와 함께 대규모 관세 부과가 함께 진행된다면 이는 인플레이션을 재차 자극하는 요인이 될 수 있으며, 지난 3년여간 이어져 왔던 인플레이션과의 전쟁을 연장시킬 수 있다.

다만 트럼프 후보의 관세 공약이 실제 관세의 부과보다는 다른 국가와의 교역에서 유리한 고지를 점하기 위한 레버리지로 활용될 수도 있다. 과거 재임 시절 대중 관세를 50%까지 올린다고 공언했지만, 실제는 최대 20%대 관세를 부과했으며, 추가 관세 부과를 미루는 대신 중국과 격렬한 무역 협상 끝에 중국이 2,000억 달러에 달하는 미국산 수출품을 구입하는 쪽으로 협상을 마무리했던 바 있다. 과거와 같은 흐름이라면 미국 내 인플레이션 압력의 확대는 제어되는 반면, 대미 교역국들은 관세를 레버리지로 유리한 협상을 이끌어가려는 미국의 영향에서 자유로울 수 없을 것으로 보인다.

다음으로 안보의 이슈가 있다. 우크라이나 지원에 대한 시각에서 이 둘의 차이를 극명하게 확인할 수 있는데, 해리스 후보 측은 현행 바이든 정부의 포용적인 안보 정책을 이어갈 가능성이 높다. 재정 부담이 있음에도 계속해서 무기 지원 등을 이어갈 것을 말하고 있는데, 트럼프 후보는 당선된 이후 바로 우크라이나에 대한 지원을 끊을 것이라는 주장까지 내놓고 있다. 우방을 안고 가려는 해리스 측과, 미국 일국주의를 강조하면서 세계의 경찰보다는 미국의 실리를 최우선으로 강조하는 트럼프 후보의 입장이 엇갈리는 지점이라고 할 수 있다.

안보의 문제는 경제와도 직접적인 연계성을 갖고 있다. 2022년 2월 러-우 전쟁이 발발한 직후 지정학적 불안으로 인한 국제 유가의 급등과 각종 공급망의 혼란을 목도한 바 있는데, 이후 전 세계는 40년 만의 인플레이션으로 몸살을 앓았다. 그리고 군사적 갈등은 또 다른 군사적 갈등을 낳곤 하는데, 이스라엘-하마스 전쟁 이후 후티 반군에 의한 공급망 혼란 등이 대표적인 예라고 할 수 있다. 의도치 않게 농산물 및 에너지의 공급 제한으로 인한 인플레이션 압력을 재차 자극할 수 있는 요인이 될 수 있다.

마지막으로 가장 뚜렷한 차이를 보이고 있는 세금과 재정 문제를 짚어볼 수 있다. 2016년 대통령에 당선된 이후 트럼프는 현행 21%로 법인세를 낮추었다. 트럼프는 이번에 재선이 된다면 이런 법인세를 15%까지 인하하겠다고 말하고 있다. 법인세를 인하하게 되면 기업에는 좋은 일이지만 미국 정부는 세수가 크게 줄어드는 문제에 봉착한다. 그렇지만 트럼프는 법인세 인하를 통해 기업의 이익이 증가하면, 그렇게 벌어들인 잉여 현금으로 기업들이 설비 투자에 나서게 되고, 이로 인해 보다 많은 일자리가 창출되면서 소득세 세수를 늘리게 된다는 낙관론을 펼치고 있다.

그러나 과거 재임 시절 진행되었던 법인세 인하 이후 미국의 재정 적자는 큰 폭으로 증가했는데, 법인세 감면으로 잉여 현금을 확보한 기업들이 설비 투자를 늘리면서 일자리를 만들기보다는 해당 현금을 배당 혹은 자사주 매입의 재원으로 활용하면서 자산 시장을 자극하는 결과를 낳게 되었다. 과거 재임 시절과는 달리 대규모 재정 적자를 안고 있는 상황이기에 막무가내식의 법인세 인하를 단행했을 때의 부작용이 생각보다 클 수 있다.

이에 트럼프는 앞서 언급했던 대규모 관세를 해법으로 내세우고 있다. 고율 관세가 현실화되었을 때 미국 내 경제 주체들이 받는 영향도 크겠지만, 대미 경제 의존도가 높은 국가들이 느낄 수 있는 부담은 더욱 커질 것으로 보인다.

반면 해리스는 당선이 된다면 현행 21%의 법인세를 28%, 혹은 그 이상으로 인상할 것이라고 주장하고 있다. 그리고 부자 증세를 지속적으로 주장하고 있으며, 부유층의 경우 금융 투자에 있어 세금을 보다 많이 부과하겠다는 의지를 나타내고 있다. 이른바 부자 증세, 법인세 증세 등을 통해 벌어들인 세수로 현행 재정 적자를 일정 수준 충당하고 나머지를 서민 경제에 투입하겠다는 주장을 하고 있는데, 부양 가족 세금 공제 금액을 크게 높이는 등의 정책을 추진할 것으로 보인다.

그러나 법인세 인상이 너무 과도하게 진행되었을 경우 미국 기업들의 이익 성장이 크게 둔화될 수 있다. 그리고 이들 기업이 이어왔던 배당 등의 주주 친화 정책에 균열이 나타날 수 있는데, 이로 인해 외국 투자 자금의 이탈이 진행되며 차별적 성장세를 이어가는 미국경제에 찬물을 끼얹을 수 있다. 최근 미국의 경기 침체 우려가 급격하게 진행되고 있는 상황에서 과거와 다른 급진적 정책 처방이 나올 경우 불거질 수 있는 예상외의 리스크 등에도 주목할 필요가 있다. 아울러 미국 기업에 대한 투자가 활발하게 진행되었던 바, 이들의 행보에도 영향을 미치는 요인이 될 수 있다는 점 역시 아울러 감안해야 할 것으로 보인다.

각 후보의 주장 중 가장 크게 엇갈리는 공약을 중심으로 그 입장과 미칠 수 있는 경제적 영향에 대해 살펴보았다. 우리가 주목할 것은 과거와는 미국 경제의 상황이 사뭇 다르다는 점이다. 40년 만의 인플레이션, 대규모 재정적자, 무역 적자 및 지정학적 리스크 확산, 그리고 경기 둔화 우려, 이민으로 인한 사회적 갈등에 이르기까지 다양한 이슈들이 교차하고 있다. 그렇기에 무언가 하나의 정책이 이런 민감한 교차점들을 자극하면서 의도치 않은 경제적 충격을 낳기도 한다.

　　그리고 그런 경제적 충격은 미국 내의 영향에 그치지 않을 것으로 보인다. 글로벌 금융위기 이후 이어온 미국의 압도적인 성장에 힘입어 전 세계의 대미 경제 의존도는 사뭇 높아진 상황이다. 한국 역시 2023년 20여 년 만에 처음으로 대중 무역 적자를 겪으면서 제1교역국인 중국과의 무역에 고전하고 있다. 반면 미국과의 교역은 다시금 증가세를 보이고 있으며, 차별적인 미국 성장의 수혜를 받고 있다. 그러나 앞서 언급한 것처럼 양 후보의 엇갈린 정책에 의해 의도치 않은 미국경제의 변화가 나타날 경우 그 충격이 일정 수준 노출될 것으로 보인다. 2024년 미국 대선 결과 및 그 이후 당선자의 공약 실천 행보를 예의주시해야 하는 이유일 것이다.

13

2025년 주식 시장 전망: 미국 증시에 대한 쏠림을 경계해야

김학균 | 신영증권 리서치센터장

한국과 미국 증시의 수익률 격차는 2011년 이후 고착화되고 있다. 2011년은 개혁개방 이후 고성장 기조를 이어왔던 중국경제에 대한 여러 걱정들이 본격적으로 대두되기 시작했던 해였다. 2008년 글로벌 금융위기 직후 중국 정부가 시행한 4조 위안 규모의 공격적인 경기 부양책은 과잉투자라는 부메랑으로 돌아왔고, 인건비가 빠르게 상승하면서 저비용 생산기지로서 중국 경제가 가졌던 위상이 빠르게 추락하기 시작했던 시기도 그 즈음이었다. 중국경제가 고성장하는 과정에서 큰 수혜를 입었던 한국 증시는 2011년 이후 장기박스권에서 벗어나지 못하고 있다.

반면 미국경제와 증시는 글로벌 금융위기 이후의 승자로 자리매김했다. 연준은 파격적인 유동성 공급으로 위기 발생을 억제했고, 자산시장 친화적인 유동성 환경을 조성했다. 미국 기업들은 플랫폼과 AI 등 성장 산업에서 주도권을 놓치지 않았고, 미중 갈등과 코로나19를 거치면서 강화되고 있는 미국 주도의 글로벌 밸류체인 재편도 노골적인 자국 이기주의라는 외피를 쓰고 전개되고 있다.

2011년 이후 미국 S&P500지수가 345%(~2024년 8월 20일) 상승하는 동안 한국 코스피KOSPI의 상승률은 31%에 불과했다. 같은 기간 동안 미국 빅테크 기업들이 모여있는 나스닥지수의 상승률은 무려 571%에 달했다. 돈은 수익률을 따라 흐르는 법. '서학 개미'로 불리는 한국 투자자들의 미국 주식 편애도 본격적으로 나타나고 있다. 한국인들의 미국 주식 투자는 2020년부터 본격화되고 있는데, 2020년 이후 한국인들의 미국 주식 순매수 금액은 574억 달러, 원화 환산으로는 69조 원에 달하고 있다.

2025년에는 미국 주식에 대한 쏠림을 경계해야 할 것으로 보인다. 주가가 이익 증가 속도보다 더 빠르게 상승하면서 시장 전반의 밸류에이션 부담이 높아졌다. 늘어난 재정적자도 여러 경로를 통해 미국경제와 주식 시장에 부정적인 영향을 줄 것으로 보인다. 미국 증시의 장기 강세장이 종결될 가능성을 진지하게 검토해 볼 필요가 있다. 한국은 여전히 걱정이 많지만 장기간 횡보한 시장이기 때문에 고평가 부담은 거의 없다. 글로벌 증시 전반이 약세로 돌아서더라도 한국 증시의 조정 강도는 상대적으로 약할 것이다. 펀더멘털fundamental* 측면에서의 개선 여지는 크지 않지만, 주주친화적인 지배구조 개편 방안인 밸류업 정책이 효과를 볼 경우 2025년은 한국 증시의 초과 수익이 가시화되는 한 해가 될 수도 있을 것이다.

| 미국 증시: 경계 신호가 나오고 있다

어떤 자산이든 불패의 자산은 존재하지 않는다. 모든 자산 가격은 사이클이 있어, 끝나지 않을 것으로 보이는 강세장도 언젠가는 종결된다. 미국 증시도 마찬가지이다. 확고한 재산권 보호와 주주친화적인 문화, 혁신 기업의 존재 등을 감안하면 미국 증시는 투자하기에 매우 좋은 시장이다. 이제 막 본격적인 해외 투자를 시작한 한국 개인투자자들이 장기적으로 미국 주식에 대한 노출도를 높이는 것은 좋은 일이라고 본다. 다만 '장기적'으로 그렇다는 말이지, 미국 증시가 '늘' 불패인 것은 아니다.

미국 증시에서도 장기간 주가가 상승하지 못하는 횡보장이 나타나곤 했다. 아래 그림에서 볼 수 있는 것처럼 대공황과 2차 세계 대전이 맞물렸던 1940년대가 그랬고, 인플레이션이 엄습했

---

* 국가의 경제 상태를 나타내는 데 가장 기초적인 자료과 되는 성장률, 물가 상승률, 실업률 등의 주요 거시경제 지표.

던 1970년대, IT버블이 붕괴됐던 2000년대 초반의 10년이 그랬다. 최근 십수 년의 한국 증시가 보여주고 있는 박스권 장세와 비슷한 사례들을 미국 증시에서도 어렵지 않게 찾아볼 수 있다.

미국 증시가 장기 횡보세에 들어가기 직전에는 기록적인 강세장이 전개되곤 했다. 장기적으로 큰 시세를 분출한 이후 시장의 휴식기가 도래했던 셈이다. 지난 10년 미국 증시는 글로벌 주

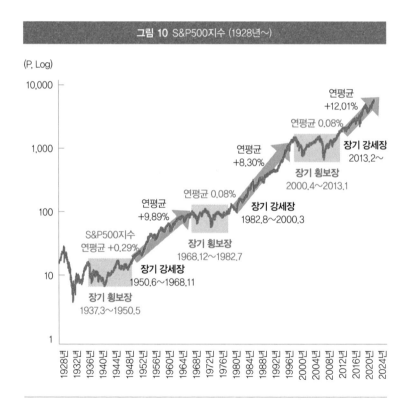

그림 10 S&P500지수 (1928년~)

* 주: 로그 스케일로 작성
* 출처: 신영증권 리서치센터

요국 중 가장 높은 상승률을 기록했다. 많이 상승했다는 이유로 투자를 포기하는 것은 옳지 않지만, 급등한 자산에 대해서는 훨씬 엄격한 기준을 가지고 투자에 임해야 한다. 미국 증시의 장기 강세장을 가능하게 했던 동력들을 복기해 보자.

크게 세 가지 힘이 작동했다. 먼저 중앙은행인 연준의 자산 시장 친화적 정책을 꼽을 수 있다. 연준은 양적완화로 대표되는 파격적인 통화 정책으로 과거에 경험해보지 못했던 막대한 유동성을 경제에 공급했다.

두 번째는 엔비디아NVIDIA로 대표되는 혁신기업들의 등장이 주가를 끌어올렸다. 나스닥에 자리 잡은 미국의 혁신기업들은 우리 시대의 기술 혁신을 주도하고 있다. 최근 미국 증시에서는 엔비디아와 마이크로소프트Microsoft, 애플Apple이 시가 총액 1위 자리를 놓고 각축을 벌이고 있는데, 이들의 시가 총액은 모두 3조 달러를 넘나들고 있다. 한국 코스피 시장 전체 상장사들의 시가총액을 모두 합쳐도 1조 6천억 달러(2024년 8월 20일 종가)에 불과하다.

마지막으로 공격적인 주주환원을 들 수 있다. 최근 10년 동안 미국 S&P500기업들은 자사주매입으로 6.7조 달러를 썼고, 현금배당으로 5.0조 달러를 지급하면서 총 11.7조 달러를 주주들에게 돌려줬다. 이는 같은 기간 동안 S&P500기업들이 벌어들인 당기순이익 누계 14.6조 달러의 80%에 달하는 규모이고, 설비투자액 10.0조 달러를 넘어서고 있다.

주가 상승을 이끈 세 가지 힘 중 기업의 혁신을 제외한 다른 동력은 현저히 약화되고 있다. 미국의 재정적자가 연준이 택할 수 있는 운신의 폭을 좁히고 있다. 2022~23년 연준이 금리를 공격적으로 올렸음에도 미국의 인플레이션은 아직 높은 수준이다. 미국의 소비자 물가 지수 상승률은 2023년 동월 대비 3% 내외에서 움직이고 있다. 물가가 빠르게 하락하지 않는 이유는 미국 정부의 과도한 재정지출 때문이다. 2024년 상반기 미국의 GDP 대비 재정적자는 5.6%에 달했다. 재정적자가 늘어나면 연준이 기준금리를 낮추더라도 미국의 국채수익률은 하방경직적으로 움직일 수 있다. 돈을 빌리는 정부의 재정 건전성이 악화되면 채권자들이 더 높은 수익률을 요구할 수 있기 때문이다.

과도한 주주환원도 한계에 부딪히고 있다. 한 해 동안 벌어들인 당기순이익보다 더 큰 규모의 주주환원을 하는 기업들을 미국에서는 쉽게 찾을 수 있다. 특히 보잉boeing, 스타벅스starbucks, 도미노피자Dominos, 홈디포Home Dipot, 맥도날드Mcdonalds 등 일부 기업들은 당기순이익을 모두 주주들에게 돌려주는 것은 물론, 빚까지 내 주주환원에 사용했다. 부채까지 동원한 주주환원은 그 자체로 지나친 감이 있지만, 그나마 이런 행태가 가능했던 것은 금리가 극단적으로 낮았기 때문이다. 금리가 하방경직성을 나타내는 상황에서는 이런 식의 극단적 주주환원이 위축될 수밖에 없다. 실제로 미국의 주주환원 규모는 2022년을 정점으로 감소하고 있고, 부채까지 동원해 주주들에게 돌려준 '주주환원 과잉 기업'들인 스타벅스와 홈디포 등의 주가는 2024년 들어 약세를 면치 못하고 있다.

AI 산업을 선도하는 기업들의 성장세는 여전히 투자자들을 매혹시키고 있다. 그렇지만 글로벌 투자자들의 매수세가 미국 빅테크 기업들에 집중되다 보니, 이들 종목의 가격 부담이 커지고 있다. 2025년 예상실적 기준 S&P500지수와 나스닥지수의 PER은 각각 23배와 33배(이상 8월 20일 종가 기준)에 달하고 있다. 미국 증시 120년 역사상 닷컴 버블 다음으로 고평가돼 있는 상황이다.

'달도 차면 기운다'는 속담은 투자의 세계에서도 적용된다. '기울어지는 시기'를 알 수 없을 따름이지, '언젠가는 기운다'. 특히 자산 시장의 반전은 그 자산에 대한 낙관이 극에 달할 때 나타나는 경우가 많다. 금융 시스템의 불완전성을 연구했던 경제학자 하이먼 민스키Hyman Minsky의 주장을 들어보자.

> 특정 자산에 대한 낙관론이 극에 달할 때 투자자들은 부채까지 끌어와 투자한다. 레버리지 투자는 낙관론에 자기 확신이 더해지면서 나타나는 전형적인 특징이다.
>
> 1. 부채를 통해 투자하는 사람들이 많아지고 있다는 사실 자체가 시스템을 불안정하게 만든다. 작은 가격 변동에도 시장이 흔들릴 수 있기 때문이다.
> 2. 과도한 쏠림의 반작용인 집단적 매물 출회는 시장의 충격을 깊게 만든다. 주가 하락은 자기강화적으로 투자자들의 매도를 부추긴다.

미국의 미국 증시의 강세를 이끌었던 동력들이 약해지고 있다는 점에서 '이제라도 미국 증시'라는 쏠림에 대해서는 경계할 필요가 있다.

| 한국 증시: 걱정은 많지만, 밸류에이션은 싸다

한국 증시를 대표하는 코스피는 2011년 이후 장기 박스권에서 벗어나지 못하고 있다. 코스피의 장기 횡보는 '중국 특수 이후' 새로운 성장 동력을 찾지 못하고 있는 한국경제의 딜레마가 반영된 결과일 것이다. 단기간 내 이 문제가 해결되기는 힘들 것이다.

2025년 기업 이익 사이클도 주식 시장에 우호적이지 않다. 시장의 컨센서스는 2025년 코스피 상장사 영업이익이 전년 대비 24% 증가하는 데 맞춰지고 있지만, 낙관적 편향이 의심된다. 오히려 2024년 대비 이익이 감소할 가능성이 높다는 생각이다. 2024년에는 내수의 정체 속에 수출 회복이, 지역별로는 대미 수출의 호조 속에 대중 수출의 개선이, 업종별로는 반도체 경기 회복이 상장사 이익 증가로 귀결됐다. 2025년에는 반도체 경기 호조가 지속될 가능성이 높지만, 다른 요인들은 2024년 대비 악화될 것으로 전망된다. 2023~24년 잠재 성장률을 훨씬 웃도는 성장을 했던 미국 경기는 둔화될 가능성이 높고, 중국경제 역시 정부의 적극적인 경기부양책에도 불구하고 2024년 하반기부터 회복세가 현저히 약화되고 있다. 과도하게 낙관적인 2025년 상장사 영업이익 컨센서스는 시간이 지나면서 하향 조정될 가능성이 높다.

그래도 한국 증시가 기댈 수 있는 언덕은 주식 시장에 밸류에이션 과잉이 없다는 사실이다. 2025년 예상 이익과 자기자본을 기준으로 한 PER과 PBR은 각각 9.17배와 0.92배에 불과하다. 앞서 논의한 것처럼 2025년 기업 이익 전망치에는 낙관적 편향이 내재돼 있다고 보지만, 현재 시장 추정치에서 25%의 하향 조정을 염두에 두더라도 PER은 12배 수준이고, PBR은 여전히 1배를 밑돈다. 주식 시장이 저평가되는 데는 나름의 이유가 있겠지만, 주가가 장기간의 이익 증가를 반영하지 못하고 있다는 사실은 장기적으론 큰 기회가 될 수 있다.

지배구조 개선 가능성은 한국 증시에 잠재된 플러스 요인이다. 한국 상장사들이 벌어들인 이익을 주가가 제대로 반영하지 못하는 이유는 지배구조 디스카운트 때문이라고 봐야 한다. 신속한 의사결정, 장기적 관점에서의 기업 경영 등 오너 경영이 가진 미덕도 많다. 다만 기업의 주요 의사결정이 지배주주 편향적으로 이뤄졌다는 점도 부인하기 어렵다. M&A 과정에서의 합병 비율, 물적분할 후 동시상장, 알짜기업의 헐값 공개매수와 상장폐지 등 소액주주들에 피해를 준 사례들을 찾는 것은 힘든 일이 아니다.

정부 주도의 밸류업 프로그램을 중심으로 코리아 디스카운트 완화를 위한 다양한 논의들이 벌어지고 있다. 과거에도 주가가 떨어지면 이런저런 증시 부양책들이 나오곤 했지만, 대부분은 일회성 처방에 그쳤고, 실질적인 효과도 크지 않았다. 요즘처럼 주식 시장에 대한 정책이 연속성을 가지고 논의됐던 경우는 과거엔 없었다. 주식이라는 자산에 이해관계가 노출된 국민들의 수가 많아졌기 때문일 테다. 한국의 주식투자 인구는 2019년 말 616만 명에서 동학개미 투자 붐을 거친 2023년 말 1416만 명까지 증가했다. 주식투자 인구가 급증한 만큼 정책의 영역에서도 주식 시장 관련 이슈가 진지한 의제로 받아들여지고 있다. 투자자들에게 우호적인 환경이 만들어지고 있다. 밸류업 정책이 성공한다는 보장은 없지만, 성과를 보지 못하더라도 한국 증시에 큰 데미지는 없을 것이다. 한국은 늘 디스카운트되어 거래되는 시장이었기 때문이다. 반대로 소액주주 친화적인 투자 문화가 만들어질 경우 한국 증시의 상승 잠재력은 매우 커질 수 있다.

2025년에는 미국 증시에 대한 쏠림을 경계해야 한다. 글로벌 전염 효과를 감안하면 미국 증시가 조정을 받을 때 한국 증시도 그 여파를 피해가기 어렵겠지만, 저평가가 돼 있는 한국 증시의 조정 강도는 상대적으로 완만할 것이다. 역사적으로 보더라도 한국과 미국 증시에 대한 선호는 늘 가변적으로 바뀌곤 했다. 1980년대는 한국을 비롯한 동북아 증시의 성과가 미국보다 훨씬 좋았고, 1990년대는 미국 증시의 성과가 한국을 압도했다. 2000년대 초반 10년은 중국의 고성장을 등에 업은 한국 증시가 구조적으로 레벨업됐던 반면, 미국 증시는 장기 박스권에서 벗어나지 못했다. 경제학자 케인즈Keynes는 주식 투자를 '미인 투표'에 비유했다. 주식 투자는 상대적 선호를 비교하는 게임에 가깝다. 미국 증시가 승승장구할 때는 한국 증시의 저평가 메리트가 부각되지 못하지만, 성장주 주도로 상승했던 미국 증시의 추세가 꺾이게 되면 밸류에이션이 낮은 시장에 대한 평가도 달라질 수 있을 것이다. 미국 증시에 대해서는 현금화의 기회를, 한국 증시에 대해서는 시장 진입의 기회를 살펴야 할 국면이다.

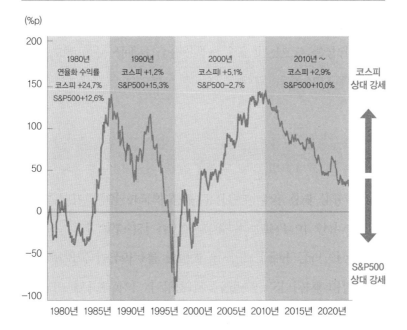

그림 11 S&P500 대비 코스피 상대 강도

* 출처: Bloomberg, 신영증권 리서치센터

14

2025년 부동산 시장 전망: 유동성이 왕이다

김성환 I 한국건설산업연구원 경제금융·도시연구실 부연구위원

| 유동성이 왕이다?

자산 가격의 흐름은 돈의 흐름이 결정한다. 즉 자산의 가격은 단순히 그 자산의 내재 가치에 의해 결정되지 않는다. 오히려 시장에서의 유동성, 즉 자산으로 흘러드는 자금의 흐름이 더 강력하게 작용하며, 때로는 내재 가치를 넘어 가격을 급등시키거나 급락시킬 수 있다. 이는 자산 시장의 본질이 단순한 수요와 공급의 법칙을 넘어, 시장 참여자들의 행동과 자금 흐름에 의해 크게 영향을 받는다는 사실을 보여준다.

금융 시장에서의 "유동성이 왕이다(Liquidity is King)"라는 격

언은 자산 가격 결정에 있어서 유동성의 중요성을 함축적으로 표현한 것이다. 유동성은 자산 시장의 혈액과도 같아, 시장에 활력을 불어넣고 거래를 촉진한다. 하지만 유동성은 단지 거래를 용이하게 하는 역할을 넘어 자산 가격을 형성하고, 더 나아가 시장의 방향성을 결정짓는 중요한 요인으로 작용한다. 이러한 유동성의 흐름이 어느 자산으로 집중되느냐에 따라 해당 자산의 가격은 급격히 변동할 수 있다. 이는 유동성의 유입이 가격 상승의 주된 원인인 반면, 유동성의 이탈이 가격 하락의 촉매제로 작용할 수 있다는 점을 시사한다.

| 부동산 시장에서도 지금은 유동성이 왕이다

부동산 시장도 자산 시상의 일부이므로 돈의 흐름이 가격 변화에 영향을 미친다. 그리고 뒤에서 다시 살펴보겠지만, 현재 한국 부동산 시장에서 유동성에 가장 큰 영향을 미치는 것은 금리와 대출 규제다. "부동산 가격 등 금융 안정은 지금 막지 않으면 좀 더 위험해질 수 있기 때문에 금리를 동결하는 게 맞다고 판단했다"는 한국은행 총재의 발언*은 최근 부동산 시장과 금융 시장 사이의 끈끈한 관계를 나타내는 단서다.

---

* 2024.8. 금융통화위원회 종료 직후 개최한 기자간담회에서의 발언임.

부동산 시장에서 돈의 흐름을 담당하는 건 단연 주택구입자금 대출이다. 주택 가격 상승으로 인해 보통 사람이 돈을 빌리지 않고 주택을 구매하는 것은 불가능에 가까워졌기 때문이다. KB 국민은행에서 아파트 담보대출 실적에 기반해 집계한 데이터*를 기준으로 보면 2024년 2분기 서울에서 거래되는 평균 주택가격은 9억 원, 소득대비주택가격비율PIR, Price to Income Ratio**은 11.5배로 집계됐다. 연봉을 11.5년 동안 한 푼도 쓰지 않고 모아야 주택을 구입할 수 있다는 뜻이다. PIR이 가장 높았던 2022년 2분기에는 14.5배였다. 사정이 이렇다 보니 주택구입자금 대출의 잔액도 매월 최고치를 경신하고 있다.

실제로 2024년 상반기에 거래된 주택 중 250개 소수 표본***을 대상으로 필자가 분석한 결과 전체 조사 대상의 55.2%가 주택구입자금 대출을 끼고 주택을 매입한 것으로 나타났다. 유사한 방식으로 분석한 조선일보(2024.1.4.자)의 분석 결과 빚을 내 주택을 구입한 비율이 더 높았다(60.0%). 보태어 구입자에게 사실상 대출로 기능하는 전세보증금을 포함하면 대부분이 빚을 내

---

*   KB국민은행(2024.2분기), "KB아파트담보대출PIR," https://data.kbland.kr/kbstats/pir, 접속일: 2024.8.25.

**   주택 가격을 가구소득으로 나눈 값임. 가구소득은 분기 단위 해당 지역 내 KB국민은행 부동산담보대출(아파트) 대출자의 연 소득 중위값이며 주택 가격은 분기 단위 해당 지역 내 KB국민은행 부동산 담보대출(아파트) 실행 시 조사된 담보 평가 가격의 중위값임.

*** 2024년 1월부터 6월까지 서울에서 실거래 신고된 아파트 중에서 구彔당 10개씩 총 250개의 사례를 추출해 부동산 등기부등본을 출력하여 분석하였음. 특히 구별 최저가 아파트에서 최고가 아파트까지 10개 구간을 설정하고 구간별로 1개씩 임의로 거래 사례를 추출해 가격별 편차를 줄이고자 하였음.

주택을 구입했다는 결론이다[*]. 세입자의 전세보증금도 상당 부분 전세자금대출에 기대고 있다는 점을 고려하면 주택과 연관된 대출 총액이 가격에 미치는 영향이 크다는 점을 짐작할 수 있다.

주택 시장에서의 대출 총액이 가격에 미치는 영향을 실제로 확인하기 위해 간략한 분석을 시행해보자. [그림 12]는 2008~23년 각 년도 전년 대비 주택담보대출 총액의 증감률(x축)과 전년 대비 전국 아파트 매매가격 등락률(y축)를 점으로 찍어 나타낸 것이다.[**] 만약 작년에 비해 주택담보대출이 5.0% 증가했을 때 전국 아파트 가격이 7.0% 상승했다면 좌표 평면의 5.0, 7.0에 점이 찍히게 된다. 도시한 결과 대체로 두 비율 사이에 양의 상관관계가 있다는 점을 확인할 수 있다. 그중 색칠된 점은 2020~23년을 나타낸 점이다. 과거에 비해 양의 상관성이 더욱 짙어지는 추세다. 최근 경향을 차치하고서라도 적어도 15년여 기간 동안 주택 시장으로 유입되는 자금이 증가할수록 주택 가격에 상방 압력을 행사해왔다는 점은 부인하기 힘들다. 주택 시장에 자금이 많이 유입된다는 것은 얼마나 많은 거래가 일어났느

---

[*] 조선일보의 분석에서는 서울 노원구와 중랑구, 강서구, 관악구 등 4개 구를 대상으로 하였음. 구별로 1990년 전후 분양된 10~20평대 소형 평형 중심 단지를 선정하고 단지 내 1개 동棟씩 총 420가구의 등기사항증명서(등기부등본)를 전수 조사한 결과임. 필자가 시행한 분석에 비해 비율이 다소 높게 나타난 것은 모수가 상이하기 때문으로 짐작됨. 동별 분석을 실시한 조선일보의 분석에서는 동별 정보가 기재된 실거래 자료를 활용해 전세보증금을 활용한 매수, 속칭 갭투자를 추가로 분석할 수 있었지만, 필자의 분석에서는 자료의 한계로 갭투자 여부를 분석하지 못하였음.

[**] 분석 대상 기간을 2008년 이후로 잡은 것은 "글로벌 금융위기 이후 금리변화가 주택 시장에 매우 빠르고 강하게 영향을 미치기 시작하였"다는 박진백(2021)의 연구를 참고한 것임.

그림 12 주택담보대출액 YoY 증감률과 전국 아파트 매매가 YoY 등락률

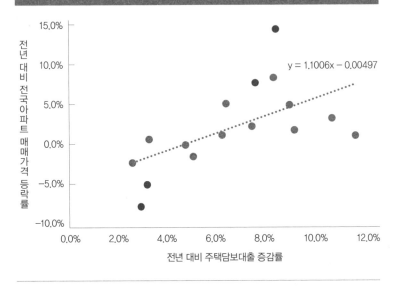

$y = 1.1006x - 0.00497$

* 출처 : 한국은행(2024), 한국부동산원(2024)을 저자가 가공 및 분석

나에 의해 결정된다. 바꿔 말하면 집을 사려는 사람이 많다는 뜻이다. 팔고 싶은 사람만 많다면 거래가 일어나지 않기 때문이다. 매수인이 매도인보다 상대적으로 많은 경우 매도인이 받고 싶은 가격대로 시장이 형성되기 마련이다. 이른바 매도인 우위 시장이다. 파는 사람은 당연히 가격을 높게 받고 싶어 하니 자연스레 가격은 올라간다. 이 상황에서 금리 인상과 대출 규제가 단행되면 매수인의 범위가 줄어든다. 금리 인상에 따른 원리금 부담 증가, 대출 규제로 인한 대출 가능액 감소, 둘 중 어느 하나 가벼이 볼 수 없는 매수세의 위축 요인이기 때문이다. 사려는 사

람이 팔려는 사람보다 적어지면 그때부터 주택 가격이 하락하게 된다. 결국 주택 시장의 유동성, 특히 주택담보대출액의 총량이 부동산 가격을 결정짓는 데 가장 중요한 변수라 할 수 있다.

유동성과 부동산 시장의 움직임 간 소요 시간[lead time]도 짧아지는 경향을 보인다. 돈을 빌려야만 주택을 살 수 있으니 즉각 영향이 나타나는 것은 어떻게 보면 당연한 일이다. 기존 연구(Kuttner, 2013[*] 등)에서는 통화 정책 효과가 주택 가격에 영향을 미치는데 2년 정도는 걸린다고 했지만 이제는 그 기간이 2주로 줄었다. 시장에서 기대하지 않은 통화 정책 충격[**]이 발생한 시점과 주택 가격 움직임을 분석한 미국 샌프란시스코 연방준비은행(2023)[***]의 연구에서 밝혀진 결과다. 국내에서도 유사한 사례가 있다. 먼저 담보인정비율[LTV, Loan to Value] 제한 해제 후 거래 양상의 변화다. 2022년까지 15억 초과 주택을 구매할 때에는 모기지론을 받을 수 없었다. 즉 LTV=0로 제한됐다. 2023년 들어 해당 규제가 해제되자 그 즉시 15억 원 이상 아파트 매매 비중이 증가했다. 2022년과 2023년 상반기까지 주택 가격이 하락했던 시기라는 점

[*]   Kenneth N. Kuttner 〈Low Interest Rates and Housing Bubbles: Still No Smoking Gun〉, Chapter 8 in The Role of Central Banks in Financial Stability: How Has It Changed?, eds. Douglas D. Evanoff, Cornelia Holthausen, George G. Kaufman, and Manfred Kremer, World Scientific Publishing Co. Pte. Ltd., 2013, pp.159-185.

[**] 예기치 않은 정책이 발표돼 시장에 큰 영향을 미치는 경우임. 원문에서는 "Monetary Policy Surprises"로 표현함.

[***] Denis Gorea, Augustus Kmetz, Oleksiy Kryvtsov, Marianna Kudlyak, and Mitchell Ochse, 〈House Prices Respond Promptly to Monetary Policy Surprises〉, FRBSF Economic Letter, San Francisco: the Federal Reserve Bank of San Francisco, 2023.09.

을 감안할 때 이 현상은 대출 규제와 관련이 깊다고 볼 수 있겠다. 2023년 하반기에는 일반형 특례보금자리론의 판매 중단에 따라 가격대별 거래량이 며칠 만에 변화하는 현상이 나타났다. 특례보금자리론은 일반형과 우대형으로 나뉜다. 일반형은 매매가 9억 원까지 구매할 수 있지만 금리가 다소 높은 상품이고, 우대형은 매매가 6억 원으로 제한되지만 금리가 더 낮은 상품이다. 정책의 변화가 있었던 것은 9월 26일이다. 이유는 밝히지 않아 알 수 없지만, 별안간 일반형 대출이 예고 없이 중단되었다. 이후 일반형 특례보금자리론으로만 구입할 수 있었던 6억 원 내지 9억 원대 아파트 거래가 줄고 우대형으로 살 수 있는 6억 원 이하 아파트 거래 비중이 증가하는 현상이 나타났다(부동산114, 2023).

지금까지의 논의를 정리하면, 주택 시장에 유입될 수 있는 돈의 크기가 주택 가격의 향방을 결정하는 주요한 인자가 되고 있으며 유동성에 영향을 미치는 정책의 시행이 실시간에 가깝다고 해도 무방할 정도로 시장에 영향을 주는 형국이다. 따라서 2024년 남은 기간과 2025년 주택 가격 전망은 유동성 및 관련 정책에 상당 부분 의존하고 있다고 하겠다.

| 유동성이 왕이라면, 그 외에는 어떤 요인이 있나?

앞서 돈의 흐름이 부동산 시장에 가장 큰 영향을 미치고 있다고 역설한 바 있지만, 모든 사회 현상이 그러하듯 집값이 유동성 하나로만 결정되는 것은 아니다. 그 외에도 최근 들어 언급되는 주요 동인으로는 ①주택 공급 부족 우려, ②서울 중심지로의 이주 수요, ③가격 하락기 동안 잠잠했던 매수수요의 재진입, ④서울 전세가율 상승 등이 있다.

먼저 주택 공급 부족 우려부터 살펴보자. 결론부터 말하자면 주택 공급* 부족이 나타날 수 있다는 우려는 사실이다. 집은 시공 기간만 3년에서 3년 반 정도 소요되기 때문에 착공을 해야만 시공을 거쳐 입주가 가능하다. 공급 부족 논란에 대하여 "아파트가 빵이라면 밤을 새워서라도 만들겠다"는 소리가 괜히 나온 게 아니다. 다만 2025년에 입주 예정인, 즉 2021년과 2022년에 착공한 집이 적지 않아 일부에서 주장하는 공급량 감소 우려는 다소 과장된 듯하다.** 정부의 공급 정책에 기대를 걸지 않는다 하더라도 2025년에 공급량 부족으로 가격 상승이 일어날 가능성이 크다고 보기는 어렵다. 2023년 착공이 크게 감소한 점이 2026년 이후의 부동산 가격 상승으로 이어질지는 2024년과

---

* '주택 공급'라는 단어가 두루 쓰이며 혼란을 일으키고 있지만 본 고에서는 실제로 사람들이 들어가서 살 수 있는 '입주'를 주택 공급으로 봄. 이하 본 고에서 동일함.
** 국토교통부 연도별·유형별 주택착공 비교 (국토교통부, 2024.4.30. 수정 자료, 2024.8.21. 검색)

구분	2005년~2020년 평균 (호, A)	2021년(호) (%, A 대비 비율)	2022년(호) (%, A 대비 비율)
전체 주택 착공	437,353.4	583,737 (133.5%)	383,404 (87.7%)
아파트 착공	309,657.3	472,751 (152.7%)	299,022 (96.6%)

2025년 착공 및 건설 기성 물량 등을 종합적으로 고려한 추가 검토가 필요하다.

둘째로 서울 주요 지역으로 이주하려는 수요가 집중돼 특정 지역에서 주택가격을 충분히 밀어 올릴 기제가 될 수 있다는 우려도 있다. 2024년 상반기 주택가격 상승이 강남·서초·용산 등 속칭 상급지에서 시작했기 때문에 만약 이들 지역에 수요가 집중된다면 가격 상승이 지속될 수 있다. 하지만 2024년 상반기 주택 가격 상승률이 높았던 서울 8개 구를 분석해보면, 거래 이후 오히려 전출자가 많은 실정이다. 바꿔 말하면 거래 이후 2024년 3분기까지 전입이 활발히 이루어지지 않고 있어 세입자의 임대보증금에 기반해 매수하는 갭투자가 많은 것으로 의심할 수 있다.* 2024년 상반기라는 제한적인 기간을 대상으로 한 분석이므로 소유권이전등기 경료 후 하반기에 이사를 할 가능성도 배제

---

* 2024년 상반기 서울에서 지역 간 이동 매매(타 시군구 매입자 비율) 및 상반기 누적 가격 상승률 상위에 위치한 대표 8개 지역을 분석한 결과 전 지역에서 전입보다 전출이 많은 실정임. 물론, 입주·멸실 등을 고려하지 않은 당기 순이동자(전출자-전입자)를 계산한 것임.(통계청, 한국부동산원, 2024.8.23. 검색)

구분	시도 내 타 시군구 매입자 비율(%)	한국부동산원 전국주택가격동향조사 기준 누적 가격 상승률(%)	누적 순이동자 수(명)
중구	50.9%	0.62%	−65
성동구	47.0%	1.51%	−903
동작구	45.1%	0.54%	−902
용산구	44.6%	1.21%	−5,345
동대문구	43.8%	0.37%	−187
마포구	42.6%	0.89%	−759
서초구	42.6%	0.90%	−200

할 수 없다. 그러나 주택 매입자의 자금조달계획서를 분석한 결과 2024년 상반기 용산에서 기존 세입자의 임대보증금을 승계해 주택 구입 자금을 조달하는 비율은 66.5%로 집계됐으며 서초와 강남은 각각 51.6%와 50.5%를 기록했다(더불어민주당 문진석 의원실, 2024.8.14.자). 따라서 2024년 상반기 서울 주요 지역의 매수수요는 이주보다는 갭투자 목적이 컸을 것으로 짐작되며, 갭투자 관련 대출 규제가 지속된다면 가격 상승을 주도했던 지역들에서부터 상승압력이 빠질 수 있겠다.

셋째로 가격 하락기 동안 잠잠했던 매수수요의 유입이다. 최근 은행에서 10억 원이 넘는 대출을 받고 주택을 매입하는 소위 파워커플*의 진입이 늘어나고 있다는 보도가 연일 이어지고 있다. 2022년 2월부터 하락세를 기록한 수도권 아파트 가격은 2024년 6월 기준 직전 고점에 비해 10.1% 떨어져 있는 상태다. 따라서 단지에 따라 상이하겠지만 매물 가격이 여전히 매력적이라고 느낄 수 있겠다. 다만 이들은 주택 가격의 등락에 따라 수요에 동참하거나 수요에서 빠져나가는 속도가 빠르다. 2023년 초 주택 가격이 전저점을 기록할 당시 거래량도 역대 최저치에 가까울 정도로 떨어졌던 것을 잊어서는 안된다. 서울·수도권을 중심으로 가격이 상승하면서 지금을 매수 적기로 판단했을 수 있

---

*   고소득 맞벌이 부부을 지칭하는 용어. 일본에서 먼저 사용하기 시작했으며, 정의한 기관에 따라 다르지만 대체로 부부 합산 소득 1~2억 원 이상인 경우를 의미함.

겠지만 만약 주택 가격이 하락세로 접어든다면 신속히 빠져나갈 수도 있는 수요라는 점을 이해해야 한다.

마지막으로 서울 전세가율의 상승이다. 전세가율이란 특정 아파트의 매매 가격 대비 전세 가격의 비율인데, 전세가율이 높을수록 매매 가격과 전세 가격 간 차가 감소해 적은 자본으로도 매매 시장에 진입하는 것이 가능해진다. 이와 함께 2020년 이후 시행됐던 임대차 계약갱신청구권 종료가 다가오는 시점에서 4년 전 전세와 현재 전세가, 그리고 현재 매매가를 비교해보고 이참에 집을 사자는 수요도 적잖을 것으로 추론할 수 있다. 하지만 해당 수요는 금융권에서 8월 말부터 도입하고 있는 주택 관련 대출 축소 방안에 타격을 입을 가능성이 있다. 과거 금융 정책의 존속 기간을 돌이켜보건대 단기, 즉 2024년 말 혹은 2025년 초까지는 주택구입자금대출 및 세입자의 전세자금대출을 옥죌 것으로 보인다. 따라서 해당 정책을 언제쯤 거두어들이느냐에 따라 본 요인이 매매가에 미치는 영향이 달라질 것이다.

| 2025년 부동산 시장 전망

지금까지의 논의를 종합해보면 주택 가격 상방 압력과 하방 압력이 함께 작용하는 가운데, 2025년 주택 가격을 전망하는 데 단 한 가지 요인만 꼽으라면 부동산 시장에 유동성 제약이 얼마나 강력하게 작용할지가 관건이 된다 하겠다. 지금까지 이뤄진 주택 가격 형성 요인에 관한 수많은 연구와 근자의 연구를 비교하면 과거에 비해 최근 들어 금융 관련 변수의 영향력이 강해지는 추세라는 점은 부인하기 어렵다. 실제 최근 연구에서는 주택 시장 유동성에 영향을 줄 수 있는 변수인 금리와 대출 규제가 주택 가격 변동 결정요인의 최대 78.6%를 차지하는 것으로 밝혀져 유동성과 주택 가격 간 강한 영향력을 확인할 수 있다(국토연구원, 2023).[*][**][***] 따라서 유동성을 추가 공급하지 않고 옥죄는 현재의 정책이 계속된다면 단기간 가격에 하방 압력을 행사하리라 판단된다.

한편 상방 압력으로 작용할 수 있는 변수들은 여전히 건재하지만 시장의 불안감이나 매수 수요가 유동성 제약을 넘어설 수 있을 것인가가 관건이다. 현재로서는 주택 시장에 돈이 들어가는 구멍을 막은 것이 단기 가격 상승 모멘텀을 꺾을 수 있을 정도로 강력할 것이라 전망한다.

그러나 유동성의 역할은 단순히 자산 가격을 올리거나 내리

---

[*] 분석 결과, 한국부동산원 아파트 매매가격지수의 변화에 영향을 미치는 5개 변수 중 금리 변수(기준금리)가 60.7%로 가장 큰 영향을 보였으며 다음으로 대출규제(대출태도지수)가 17.9%로 분석돼 금융 관련 변수가 도합 78.6%를 차지함. 나머지 21.4%는 주택공급(준공물량, 8.5%), 인구구조(세대수, 8.5%), 경기(경기종합지수, 4.4%) 등이 설명하는 것으로 분석됨.

[**] 이태리·박진백·조윤미·유승동·박준·송정현, 〈주택 시장과 통화금융정책의 영향 관계 연구: 주요국 사례와 연계하여〉, 세종: 국토연구원, 2022.

[***] 그 외에도 여러 연구가 수행되었으나, 대표적으로 박정아·김종진(2023), 〈동적패널모형을 활용한 코로나19 팬데믹 기간 아파트 가격 결정 요인 연구: 서울특별시 3,000세대 이상 대규모 아파트 단지를 중심으로〉, 토지주택연구(51), pp.33-46. 등 연구를 참고할 수 있음.

는 것에 그치지 않는다. 워런 버핏^{Warren Buffett}은 "시장이 일시적으로 비이성적인 행동을 할 수 있다"고 경고했다. 지난 2020년과 2021년의 급격한 주택 가격 상승이 그러했다. 사상 초유의 저금리가 이어지고 시장 내 유동성이 늘어나면서 10여 년 이상 주목받지 못했던 지방 소도시의 신축 아파트와 정비사업 대상 매물에까지 주택 매수세가 이어질 정도였다. 이는 유동성이 때로는 시장을 왜곡시킬 수 있음을 시사하며, 이러한 왜곡이 자산 가격에 미치는 영향을 이해하는 것이 중요하다. 과도한 유동성이 자산 시장에서 거품을 형성할 수 있으며, 그 거품이 터질 때 시장에 큰 충격을 줄 수 있다는 점에서 유동성의 흐름을 주의 깊게 관찰하는 것이 필수적이다.

3부 I 완만한 시장금리 하락과 자산시장의 향방   209

K-산업의 성장 전망과 해법

산업의 성장통, 지정학적 위기, 중국침투를 극복할 K-산업 해법

박태영 I 한양대학교 경영대학 교수

산업화의 성장통 속에서 한 단계 진화된 경영 능력을 요구받는 K-팝, 수요 증가는 확실시되지만 미국과 중국의 지정학적 다툼의 강도에 따라 불확실성이 높아지는 K-반도체, 주류 시장으로 진입이 가능할지 위기에 봉착한 K-배터리, 이들 산업의 2025년 전망은 밝지만은 않다. 반면 K-방산은 높은 잔여 수주 실적과 미국 시장 진출 가시화로 희망차 보이며, K-산업으로 등업할 가능성이 높은 바이오헬스는 미국 금리 인하 기대로 인한 투자전망 향상과 중국 바이오헬스를 견제한 미국 중심의 글로벌 가치 사슬의 일원이 된다는 점에서 역시 전망이 밝다. 한편, 2025년은 국내 전자상거래 플랫폼의 성장에 따른 부작용의 해결, 중국 전자상거래 플랫폼의 국내 시장 침투 완화 대응, 산업 내 생성형 AI의 생산성을 높이는 대안에 대한 관심이 높아지는 한 해가 될 것이다.

이 책의 4부는 여덟 개의 주제로 구성되었다. 먼저 'K(Korea)'라는 별칭이 붙을 만큼 한국 대표 산업으로 간주되는 K-팝, 반도체, 전기차와 배터리, 방사위산업의 2025년 시장 전망, 위기극복 및 진화 해법이 제시되었다. K-팝은 문화산업 연구자이며《박스오피스경제학》의 저자인 수출입은행 김윤지 수석연구원, 반도체는 미·중 갈등의 전문가이며《반도체전쟁》의 저자인 SK경영경제연구소 최낙섭 수석연구위원, 전기차와 배터리는 이 분야를 꾸준히 연구해 온 상명대학교 오철 교수, 방위산업은 오랫동안 이 분야 정책연구를 헤온 한국국방기술학회 유형곤 정책센터장님이 맡아 집필해주었다. 또한, K-산업으로 성장의 변곡점에 서 있는 바이오헬스산업은 산업연구원 최윤희 선임연구원님이 2025년 전망과 성공적인 성장 전환 해법을 제시해주었다. 한편, 2024년 큰 이슈가 되었던 중국 전자상거래 플랫폼 업체인 알리익스프레스와 테무의 국내 시장 위협과 전자상거래 플랫폼 업체인 티몬과 위메프의 정산지연 사태에 대한 원인과 해법에 대해서는 동덕여대 서봉교 교수와 국민대학교 글로벌창업벤처대학원의 최준용 겸임교수님이 집필했다. 마지막으로 모든 산업에 잘 쓰면 약이 되지만 잘 못쓰면 독이 되는 생성형 AI 산업에 대해서는 한중과학기술협력센터의 김준연 센터장님이 산업내 AI의 현명한 적용 방법을 제시해 주었다. 이처럼 각 산업에서 탁월한 지식과 경험을 가진 여덟 분의 전문가로부터 나온 이야기들을 꼭지별로 요약해 보면 아래와 같다.

2024년 K-팝 산업에서 가장 뜨거웠던 화제는 자회사 경영권을 두고 두 회사 경영자 간에 격한 공방을 벌였던 하이브-어도어 사태였다. 이 사태는 K-팝이 생산자의 예술적 성취를 넘어 투자자의 자본 아래 경제적 이윤을 추구하는 산업화 과정에서 반드시 넘어야 할 과제를 보여주었다. 1990년대 말 SM을 선두로 YG, JYP, 하이브는 순차적으로 코스닥 상장을 통해 완성도 높은 아이돌 생산에 필요한 자본을 수혈하였고, 그에 대한 대가로 주주를 위한 수익구조 안정화 대책을 마련해야 했다. 따라서 하이브를 포함하여 주요 기획사는 아티스트별로 마케팅, 기획, 매니징 등을 독립적으로 수행하여 동시에 다양한 콘텐츠를 신속하게 공급할 수 있는 멀티레이블 체제를 선택했다. 그런데 유독 하이브에서 문제가 불거진 이유는 다른 기획사에 비해 부족한 지식재산권IP, Intellectual Property을 커버하기 위해 기존 기획사를 인수하고 자회사를 설립해 수평적 멀티레이블을 꾸렸기 때문이다. 이로 인해 하이브는 모회사와 자회사 간의 관계, 역할, 영향력 등과 관련된 기업경영의 난이도와 위험을 높인 것이다. 2025년에도 이 논란은 여전할 것으로 보인다. K-팝의 성장 과정에서 멀티레이블 체제가 필요하다는 것이 인정된 이상 그 이전으로 돌아갈 수는 없다. 과거 한국 대기업들이 많은 계열사를 유지하면서도 시너지를 낼 수 있었던 방법을 참고하여, 다양한 실험 속에서 한국 기업만의 독특한 멀티레이블 형태를 만들 수 있어야 한다. 산업화된 현재의 K-팝은 좋은 음악을 만드는 능력, 멋진 아이돌 하나를 잘 만드는 능력만으로는 부족하고 현재의 발전 단계에 맞는 경영 능력이 요구된다.

2024년 반도체 시장을 한마디로 정리해보자면 표면은 뜨거운데 속은 지정학적 갈등의 골이 여전했다는 것이다. 반도체 시장의 뜨거움은 주식 시장에서 여실히 드러났는데, 엔비디아는 시가총액 2조 달러를 넘어 3위를 차지했고, 반도체 장비회사인 일본의 도쿄일렉트론은 소니를 밀어내고 시가총액 상위권에 올랐으며, 우리나라에서는 부동의 1위인 삼성전자에 이어 하이닉스가 시가총액 2위가 되었다. AI 열풍은 이제 막 시작되었고, AI 수요는 결국 반도체 수요를 증대할 것이므로 2025년 반도체 수요는 확보된 미래라 할 수 있다. 반면 2025년 중국에 대한 미국의 견제는 2024년보다 더 촘촘해지고 중국과 대만의 연결고리까지 완전히 끊어 놓으려는 노력이 예상된다. 게다가 미국은 '실험실에서 생산으로(Lab to Fab)'라는 전략으로 상용화 R&D를 통한 기술리더십 되찾기에 대한 논의도 활발하다. 이러한 상황을 고려했을 때 2025년 반도체 시장은 상승 사이클에 들어섰으나, 미국과 중국의 지정학적 다툼의 정도에 따라 불확실성이 높아질 것으로 전망된다. 1980년대 미국과 일본은 우방국인데도 10년 동안 반도체 전쟁을 했다. 따라서 2025년은 반도체 코리아를 위해 지정학적 파고를 넘을 지혜가 그 어느 때보다 필요한 해이다. 한국이 이 파고만 넘을 수 있다면 2025년의 반도체 시장은 탄탄대로가 될 것이다.

2024년 글로벌 전기차업황은 중국을 제외하고 좋지 않았다. 그동안 줄곧 업황이 좋았던 K-배터리 산업은 전기차 글로벌 시장의 부진한 업황, 주가 하락, 전기차 배터리 화재 여파 등으로 2024년 내내 전반적으로 부진했다. 최근 전기차와 배터리 수요의 둔화 이유에 대해 '드디어 전기차와 배터리 산업의 위기가 시작되었다'라는 의견과 해당 산업이 현재 '초기 시장에서 주류 시장으로 넘어가는 과정인 캐즘chasm을 지나는 중'이라는 의견 사이에서 논쟁이다. 둘 중 어느 의견이 맞는가와 상관없이 이 같은 논쟁 자체가 2025년 전기차와 배터리 산업이 고난의 시기로 진입함을 암시한다. 폭스바겐, 제너럴모터스, 포드와 같은 글로벌 완성차 업체들이 전기차에 대한 투자 계획을 철회, 축소, 연기함으로써 다가올 고난이 구체화되고 있다. 반면 중국 전기차 및 배터리 기업은 자국 내에서 번 이익을 통해 원가경쟁력을 달성하고 이를 기반으로 매우 공격적인 수출전략을 취해 '나홀로 성장'을 하고 있다. 2025년 중국 전기차 및 배터리의 질주를 막기 위해서 K-배터리 기업들은 미국의 관세 인상 움직임과 중국에 대한 EU 관세 정책을 면밀히 관찰하면서 기술개발을 통해 원가를 낮추고, 중국 업체와의 품질 격차를 벌리며 해외 시장을 공략하는 한 해가 되어야 할 것이다.

국내 방산업체 Big 4로 불리는 한화에어로스페이스, 현대로템, 한국항공우주산업, LIG Nex1의 수주 잔고 실적이 여전히 높기 때문에 K-방산은 2025년을 포함하여 당분간 호실적이 이어질 것으로 기대된다. 그러나 국내 방산수출이 단기간 빠르게 성장하자 유럽 등 방산선진국들의 견제가 심화되고 있다. 특히 EU는 유럽산 무기 비중을 2024년 20%에서 2030년 50%로 증가하기 위해 역내 공동개발 및 공동 생산 확대를 제시했다. 따라서 유럽의 방산 시장 진출을 지속시키기 위해서는 좋든 싫든 수출대상국 현지에 생산거점을 두고 수출 물량을 생산하는 방식이 지속되어야 한다. 반면 세계 최대 방산 시장인 미국에 수출할 가능성이 2025년 가시화될 거라는 전망이다. 다만 2024년 11월 미 대선에서 트럼프가 대통령이 된다면 한미 간 국방상호조달협정 체결이 무산되고, 양국 무기체계 국제공동개발 등 방산협력 동력이 약화되며, 오히려 한국 정부에 미국산 무기체계의 구매 압박이 심화될 것이라는 우려는 있다. 그러나 한미간 국방상호 조달협정 체결 여부와 무관하게 한국 방산 업체는 미국 현지 공장에서 국내 방산 품목 생산이 이루어지는 방식으로 계속 시장 진입 노력을 기울일 필요가 있다. 2025년은 오랜 기간 고착화되었던 내수형 방위 산업 구조가 수출형 산업구조로 전환이 이행되는 뜻깊은 해로 기억될 것이다.

바이오헬스 산업은 백신 등 필수 의약품 공급 여부와 직결되어 있어 보건 안보의 핵심으로 부상되었다. 게다가 기술 경쟁력에 대한 세계적 인정과 필수·원료 의약품 공급에서 세계 우위를 점하는 중국의 급속한 부상은 미국의 중국 견제 조치로 이어지고 있다. 2024년 현재 미국은 〈생물보안법〉의 입법화를 추진 중인데(BGI, WuXi 등 중국 주요 기업과의 거래 제한 명시화 등) 연내 확정되면, 2025년 중국 바이오헬스 산업에 대한 미국의 견제는 더욱 강화될 것이다. 같은 맥락에서 바이오헬스 산업 공급망 구조 구축 역시 미국을 중심으로 활발히 전개되고 있으며, 2024년 미국 대선 결과와 무관하게 2025년에도 지속될 전망이다. 한국 바이오헬스 산업의 2025년 생산과 수출은 2024년 대비 10% 수준으로 성장할 전망인데, 그 이유는 2024년 9월 미국 기준 금리 인하 기대에 따른 투자 전망 향상과 최근 한국기업의 긍정적 성과 때문이다. 한마디로 2025년 바이오헬스 산업은 한국의 명실상부한 성장 동력으로 도약할 수 있는 변곡점이 될 것이다. 그런데 바이오헬스가 K-산업으로 등업하려면 2024년 산업 규모(50조 원)의 3배 이상이 되어야 하나, 한국은 공급과 수요 양측에서 규모의 경제를 달성하지 못하고 있다. 한국의 미래 인구 구조를 고려했을 때 내수 시장만으로는 규모의 경제에 도달하기 힘들기 때문에 공급과 수요 양측 모두에서 글로벌 가치 사슬에 중요한 구성원이 될 필요가 있다. 2025년은 패권 경쟁이 치열한 바이오헬스 글로벌 가치 사슬에서 한국의 영리한 포지셔닝이 무엇보다 중요한 시점이다.

플랫폼 비즈니스는 한국을 포함한 전 세계에서 빠르게 성장하며 다양한 산업에 혁신을 가져왔지만, 그 과정에서 여러 부작용과 새로운 도전이 발생하고 있다. 특히 글로벌 시장 확장 과정에서 개인정보 보호와 고객자금 관리 문제는 한국 플랫폼 기업들이 직면한 주요 리스크로 부각되고 있다. 최근 큐텐Qoo10의 사례는 고객의 자금을 안전하게 관리하고 보호할 책임을 소홀히 할 경우 기업의 신뢰도에 심각한 손상을 입힐 수 있음을 잘 알려주는 사례이다. 플랫폼 기업들은 자신들의 성장 과정에서 발생하는 사회적 부작용을 인식하고, 이를 최소화하기 위한 균형 잡힌 접근이 필요하다. 또한 플랫폼 창업을 꿈꾸는 미래 기업가를 위한 성공 공식은 첫째, 스타트업 초기 단계에서는 누구보다 빠르게 기존 시장의 비효율을 파악하고 해결하며, 새로운 연결의 가치를 창출하는 자신만의 사용자 네트워크를 확보하는 것이다. 둘째, 사용자 네트워크가 확보되었다면 서로 다른 사용자 그룹 간의 가치를 연결하는 교차 네트워크 효과를 발휘할 필요가 있다. 이 성공 공식을 한국을 넘어 세계 시장에 적용한다면 글로벌 플랫폼의 주역이 될 수 있을 것이다.

2024년 상반기 글로벌 전자상거래 플랫폼을 통한 해외 직구는 전년 대비 54%가 증가하였고, 중국발 해외 직구의 비중은 57%로 역대 최대를 기록하였다. 중국 전자상거래 플랫폼은 어떻게 한국 플랫폼을 제치고 한국 소비자들의 선택을 받을 수 있었던 것일까? 우선 중국과 한국의 제조업 경쟁력, 상품 재고 수준, 물가 상승률 등의 실물 경제 요소가 중요한 변수가 된다. 예를 들어 한국 플랫폼이 중국에서 저가 상품을 수입하여 자사 플랫폼에 판매한다고 해도 중국 플랫폼의 가격경쟁력을 따라갈 수 없기 때문이다. 또한 중국 플랫폼은 클라우드 인프라, 네트워크, AI 소프트웨어 등 디지털 인프라 분야에 대규모 투자하여 알리바바, 징둥 등 대형 플랫폼 사업자들은 자체 클라우드 인프라 설비, 27개 이상의 해외 데이터 센터 등을 구축하면서 글로벌 데이터 경쟁력을 높이고 있다. 반면 한국 플랫폼은 아마존(62%)과 마이크로소프트(12%) 등 해외 플랫폼 사업자들의 클라우드 인프라에 여전히 의존하고 있다. 또한 국제결제 영역에서도 중국 결제 플랫폼인 알리페이가 국제 결제 시장에서 3위를 차지한 반면 한국 금융사는 그 역할이 미미하다. 따라서, 중국 플랫폼의 국내 시장 공습에 대응하기 위해서는 한국 금융사의 국제 경쟁력뿐만 아니라 데이터 관련 인프라 경쟁력을 높이고, 데이터 기반의 수익 모델을 구축하며, 혁신 친화적인 규제 환경을 조성함으로써 국내 플랫폼 업체의 역량을 향상시킬 필요가 있다.

2024년을 가장 뜨겁게 달군 이슈 중 하나는 바로 생성형 AI와 초거대언어모델LLM의 혁신일 것이다. 그러나 이러한 열풍에도 불구하고 생성형 AI의 효과에 대해서는 창의적 콘텐츠 생성이 가능하고 생산성이 제고된다는 긍정적 견해가 있는가 하면, 비효율, 업무 부담 증가, 다양성 감소, 일자리 감소라는 부정적 견해도 있다. 과연 생성형 AI를 잘 활용하여 산업 내 생산성을 극대화하는 방안은 무엇일까? 첫째, 적용할 업무를 세분화하고 정의할 수 있는 가장 작은 단위로 쪼개서 생성형 AI를 적용하는 것이다. 둘째, 선활용, 후측정의 조직문화 조성이다. 생성형 AI 효과를 긍정적으로 인정하고 숙련의 시간까지 기다려줄 수 있도록 C-Level(CEO, COO, CTO 등) 대상의 교육이 기술 도입 만큼 중요하며, 장기적으로는 직원들의 AI 활용 역량 강화와 병행해서 업무의 특성을 고려한 인센티브 및 적절한 보상 체계를 갖춰 나가야 한다. 사실 한국은 디지털 우등생이다. OECD에서 실시하는 2023년 디지털정부 평가에서 2회 연속 1위, 스위스 국제경영개발원IMD의 '2023년 세계디지털경쟁력 평가'에서 6위를 차지했다. 이러한 긍정적 분위기를 살려서 다가오는 2025년에는 다양한 업무에 생성형 AI를 과감하게 적용하며 디지털 경쟁력을 강화해야 할 것이다.

15

K-팝 산업화와 멀티레이블

김윤지 | 한국수출입은행 해외경제연구소 수석연구원

2024년 K-팝 산업에서 가장 뜨거웠던 화제는 하이브-어도어 사태였다. 국내 최대 K-팝 그룹인 하이브 안에서 자회사 어도어의 경영권을 두고 경영자들이 나서 산업 내 치부를 들추며 격한 공방을 벌였기 때문이다. 산업이 성장하는 과정에는 성장통이 있기 마련이어서 하이브-어도어 사태 역시 충분히 발생할 수 있는 문제였다. 그럼에도 하이브-어도어 사태가 특별한 의미를 갖는 이유는 현재 K-팝이 산업화의 과정에서 해결해야 할 과제들을 단적으로 보여줬기 때문이다. K-팝 산업이 지금보다 한 단계 더 나아가기 위해 이 과제를 어떻게 해결하는 것이 필요한가에 대해 많은 이들에게 화두를 던져준 셈이다.

산업화에 돌어선 K-팝 기업들의 고민,
안정적 현금 창출

우리나라 가요기획사들은 90년대 이후 K-팝 기업으로 변화하면서 산업화를 진행해 왔다. 국어사전에서 '문화산업화'를 찾으면 "문화생산물이나 서비스를 상업적, 경제적 입장에서 상품으로 생산하여 판매하는 산업의 형태가 되는 것"이라고 설명한다. 산업화란 순수한 예술적 열정을 위해서가 아니라 경제적 이윤을 추구하기 위해 생산자가 문화상품을 만드는 것이며, 이 상품이 시장에서 더 많은 소비자에게 판매될 수 있도록 자본이 투여되어야 한다는 의미다. 따라서 우리나라 가요사에서 산업화가 본격적으로 등장한 것은 90년대 후반으로 보는 것이 타당하다. 90년대 이전 가요기획사 시절에도 '가수'라는 문화상품은 있었지만, 자본이 매개되지 않아 더 많은 이윤을 추구하는 것도, 시장을 더 크게 확대하는 것도, 상품을 더 고도화시키는 것도 어려웠다. 소비자들은 겉으로 보이는 문화상품에만 관심이 있지만, 이를 통해 이윤을 추구하는 생산자와 투자자가 없이는 '산업화'가 완성되지 못한다.

90년대 후반이 기점이 되는 이유는 이때부터 아이돌이라는 자본집약적 문화상품이 생겨났기 때문이다. 1996년 SM이 H.O.T.라는 아이돌을 선보이면서 K-팝 시장은 확대되었고 이후 많은 기획사들이 시장에 뛰어들었다. 치열한 시장 경쟁 속에

완성도 높은 아이돌을 생산하기 위해서는 많은 자본이 필요했고, 기획사들은 더 많은 생산활동을 위해 자본투자를 받기 시작했다. SM이 2000년 코스닥에 등록하면서 가장 먼저 외부 자본 수혈을 받았고, 1998년 설립된 YG엔터테인먼트가 2011년에, 1996년 설립된 JYP엔터테인먼트가 2013년에 코스닥 시장에 등록되면서 산업화는 가속화됐다.

자본 투자를 받은 K-팝 기업들은 이전과는 다른 고민에 빠졌다. K-팝 기업들의 수익구조는 크게 세 가지로 나뉜다. 첫 번째가 음원·음반 수익, 두 번째가 광고나 출연료, 굿즈 판매 수익과 같은 IP 활용 수익, 세 번째가 공연 수익이다. 전통적으로 한국 K-팝 기업들은 음원·음반 수익 의존도가 높았고, 국내 공연 문화 정착이 늦어 공연 수익 비중이 낮았다. 3대 수익구조가 균형을 잡게 된 것은 BTS 해외 성공 이후인 2010년대 중후반에 이르러서다. 즉, 그 이전까지 K-팝 기업들의 수익은 매우 들쭉날쭉한 불안정한 상태였다는 이야기다.

주식 시장에 상장된 기업의 투자자들은 기업 수익 구조가 불안한 상태로 유지되는 것을 용납하기 어렵다. 하지만 아이돌 한 팀이 완성되는 데 최소한 3~6년, 아무리 여러 그룹들을 순환시켜 활동을 한다 해도 기업들이 분기마다 안정적 수익을 거두는 것은 어려웠다. 때문에 코스닥에 등록한 K-팝 기업들은 대부분 사업 다각화를 시도했다. 외식업, 뷰티, 패션, 게임, 여행, 영상 콘텐츠 제작 등 K-팝과 큰 관련 없는 분야들이었다. '버닝썬게이트'

가 터졌던 2019년까지 YG에서 클럽 운영에 계속 관심을 가졌던 이유도 안정적 현금 창출이라는 매력 때문이었다. 이런 시도는 대부분 큰 성과 없이 마무리됐다. 기업들은 많은 투자금을 수업료로 낸 뒤 음악 외 분야에서 돈을 버는 것은 더 어렵다는 교훈을 얻어야 했다.

BTS 성공으로 우뚝 선 하이브의 산업화 전략, 멀티레이블

이러던 즈음 K-팝 산업에 새로운 지각 변동이 일어났다. 2017~2018년 BTS가 큰 성공을 거두면서 이들을 만든 빅히트엔터테인먼트가 단번에 국내 최대 K-팝 기업으로 등극했다. 빅히트는 덕분에 2018년 게임 업체인 넷마블로부터 2천억 원이 넘는 지분 투자를 유치했고, 2020년에는 코스피에도 상장했다.

기업 공개를 하면서 빅히트는 사명을 하이브로 바꾸고 새로운 전략을 꺼내 들었다. 바로 멀티레이블 체제에 기반한 플랫폼 기업이었다. 하이브는 3대 기획사들이 기업 공개 이후 어려움을 겪었던 과정을 이해했다. 현재 아이돌과 음악을 생산하는 속도로는 투자자들을 만족시킬 수 없고, 비관련 사업에서도 별 기대할 것이 없었다. K-팝에서 승부를 보기 위해서는 더 빠른 속도로 상품 공급을 늘려야 했다. 그러기 위해선 한 회사가 아니라 여러 회사에서 여러 상품을 만들어 속도감 있게 출시하는 것이 효율적이었다. 그런 다양한 상품들을 위버스라는 자체 플랫폼에 올려 수익을 창출하는 것이다. 게임개발사들의 멀티 스튜디오 체제와 유사했다.

사실 멀티레이블 체제를 먼저 도입한 것은 JYP였다. 2011년까지 비, 원더걸스 등의 미국 진출을 추진하다 잇따라 실패했던 JYP는 2018년 경영 방향을 재편하면서 멀티레이블 체제를 도입했다. 당시 박진영 대표는 "회사 규모가 커지는데 성장 속도에 비해 콘텐츠 제작 프로세스가 신속하지 못하다"면서 회사를 아티스트별 5개 본부로 분리했다. 이후 JYP에서는 해당 본부에서 아티스트별로 마케팅, 기획, 매니징 등을 독립적으로 수행했고, 박진영 PD에 대한 음악적 의존도도 낮추기 시작했다.

SM도 2022년부터 멀티레이블과 유사한 멀티 프로듀싱 체계로 바뀌었다. SM은 K-팝 기업 가운데 가장 많은 그룹, 즉 IP를 보유했지만 단일한 체제에서 제작이 이뤄져 수익성 확대가 저조하다는 지적을 받았다. 그러던 SM도 2022년 창업자인 이수만 PD를 그룹에서 분리한 뒤 멀티 프로듀싱 체제로 변신했다. K-팝이 1인 프로듀서의 강력한 영향력 아래서 움직이는 체제를 벗어나 공급량을 늘리기 위해 멀티레이블 형태로 바뀌는 것은 분명 필요한 변화였다.

| M&A를 통한 수평적 멀티레이블의 문제

다만, 하이브가 멀티레이블 체제로 가기 위해선 넘어야 할 산이 있었다. JYP나 SM은 이미 오랜 기간 많은 그룹을 제작한 경험도 있고 보유한 IP도 많아 멀티레이블로 분리하는 것이 상대적으로 쉬웠다. 하지만 하이브에는 BTS가 전부였다. 여러 레이블을 구성할 원재료가 부족했던 하이브는 이를 위해 M&A를 활용했다. 쏘스뮤직, 플레디스, 빌리프랩, 케이오지 등과 같은 기존 기획사들을 인수하고 어도어 같은 자회사를 설립해 멀티레이블 체제를 꾸린 것이다. 이를 위해 IP를 많이 가진 SM 인수에 적극적으로 나서기도 했다.

그 결과, 멀티레이블이라 해도 JYP, SM과 하이브에는 차이가 있다. JYP와 SM이 장성한 자식들을 여럿 두어 각기 분가를 이룬 대가족이라면, 하이브는 각기 달리 성장한 외부 가족들을 하나의 대가족으로 엮은 것과 비슷하다. 기업 경영의 측면에서 보면 후자의 운영 난이도가 당연히 높다. 특히 모회사, 자회사 구조인 하이브의 경우 자회사의 독립성 보장 범위, 모회사의 자회사에 대한 통제와 영향력의 수준 등에 대한 명확한 기준도 없다. 기업이 성장하면서 자연스럽게 분리하며 모회사와 계열사 사이의 역할을 분담한 것도 아니고, K-팝 산업이 성장한 이래 한 번도 가보지 않은 길이었기 때문이다.

특히 한 지붕 안 레이블들이 서로 경쟁하는 형태라 갈등을 피할 수 없다는 문제도 있었다. 과거 우리나라 재벌기업들이 비난받았던 문어발식 경영 확대에서는 발생하지 않았던 문제다. 재벌들은 여러 영역에 기업을 세워 확대할 때에도 나름의 '수직 계열화'를 완성한다는 원칙을 가지고 있었다. 빵을 만드는 회사라면 빵 제조 회사 외에 원재료를 공급하는 기업을 사들이고, 생산에 필요한 기계를 만드는 기업을 세우고, 유통과 판매를 위한 기업을 사들이고, 마케팅을 전문으로 하는 광고회사를 세우는 식이다. 모두 '빵'이라는 최종 상품의 효과적인 생산과 판매를 위해 기능적으로 필요한 기업들을 하나로 묶는 형태였다.

하지만 하이브가 구성한 멀티레이블들은 기존 재벌 체제와 달리 모두가 '동등한 레이블' 형태였다. 각각 A빵을 만드는 기업, B빵을 만드는 기업, C빵을 만드는 기업들이 하이브라는 울타리 안에 수평적으로 있는 셈인 것이다. 물론 시장이 충분히 크고, 각 빵들이 특화되어 있어 시장이 겹치지 않는다면 문제가 발생하지 않을 수 있다. 하지만 대부분 아이돌 그룹에 초점을 두는 K-팝 산업에서 각각의 레이블들이 서로 다른 시장을 확보하기는 매우 어렵다. 민희진 대표가 제기한 "걸그룹 모방"의 문제도 이런 차원에서 충분히 제기될 수 있다. 갈등을 피하려면 서로 색깔이 다르고 관계가 보완적이어야 하는데, 모두가 한 시장을 바라보는 상태이기 때문이다. 해외 음악 기업들의 경우 더 크고 세분화된 시장을 확보하고 있어 이런 문제가 발생할 가능성은 우리보다는 적다.

사람이 헤게모니인 K-팝 산업, 고도화된 경영 기술도 뒷받침되어야

　이런 구조에서 더 독특한 상품을 만드는 생산자, 즉 레이블은 모기업에 더 높은 보상과 권한, 자율권 등을 요구할 수 있다. 낡은 관행이 부당하게 여겨질 수도 있다. 게다가 K-팝은 상품만큼 생산자도 '스타'인 산업이다. K-팝의 뛰어난 상품은 사람의 손끝에서 만들어져 사람으로 구현된다는 것을 소비자도 알고 있다. 이 때문에 소비자들은 뛰어난 생산자가 만드는 상품을 깊이 신뢰하고, 생산자와 상품이 분리되면 상품의 가치도 달라진다고 인식한다. 과거 재벌기업들과는 달리 K-팝 산업에서는 능력 있는 생산자라면 내부 문제를 공론화하거나 제기하기에 매우 유리한 환경인 셈이다.

　2024년 K-팝 산업을 뜨겁게 달구었던 하이브-어도어 사태는 이런 측면에서 산업의 발전 과정에서 한번은 거쳐 가야 할 사건이었고, 2025년에도 논란은 계속 유지될 것으로 보인다. 해법은 단순하지만 어렵다. 성장 과정에서 멀티레이블 체제가 필요하다는 것이 인정된 이상 그 이전으로 돌아갈 수는 없다. 결국 레이블을 보다 다양한 장르, 지역, 취향 등에 따라 특화시키고, 모기업은 이들을 기능적으로 보완하고 이해관계 조율을 고도화하는 수밖에 없다. 과거 대기업들이 많은 계열사를 유지하면서 어떤 식으로 상호 시너지를 낼 수 있었는지를 참고하는 것도 필요하다. 멀티레이블 체제라 하더라도 반드시 독립된 자회사 형태가 아니라 하나의 기업 안에서 레이블만 분리해 통일적 관리 능력을 높여 나갈 수도 있다. K-팝 산업에서 멀티레이블은 아직 정착되지 않은 주제이기 때문에 다양한 실험 속에서 완성된 형태를 만들어야 한다는 의미다.

지금의 K-팝은 좋은 음악을 만드는 능력, 멋진 아이돌 하나를 잘 만드는 능력만으로 성공할 수 있던 이전 시대와는 다른 시대를 거치고 있다. 산업화된 K-팝에서는 현재의 발전 단계에 맞는 또 다른 경영 능력이 필요하다. 주식시장에서 어떤 기업이 높은 시가총액을 유지하고 있다면, 투자자들은 그 기업의 경영 능력에 대해서도 일정 수준 이상의 기대감을 가지고 있다는 의미이기 때문이다. 그것이 산업화의 또 다른 대가 가운데 하나이기에, K-팝 기업들도 이를 외면할 수는 없다.

16

반도체 코리아, 지정학 파고 넘으면 탄탄대로

최낙섭 | SK경영경제연구소 수석연구위원

2024년 지구촌의 최대 화두는 반도체 열풍이다. 주식 시장이 그 흐름을 가장 잘 반영한다. 미국에서는 엔비디아가 시가총액 2조 달러를 넘어서며 3위 자리를 확고히 했다. 일본에서는 반도체 장비회사인 도쿄일렉트론Tokyo Electron이 소니를 밀어내고 시가총액 상위권 자리를 차지했다. 우리나라에서는 부동의 1위인 삼성전자에 이어 하이닉스가 시가총액 2위로 올라섰다.

미국의 중국 견제도 쉬지 않고 계속되고 있다. 중국에 뭘 못 팔게 하고 중국 기업과의 거래를 막기 위한 블랙리스트 발표도 연일 언론의 헤드라인을 장식하고 있다. 표면적으로 반도체 시장은 뜨거운데 속으로는 지정학적 갈등의 골이 점차 깊어지고 있다.

엔비디아가 일으킨 AI 열풍은 이제 막 시작됐다. AI 수요는 결국 반도체 수요로 연결되는 상수이다. 반도체 수요가 어느 정도 정해진 미래라면 미중 갈등에 따른 지정학 이슈는 반도체 시장에 영향을 줄 변수이다. 지정학 관점에서 반도체를 보려는 이유이기도 하다.

| 반도체 연결고리가 약해지고 있다

미국이 촉발한 반도체 전쟁, 겉으로는 한쪽이 완전히 항복해야 끝나는 것으로 보였는데 한쪽으로 힘은 기울었지만 여전히 최종결과로 가기 위해 시간이 더 필요한 것 같다. 아니면 원래 미국이 시작할 때 이 정도 수준까지만 생각하고 중국 견제를 진행했을 수도 있다. 미국의 중국 견제에 대해 분리De-coupling에서 부분적 분리De-risking로 입장을 바꿀 때부터 예견된 것이기도 하다. 전 세계가 거미줄처럼 얽혀 있는 반도체 공급망의 특성이 반영된 결과물이라는 해석도 있다.

2017년 트럼프 정부에서 시작된 반도체 전쟁 과정에서 미국과 중국은 점차 서로에 대한 의존이 줄어들고 있다. 첫째, 미국은 중국 기업의 미국 내 투자를 사실상 막고 있다. 중국 기업들은 해외기업 M&A를 통해 부족한 기술을 확보하면서 빠르게 기술을 따라잡아 왔다. 그러나 미국의 투자 규제에 따라 중국 자금이 조금이라도 들어간 자본은 미국 내 투자가 원천 차단된다. 더구나, 미국 내 민감한 개인정보를 수집하는 것으로 의심받는 일부 기업들은 미국 시장에서 퇴출 수순을 밟고 있다. 둘째, 미국 기업은 중국 시장 의존을 줄이고 있다. 글로벌 반도체 장비 분야에서 상위권을 휩쓸고 있는 미국 기업들은 2022년 10월부터 첨단장비의 중국 수출이 제한되고 있다. 첨단반도체를 만들려는 중국의 아킬레스건을 정확히 겨냥했다.

미국의 중국 견제 정책에 대해서 미국 내 전문가들은 성공적이라고 평가한다. 미국의 견제에 따라 중국의 반도체 생산기술이 정체되고 있다고 본다. 기술 전쟁의 시대에 기술의 정체는 경쟁력 하락으로 직결된다. 여기에 더해 미국은 한국, 일본, 네덜란드 기업들까지 끌어들여 중국과 거래에 많은 제한을 가하고 있다.

그러나 미국의 견제도 중국의 반도체에 대한 꿈을 꺾기는 어려울 것으로 보인다. 중국은 '신형거국체제'를 통해 국가 자원을 총동원하고 핵심기술을 개발하겠다는 의지를 공식화했다. 이를 구체화하기 위한 투자자금도 천문학적으로 제공하고 있다. 2014년부터 2023년까지 반도체 육성에 520억 달러를 투자하고, 또 이 규모와 비슷한 자금을 3기 빅펀드라는 이름으로 조성했다. 이 자금을 활용하여 중국은 독자적인 기술 개발에서 돌파구를 찾고 있다. 첨단반도체 장비 수입 규제에 대응하여 기존 성숙 기술을 활용한 첨단제품을 만드는 시도가 대표적이다. 일부 성공한 모습도 보이고 있다. 화웨이에서 발표한 스마트폰 'Mate pro 60'에서 중국에서 개발한 7nm 기술의 칩을 사용했다. 다른 한편, 첨단반도체 이외의 분야에서 소재·부품·장비부터 생산까지 자립화에 국가 에너지를 쏟아붓고 있다. 그 결과, 파운드리의 SMIC는 글로벌 3위, 장비분야의 NAURA는 글로벌 Top 10에 이름을 올려놓고 있다. 물론 이런 점유율은 중국 내수 시장만 의존해 성장한다는 분명한 한계도 있다. 중국 시장에만 통하는 '차이나 한정판'이다. 다른 시각으로 보면 세계 시장이 아니라도 중국 시장만으로 중국 내 반도체 생태계가 하나씩 만들어지고 있다는 반증이기도 하다.

미국과 중국은 겉으로 보기엔 갈등을 빚고 있는 것 같고 실제로도 점차 약해지고 있지만, 여전히 많이 연결돼 있다. 예를 들어 전 세계에서 반도체 공장이 가장 많이 들어서는 국가는 중국이다. 반도체 생산에 필요한 장비를 가장 많이 생산하는 국가는 미국이다. 중국에 반도체 공장이 들어설수록 미국의 장비 회사는 이익을 보는 구조이다. 기술의 미국과 시장의 중국은 현재까지는 유효한 조합이다. 다른 한편, 중국 기업의 범용반도체 생산이 글로벌 전체의 29%를 차지하고 있는 점은 미국이 중국과 헤어질 결심을 주저하게 하는 효과를 내고 있다. 역설적이게도 미국 기업들은 중국 기업이 생산하는 반도체의 주요 소비자이기도 하다. 중국의 반도체 기술 굴기의 상징인 세계 3대 파운드리 회사 SMIC는 Huawei와 더불어 미국이 온갖 제재를 가하고 있는 기업이기도 하다. 그러나 이 회사에서 생산된 제품의 16% 정도는 미국 고객의 몫이다. 반도체 장비 최대 시장으로서의 중국, 세계 2위의 범용반도체 생산국으로서의 중국, 이런 현실은 반도체 분야에서 미국과 중국의 완전한 결별을 어렵게 하고 있다.

| 싸우되 배울 것은 배운다

2025년 미국은 무엇을 어떤 방법으로 반도체 문제에 접근하려고 할까? 중국 견제의 고삐는 늦추지 않을 것으로 보인다. 중국 견제를 담당하는 상무부 산하의 산업안보국^{BIS, Bureau of Industry and Security}의 예산과 인력을 큰 폭으로 늘렸다. BIS는 6백 명 이상이 2억 달러의 예산으로 중국을 보다 촘촘하게 점검하게 됐다. 이들의 손에서 중국의 약한 고리를 하나씩 하나씩 공략할 정책 조합이 나오게 될 것이다. 미국이 가장 효과적인 방법으로 자부하는 첨단장비 수출은 보다 세밀하게 경계선이 그어질 것으로 보인다. 규제의 범위도 중국만을 겨냥하는 데서 나아가 중국과 대만의 연결고리를 완전히 끊어 놓으려는 노력도 배가될 것으로 보인다. 미국은 대만의 많은 기업이나 기술이 중국과 연결되며 중국의 반도체 자립을 돕고 있다는 의심을 하고 있다. 대만이 우위를 보이는 파운드리, 후공정 분야에서 중국도 경쟁력을 가지고 있는 것은 우연의 일치가 아니라는 것이다. 미국은 중국이 첨단

반도체 생산을 못하게 막는 것에서 나아가 일부 완성품의 중국 수출도 막을 것으로 보인다. 이를 위해 전가의 보도와 같은 해외 직접제품규칙FDPR, Foreign Direct Product Rule을 적극 활용하게 될 것이다. FDPR은 미국이 아닌 다른 나라에서 제품을 생산했더라도 제품 생산에 미국의 기술이 사용됐다면 수출을 중단할 수 있도록 만든 규정이다.

표면적인 모습과는 다르게 미국의 속내는 중국 견제보다는 미국의 반도체 리더십을 확실히 하는 것이다. 미국 내 전문가들은 중국 견제는 일시적이고 비용이 너무 많이 든다는 문제의식을 갖고 있다. 2022년 통과된 CHIPS 법은 미국 내에서 한 세대에 한 번 나올 천재일우의 기회라는 시각이 우세하다. 이 법을 통해 이미 첨단공장 건설에 배당된 390억 달러 예산을 거의 소모할 정도로 인기가 입증됐다. 기업들의 투자 수요에 비해 확보된 자금 규모가 적어 제2의 CHIPS 법이 필요하다는 논의도 활발하다. CHIPS 법의 또 다른 축은 상용화 연구개발R&D를 통한 기술리더십 되찾기이다. 상무부에서는 반도체 연구개발 프로그램 사무소Chips R&D Program Office를 설치하고 예산 110억 달러를 활용하기 위한 구체적인 아이템 선정이 활발하다. 미국의 R&D에 대한 문제의식은 오래된 역사를 갖고 있다. 미국은 'Zero to One' 식의 혁신을 잘하지만 초기 R&D된 내용이 시제품으로 나오고, 대량생산까지 이어지려면 상당한 시행착오를 각오해야 한다는 것을 잘 안다. 미국은 'Lab'에서 개발한 것을 'Fab'의 대량생산으로 연결하려는 'Lab to Fab(실험실에서 생산으로)'라는 과감한 전략을 들고 나왔다. 초기 R&D에서 양산화 이전까지의 '죽음의 계곡' 단계에 정부예산을 집중하겠다는 것이다. R&D 프로그램을 통해 개발된 기술은 미국내 상용화와 생산을 명시할 정도로 'America-origin'을 강조하고 있다. 미국의 기술리더십 의지를 읽을 수 있는 대목이다. 이런 상용화 R&D가 미국이 반도체 주도권을 되찾기 위한 비밀병기가 될 것이라는 확신을 갖고 있는 것으로 보인다.

중국의 반도체에 대한 도전도 빼놓을 수 없다. 미국이 중국의 파격적인 기업 지원을 따라했듯이 중국은 미국식 상용화 R&D에 '세계의 공장Global Factory' 역량을 활용하고자 한다. 미국이 글로벌 리더로 한창 주가를 높일 때 사용한 '기술 우선주의'는 이제 중국이 따라하고 있다. 서로 싸우면서 상대방에게 배울건 배우는 모습으로 진화하는 것이다. 이미 중국 정부는 반도체에 대한 지원 대상을 바꾸고 있다. 기존의 모든 기업 지원에서 이미 경쟁력이 검증되고 있는 분야별 1등 기업 집중지원으로 정책이 크게 바뀌고 있다. 선택된 1등 기업들이 서로 협력할 수 있도록 독려하는 것도 빼놓지 않고 있다. 반도체 올림픽에서 개인전보다는 단체전으로 승부를 보겠다는 것이다. 이는 세계 1등을 차지한 전기자동차의 성공방정식을 반도체에 이식하고 있는 것으로 보인다. 미국과 중국의 팽팽한 긴장은 2025년에도 우리의 눈과 귀를 사로잡을 것이다.

| 한국, 지정학 파고를 넘을 지혜가 필요하다

미국이 중국 견제도 하고 자국 내 연구개발을 강화하려 해도 미국 기업만으로 이 모든 일을 해내기에는 역부족이다. 이를 해내야만 하는 미국의 인텔^{Intel}과 마이크론^{micron}의 경쟁력이 높지 않기 때문이다. 따라서 미국의 파트너로 한국 기업이 거론되는 것은 자연스러운 현상이다. 미국이 공을 들이고 있는 첨단패키징 분야가 대표적이다. 이 분야에서 삼성전자와 하이닉스가 미국의 러브콜을 받아 현지에 공장과 R&D 시설 투자를 계획하고 있다.

물론 미국 우선주의는 큰 변수가 될 수 있다. 급한 불을 끄려고 해외 기업에 손을 벌리고 있지만 어느 시점에 미국 기업 위주로 돌아갈 가능성도 있다. 당장만 해도 '팀 USA'를 통해 마이크론과 엔비디아, 인텔과 마이크로소프트 등 다양한 형태로 협업에 대한 논의가 활발하게 진행되고 있다. 미국이 다시 반도체 주도권을 잡기 위한 계획이 본격 가동되고 있다. 미국 우선주의와 미국 내 첨단반도체 공장 증설이 동시에 진행되고 있다. 2025년에도 여전히 미국의 움직임은 글로벌 반도체 투자의 블랙홀이 될 것으로 보인다.

우리나라 수출의 20%를 차지하는 반도체는 우리나라의 달러박스이자 수출 효자종목이다. 글로벌 기술 기업들이 하루가 멀다 하고 반도체 생산 공장이 밀집된 경기도를 찾는 것도 이 때문이다. 최근 들어 전국에 반도체특화대학이 속속 들어서면서 우리나라의 거의 모든 지역은 반도체와 직·간접적으로 연결돼 있다. 반도체는 단순한 산업이 아니라 앞으로 국제사회에서 한국의 발언권을 높여 줄 최종병기이기도 하다. 우리나라가 잘하는 메모리 반도체에 집중하고, 취약 분야인 시스템반도체의 부족한 부분을 채우자는 생각은 여전히 유효하다. 이에 더해 일부 성과가 나오고 있는 반도체 장비 분야에서 글로벌 기업이 탄생할 수 있는 조건을 잘 만들어가야 할 것이다.

2025년 반도체 시장의 역동성은 더욱 복잡하고 다양하게 전개될 것이다. 상승 사이클에 들어선 반도체 산업은 미국과 중국의 지정학적 다툼의 정도에 따라 불확실성을 높이게 될 것이다. AI의 확산에 따른 반도체 수요기반 확대는 의심의 여지가 없는 상수이다. 1980년대 미국과 일본은 우방국인데도 10년 동안 반도체 전쟁을 한 기억이 생생하다. 지정학과 산업을 동시에 봐야할 충분한 이유가 될 것이다. 반도체는 기업만의 문제가 아니라 정부와 산업계가 머리를 맞대고 풀어야 할 고차방정식이 됐다. 반도체 코리아를 위해 지정학적 파고를 넘을 지혜가 어느 때보다 필요한 2025년이다.

17

전기차와 K-배터리 산업, 산업 위기의 시작인가 캐즘인가?

오철 | 상명대학교 글로벌경영학과 교수

    2024년은 전기차와 배터리 산업 수난의 시기임에 분명한 것 같다. 2024년 8월 인천 청라지구 한 아파트 지하 1층 주차장에서 발생한, 중국 배터리 제조사 '파라시스 에너지孚能科技' 제품을 탑재한 벤츠 EQE 350 전기차의 화재로 23명이 병원으로 이송되었고, 지하 1층에 주차한 차량 140여 대 중 72대가 전소되었다. 사건 발생 후 일주일 동안 해당 화재가 발생한 아파트 동의 전기, 수도가 일주일간 중단되었고, 약 5백 명의 아파트 주민이 일정 기간을 구청에서 제공하는 임시 주거시설에 머물렀다. 이 사건의 파장은 생각보다 컸다. 사건 이후 아파트 지하 주차장 입구에 '전기차 지하 주차장 출입 금지'라는 안내문이 게시된 곳이 상당수 생기기 시작했다. 이 화재 사고로 인한 전기차 기피 분위기는 중고차 시장의 전기차 수요 감소에 큰 영향을 주었다. 전기 중고차 가격은 큰 폭으로 하락했고, 특히 중국산 배터리가 쓰인 테슬라의 모델3와 모델Y 가격은 같은 기간 국산 전기차보다 더 큰 가격 하락폭을 보였다. 정부는 그동안 '영업 비밀'이라고 업계가 주장했던 전기차에 탑재된 배터리 정보를 국내 시판 '모든 완성차 제작사'에게 공개하라고 권고했다. 배터리 전기차[BEV]에 대한 신규 국내 판매는 화재 사고 전인 2024년 1분기에도 약 29%가 감소한 상태였고, 게다가 8월의 전기차 화재 발생은 배터리 산업의 위기감을 가중시켰다.

2024년 글로벌 전기차 업황은 중국을 제외하고 좋지 않았다. 그동안 줄곧 업황이 좋았던 K-배터리 산업은 세계 시장의 부진한 업황, 주가 하락, 화재 여파 등으로 2024년 내내 전반적으로 부진했다. K-배터리 3사(LG에너지솔루션, 삼성SDI, SK온)의 중국을 제외한 2024년 상반기 세계 시장 점유율은 전년 동기 대비 약 1.6% 하락했다. 한국 배터리 산업 1위이자, 글로벌 전기차 배터리 시장 패권을 놓고 중국의 CATL과 치열하게 경쟁하고 있는 LG에너지솔루션은 2023년도에는 약 8조 2,000억 원의 매출과 약 4,600억 원의 영업이익을 기록했지만, 2024년 2분기 기준으로 1,900억 원의 영업이익을 달성하는 데 그쳤다. 같은 기간 대비 매출은 29.8%, 영업이익은 57.6% 감소했고, 미국의 IRA로 인한 보조금을 제외하면 사실상 2,500억 원의 적자이다.

그간 가파르게 성장했던 전기차와 배터리 산업의 수요가 최근 둔화되고 있는 것은 분명한 사실이다. 이런 둔화 추세에 대해 전망은 '전기차와 배터리 산업의 위기가 드디어 시작되었다'라는 의견과 해당 산업이 현재 캐즘을 지나는 중이라는 의견으로 나뉘고 있다. 전기차와 배터리 산업은 위기의 시작일까 혹은 산업의 성장 과정에서 캐즘의 단계를 거치는 중일까?

| 전기차가 자동차의 주류 시장으로 자리를 잡을까?

캐즘은 제품이 초기 시장에서 주류 시장으로 넘어가는 과정에서 겪는 어려움을 말하는 마케팅 용어이다. 전기차의 조기수용자Early Adopter들은 전기차가 친환경적이며 새로운 기술이라는 이유로 전기차를 적극적으로 받아들였다. 초기 전기차의 높은 가격에도 불구하고 미국을 중심으로 한 친환경운동가들과 기술애호가들은 전기차를 구매했고, 테슬라Tesla의 머스크Elon Musk는 2012년 시장에 고급 준대형 세단형인 모델S를 출시하면서 이를 잘 활용해 환경론자, 기술애호가들이 좋아하는 차의 이미지에 연예인이 타고 싶어하는 럭셔리한 자동차의 이미지를 추가함으로써 소비자의 뜨거운 관심을 모았다. 테슬라는 결국 모델S의 판매 호조로 창사 이래 계속되던 회사의 적자를 흑자로 돌릴 수 있었다. 테슬라는 모델S를 성공시키면서 그동안의 전기차 미래

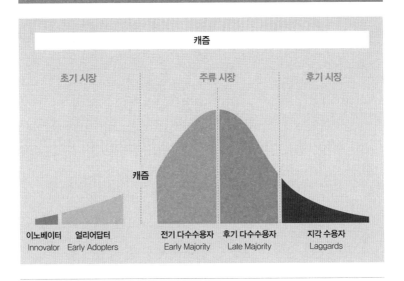

그림 13 캐즘 이론의 생애주기

캐즘

| 초기 시장 | 주류 시장 | 후기 시장 |

캐즘

| 이노베이터
Innovator | 얼리어답터
Early Adopters | 전기 다수수용자
Early Majority | 후기 다수수용자
Late Majority | 지각 수용자
Laggards |

* 출처: 제프리 무어, Crossing the Chasm p39, LX 인터내셔널 홈페이지

에 대한 부정적인 평가를 긍정으로 바꾸면서 전기차를 주류 시장으로 한 걸음 더 나아가게 만들었다.

전기차가 주류 시장으로 확산되기 위해서는 '전기 다수 수용자Early Majority'를 설득하는 것이 관건이다. 현재의 전기차와 배터리 산업의 침체를 단순이 캐즘으로 보는 견해에 의하면 바로 지금이 주류 시장의 소비자들이 구매를 망설이는 단계인 캐즘이며, 앞으로 전기차의 단점인 충전 인프라의 부족, 주행거리 제한, 안정성의 문제, 그리고 높은 초기비용 문제가 해결되어 가면서 점차로 전기 다수 수용자가 전기차를 선택하게 된다는 것이다. 즉, 전기차와 배터리 산업이 시장에서 성공적으로 자리를 잡기 위해서는 산업이 초기 시장에서 주류 시장 mainstream market 으로 넘어가는 과정에서 기술혁신을 통해 이러한 도전과 장애물을 극복해야 한다는 것이다. 제프리 무어 Geoffrey A. Moor 의 저서 《제프리 무어의 캐즘 마케팅》에 의하면 한 산업이 주류 시장으로 가기 위한 시장 침투율 penetration rate 은 16.5% 이고, 이 갭을 넘지 못하면 주류 시장으로 확산되지 못한다고 한다. 그럼, 현재 전기차의 시장 침투율은 어느 정도일까? 세계 최대 자동차 시장인 미국의 경우 2024년 기준으로 10%에 불과하지만 중국의 경우는 40%에 달한다. 유럽의 경우는 국가별로 큰 차이를 보이고 있다. 영국의 경우 꾸준히 20%대를 유지하지만, 이탈리아의 경우는 8%에 불과하다. 한국도 8% 정도이다. 시장 침투율 기준으로 보면 전기차 산업은 중국의 경우 이미 주류 시장으로 자리를 잡았고, 유럽은 국가별로 차이를 보이며, 미국과 한국의 경우는 아직 초기 시장이다. 결론적으로 2024년 글로벌 전기차 시장은 중국을 제외하고 조기 수용자 시장수요는 완결이 되었지만 전기 다수수용자 시장으로 넘어가지 못함에 따라 판매가 둔화되었고, 이는 배터리 산업의 성장 둔화로 이어졌다. 전기차와 배터리 산업이 '산업 위기의 시작'인가 혹은 '캐즘'인가 하는 논쟁이 있다는 것 자체가 2025년에는 해당 산업이 고난의 시기로 진입하고 있다고 보는 것이 타당할 것이다.

글로벌 완성차 업체는 전기차 투자 늦추는데, 중국 전기차와 배터리 시장은 오히려 성장

이런 부정적 예측은 전기차에 대한 향후 투자계획에 즉시 반영되었다. 폭스바겐은 최근 차세대 전기차 프로젝트인 '트리니티 Trinity'의 양산 일정을 2026년에서 2032년으로 무려 6년이나 늦춘다고 발표했다. 이 계획은 원래 2조 7,000억 원을 들여 전기차에 자율주행기술을 적용하고, 주로 K-배터리가 장착될 예정이었다. 또한 폭스바겐은 현재 LG에너지솔루션의 배터리를 사용하는 전기 SUV ID. 4 후속 모델 역시 출시 일정을 미뤘다. SK온과 합작 공장을 운영 중인 포드도 2024년 3월 F-150 전기 픽업트럭을 생산하는 공장 인력을 2,700명에서 700명으로 대폭 줄였다. LG에너지솔루션과 함께 배터리 공장을 가동 중인 제너럴모터스 General Motors 역시 2025년까지 세계 시장에서 100만 대의 전기차를 판매하겠다는 계획을 최근 철회했다. 대부분 글로벌 완성차 업체들은 2025년 글로벌 전기차·배터리 시장 성장에 대해 부정적 전망을 하고 있음을 알 수 있다.

이에 비해 2025년 중국 전기차·배터리 시장 성장에 대한 예상은 미국과 유럽 시장에 대한 전망과는 대조적이다. 중국 전기차·배터리 시장은 2024년 줄곧 성장세를 유지했다. 2024년 7월에는 전기차(BEV+PHEV)의 판매 비중이 51.1%를 기록, 월간 기준 최초로 전기차가 내연기관차를 넘어서기도 했다. 유럽 각국이 전기차 보조금을 줄이는 사이 중국은 중국 정부의 강력한 지원책을 바탕으로 전기차 판매량을 계속 늘리고 있고, 이런 추세는 2025년에도 변하지 않을 것 같다. 북미와 유럽에서 전반적으로 전기차 수요는 줄었지만 중국은 자국 수요를 바탕으로 중국 전기차·배터리 산업에서 여전히 호황을 누리고 있다. CATL과 BYD로 대표되는 중국 배터리 업체는 내수의 호황을 바탕으로 중국 외 시장에서도 시장점유율을 빠르게 확대하고 있다. 세계 1위 배터리 업체인 CATL은 테슬라, BMW, 메르세데스 벤츠 Mercedes-Benz, 볼보 Volvo 뿐만이 아니라 현대차 그룹의 코나, 니로, 레

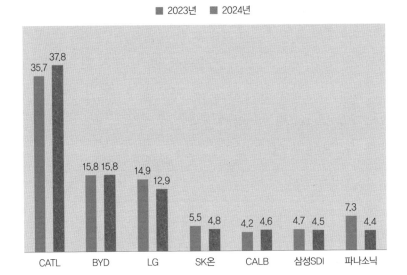

그림 14 전기차용 배터리 시장 점유율(단위: %)

■ 2023년 ■ 2024년

CATL: 35.7 / 37.8
BYD: 15.8 / 15.8
LG: 14.9 / 12.9
SK온: 5.5 / 4.8
CALB: 4.2 / 4.6
삼성SDI: 4.7 / 4.5
파나소닉: 7.3 / 4.4

* 출처: SNE리서치, 한국경제신문

이에도 탑재된다. 배터리뿐만이 아니라 전기차도 생산하는 BYD 또한 중국 내수 시장의 공급 과잉 이슈를 브라질, 태국, 이스라엘, 호주 등 해외 수출로 해소하며 전 세계 시장 점유율을 빠르게 확대하고 있다.

반면 2024년 상반기 글로벌 전기차용 배터리 시장에서 K-배터리 3사(LG에너지솔루션, 삼성SDI, SK온)의 점유율은 22.2%에 머물렀다. 2023년 상반기 25.1%보다 하락했다. CATL과 BYD는 자국 시장에서 벌어들인 막대한 이익으로 차세대 배터리에 투자하고 있어 글로벌 전기차의 판매 둔화가 길어지면, 1~2년 뒤엔 중국과의 점유율 격차는 더 벌어질 수도 있다.

| 업황의 부진 속에서 성장을 위한 한국 기업들의 노력

중국 배터리 기업들과의 K-배터리 기업들과의 경쟁은 상당히 기울어진 운동장에서 벌어지고 있다. 중국 정부는 자국 전기차·배터리 시장에 대한 외국 기업의 접근을 철저히 막으면서, 자국 기업에는 막대한 보조금*을 주고 있기 때문이다. 중국 전기차·배터리 기업은 이렇게 자국에서 번 이익을 바탕으로 한 원가 경

---

* 미국 국제전략 연구소에 의하면 중국 전기차 업체들은 15년간 약 320조 원의 정부 지원을 받았다고 한다(머니투데이 2024.07.04.).

쟁력을 기반으로 매우 공격적인 수출전략을 취하고 있다. 실례로 중국의 전기차 업체 BYD는 2024년 4월 기준 브라질 수출 증가율은 전년 대비 13배나[*] 증가했다. 우리에게는 익숙하지 않은 중국 전기차 생산업체 네타[Neta]는 2024년 상반기 해외 판매량 약 1만 7,600대를 달성하면서 BYD를 꺾고 중국 전기차 해외 판매 1위를 차지했다. 이는 전년 대비 154% 증가한 성장률이다.[**] 한국의 K-배터리 기업들은 이런 어려운 상황에서 그동안 중국 경쟁자들의 독점적 영역이라고 인지되었던 분야에 진출, 다양한 배터리 포트폴리오 확장, 화재 방지 신기술을 포함한 차세대 배터리 개발 전략을 통해 향후 도래할 치열한 경쟁을 대비하고 있다.

2024년 7월 LG에너지솔루션은 유럽 르노[Renault]의 수주를 공시하였다. LFP 배터리[***]는 그간 CATL이 독점하던 영역이었다. 계약 기간은 2025년에서 2030년까지 약 5년으로 59만 대의 전기차를 생산할 수 있는 물량으로 한국 배터리 업체의 LFP 배터리 수주는 처음이다. 삼성SDI도 배터리 시장의 부진을 에너지저장장치[ESS]용 배터리 수주를 확대하면서 공급처를 다변화하려고 노력하고 있다. 최근 삼성SDI는 미국 신재생 에너지 기업 넥스트에라에너지[NextEra Energy]와 1조 원 규모의 계약을 한 것으로 알려졌

---

[*]   국제통상신문(2024.05.28.)
[**]   글로벌 모터스(2024.07.17.)
[***] 리튬 인산철을 사용한 배터리. 일반적으로 쓰이는 NCM(니켈, 코벨트, 망간) 배터리에 비해 생산 비용이 저렴하고 발화 위험성이 낮으며 수명이 길지만 에너지 밀도가 낮아 주행거리가 짧다.

다. K-배터리 모두 최근 이슈가 된 전기차 화재를 방지하는 신기술에도 집중하고 있다. 국내 배터리 3사는 모두 양극과 음극이 만나지 않도록 분리막에 세라믹 코팅을 하고, 추가로 양극에 절연 코팅을 하고 있다. 여기에, LG에너지솔루션은 배터리 열을 셀 단위부터 배출하는 기술을 적용하기도 하고, 삼성SDI는 배터리 캔 위에 뚜껑을 달아 고온 가스가 발생하면 배출되는 시스템을 탑재하고, SK온은 배터리 셀 사이사이에 공간을 확보하고 방호재를 삽입해 열 확산을 막는 기술을 상용화할 계획이다. 물론 모든 업계 공통적으로 화재 위험이 거의 없는 '전고체 배터리' 상용화 기술 투자에 집중하고 있다.

2025년 전기차와 배터리 성장 여부는 미국과 EU의 관세 및 보조금 정책에 달림

EU는 2024년 8월 중국 전기차에 중국 정부가 전기차에 불법 보조금을 준다는 이유로 '추가 관세'를 부과하기로 하는 결정을 발표했다. 현행 10%에 추가 관세 17~36.4%를 더하면 최고 46.3%가 된다. 중국산 테슬라는 보조금의 규모가 작다면서 추가 9%의 관세만 부과한다고 했다. 중국 정부는 EU의 관세 부과에 강력 반발했고, WTO에 EU를 제소하고, EU산 브랜디와 돼지고기에 대한 반덤핑 조사라는 보복 조치를 천명했다. 미국은 이미 2024년 5월에 중국산 전기차에 기존 25%에서 100%로 관세를 4배 올린다고 발표했다.

관세를 부과하는 목적은 사실 EU와 미국은 상당히 다르다고 판단된다. EU는 관세 부과를 통해 중국 전기차 제조사와 배터리 업체의 현지 공장 설립을 유도하는 측면이 있다면, 미국은 '국가 안보를 위한 조치'로 간주하고 있다. 이런 이유로 미국은 현재까지 자국 내에 중국 기업의 현지 공장을 허용하지 않고 있고, 이는 앞으로도 그럴 것이라고 예상된다.

2025년 K-배터리 기업 전망을 예측하기 위해서는 미국 정부와 EU 정부의 전기차·배터리에 대한 '세부 정책 변화'에 주목할 필요가 있을 것 같다. 2024년 유럽의 전기차에 대한 수요 부진 현상 이후 2025년의 변화를 알기 위해서는 중국산 전기차에 대한 관세 적용 이후 수요의 변화와 이후의 정책 변화에 주목해야 한다. 미국 전기차 시장의 경우는 미국 전체 전기차 판매량의 30% 정도를 차지하는 캘리포니아 주의 보조금 정책에 주목할 필요가 있다. 2024년 캘리포니아 주정부가 기존의 보조금 CVRP^{Clean Vehicle Rebate Project}를 수정하는 바람에 기존 방식 대비 보조금을 받을 수 있는 인구가 줄어들고, 기존 제도의 수정으로 차량 유형이나 소득 요건이 엄격하게 적용되어 수요자들의 보조금에 대한 접근성이 악화되었고, 이로 인해 미국 내 전기차 판매량이 줄어들게 되었다. 따라서 2025년 미국 전기차 수요를 예측하기 위해서는 캘리포니아 주정부의 보조금 CVRP 정책 변화에 주목할 필요가 있다.

전기차 시장에서 여전히 신규 보조금은 위력적이다. 전기차 산업이 2018년을 기점으로 6~7년간 폭발적 수요 증가로 인해 급성장한 주된 중요한 이유는 2030년까지 자동차의 이산화탄소 배출량을 1991년 대비 40% 감축하기로 한 EU 집행위원회의 결정*이지만, 각국 정부의 보조금 지급이 없었다면 지난 6~7년간의 성장도 없었을 것이다. 2024년 유럽 국가 대부분이 전기차 판매량이 부진**했지만, '신규 보조금' 지급을 시작한 이탈리아의 경우 보조금 지급한 달의 판매 증가율이 무려 전년 동기 대비 118%를 기록***한 것을 보면 여전히 신규 보조금은 위력적이다. 이탈리아 신규 보조금은 최대 11,750유로이고, 최대 수혜자는 이탈리아에서 약 4만 3,000명을 고용하고 있는 EU 브랜드 스텔란티스Stellantis****였다. 해당 배터리 공급은 삼성SDI가 하고 있다.

2025년 전기차와 배터리 산업을 위기의 시작으로 보던 혹은 산업의 전체 성장 과정에서 캐즘의 단계를 거치고 있다고 판단하든지 분명한 점은 K-배터리계에 어려운 한 해라는 것이다. 업황 부진의 추세는 생각보다 길어질 수도 있을 것이다. K-배터리

---

* 자동차의 이산화탄소 배출량을 40% 감축하기로 한 EU 집행위원회의 결정(2018년)은 그동안 가솔린 차에 집중했던 완성차 업체로 하여금 전기차 생산에 집중하는 계기가 되었다.
** 독일의 2024년 전기차에 대한 보조금 중단 여파가 유럽 전체 수요 둔화에 큰 영향을 미쳤다(삼성증권 자동차/2차전지, 2024.02.).
*** 미래에셋증권 월간리서치, 2024.07., p.9.
**** 피아트, PSA, 크라이슬러의 합병으로 출발하였다. 즉 이탈리아, 프랑스, 미국 합작의 다국적 기업이고, 본사는 네덜란드에 있다.

기업들은 2025년 중국 전기차의 질주를 막기 위한 미국의 관세 인상 움직임이 본격화되는 상황과 미국과는 방향은 같지만 정책 목적이 다른 EU의 관세 정책들을 면밀히 관찰하면서 기술개발을 통해 원가를 낮추고, 중국 업체와의 품질 격차를 벌리며 해외 시장을 공략하는 한 해가 되기를 희망한다.

18

K-방산의 성과와 미래

유형곤 l ㈜한국국방기술학회 정책연구센터 센터장

2021년 이후 국민들의 방위 산업에 대한 관심과 글로벌 방산 시장에서의 위상이 크게 증가하고 있다. 러-우 전쟁과 이스라엘-하마스 전쟁, 미중 갈등 심화 및 양안 간 전쟁 발발 우려 등 국제정세 불안이 심화되어 방위산업의 중요성에 대한 인식이 재정립되었고, 무엇보다도 지난 2021년부터 방산 수출이 매우 활발하게 이루어진 결과이다. 이에 따라 국내 주요 방산업체는 괄목할만한 성장세가 나타나고 있다.

방산 수출 증가와 정부 지원 덕택에 2024년 국내 주요 방산업체의 경영성과 대폭 개선

국내 방산 수출 금액(이하 수주기준)은 2010년대는 연평균 30억 달러 수준이었으나, 최근 3년간(2021~23년) 연평균 128.5억 달러 수준으로 급증하였다. 이러한 수출실적은 국내 방산업체 BIG 4로 불리는 한화에어로스페이스, 현대로템, 한국항공우주산업KAI, LIG Nex1 등의 경영성과로 나타나고 있다. 특히 지난 2022년 폴란드와 체결된 1차 실행계약Executive Contract으로 약 124억 달러 규모의 무기체계(K-9 자주포, K2 전차, FA-50 경공격기, 다연장로켓 천무 등) 수출이 이루어지면서 이들 주요 방산업체의 매출액 및 영업이익 규모가 크게 증가되었다.

2024년 2분기 기준으로 한화에어로스페이스는 매출액 2조 7,860억 원, 영업이익 3,588억 원으로 2023년 동기 대비 각각 매출액은 46%, 영입이익은 356.5% 증가한 실적을 거두었다. 현대로템은 같은 기간 동안 매출액 1조 945억 원, 영업이익은 1,128억 원으로 집계되어 2023년 동기 대비 각각 매출액은 10.9%, 영업이익은 67.7% 증가하였다. KAI는 매출액 8,918억 원, 영업이익 743억 원으로 2023년 동기 대비 매출액 21.6%, 영업이익은 785.7%라는 대폭적인 증가세가 나타났다. LIG Nex1은 각각 매출액 6,047억 원, 영업이익 491억 원으로 2023년 동기 대비 매출액 10.8%, 영업이익은 22.2% 증가하였다.

게다가 이들 주요 방산업체의 수주 잔고는 2024년 2분기 기준으로 한화에어로스페이스 30조 3,000억 원, KAI 23조 2,591억 원, LIG넥스원 19조 53억 원, 현대로템 18조 9,915억 원으로 총 91조 5,559억 원에 달하기 때문에 당분간 호실적이 이어질 것으로 기대된다.

2024년 6월 루마니아에 약 1조 3,000억원 규모의 K-9 자주포 수출, 9월에는 약 3조 5,000억원 규모의 천궁-Ⅱ 이라크 수출이 성사되었고, 천궁-Ⅱ의 중동 추가수출과 말레이시아 FA-50 추가 수출도 점쳐지고 있다. 무엇보다도 2024년 하반기에 폴란드 2차 실행계약 체결(최대 K2 전차 820대, K-9 자주포 약 300문 물량)이 유력한데, 만약 현실화된다면 정부가 2024년 방산 수출 목표치로 설정한 200억 달러 달성도 기대된다.

한국 정부도 2027년 방산 수출 4대 강국이라는 목표 달성을 위해 다각적인 지원을 아끼지 않고 있다. 2024년 2월 말 한국수출입은행의 법정자본금을 15조 원에서 25조 원으로 확대하는 수출입은행법 개정안이 국회 본회의에서 통과되면서 비록 충분하지는 않지만 폴란드 정부 등이 요구하는 방산 수출 금융 지원 여력이 상당히 확충되었다. 그리고 정부는 국내 수출대상국이 한국산 무기체계 구매에 대한 반대급부로 요구하는 다양한 수출 산업협력 사항에 적극 대응할 수 있도록 관련 제도를 정비하고 있다.

국내 방위 산업의 글로벌 진출이 가속화되고 있으나 유럽의 견제도 심화되는 양상

과거 국내 방산 수출은 동남아나 남미 등 틈새시장을 대상으로 국내에서 무기체계를 생산하여 소규모로 수출하는 방식이 일반적이었다. 최근에는 산업기반이 충실히 갖추어진 호주나 폴란드 등 선진권 국가와 자국 내 방위산업을 육성하는 데 적극적인 사우디아라비아, UAE 등 중동 지역 수출이 활발하게 성사되면서 수출물량을 현지에서 생산하는 방식이 보편화 되고 있다.

국내 방산업체 최초의 해외 생산거점인 한화에어로스페이스 H-ACE$^{Hanwha\ Armored\ Vehicle\ Center\ of\ Excellence}$ 호주 공장(질롱시 소재)이 2024년 8월 완공되어 K9 자주포, K10 탄약운반장갑차가 2028년까지 생산될 예정이고, 2023년 말 호주와 수출계약이 체결된 총 129대의 레드백장갑차도 생산하게 된다. 그리고 폴란드로의 대규모 방산 수출을 계기로 이미 현대로템과 한화에어로스페이스 등 국내 방산업체들은 폴란드 현지법인을 설립하였고, 2차 실행계약이 체결되면 현지 생산법인도 설립될 예정이다.

이와 같이 국내 방산업체의 글로벌 진출이 활성화되어 수출대상국의 현지 방산업체 간 상시적인 협력관계가 조성되면 해당국과 제3국으로 지속적으로 방산 수출이 이루어질 수 있는 여건이 마련된다. 실제로 2024년 2월 엄동환 전 방위사업청장은 폴란드 현지 매체와의 인터뷰에서 천무 유도탄의 폴란드 현지 생산

시 제3국 공동 수출이 가능하다고 제안하였고, 폴란드 측도 이미 2022년부터 자신들이 한국 무기체계의 유럽 수출을 위한 생산기지 역할을 하고 싶다는 입장을 표명한 바 있다.

한편으로는 국내 방산 수출이 단기간 내 급증하자 유럽 등 방산선진국들의 한국 견제가 심화되고 있는 양상이다. 이미 2023년 현대로템 K2 전차의 노르웨이 수출이 독일에 밀려 무산되었고, 2024년 4월에는 영국이 차기자주포사업에서 세계 시장 점유율 60% 이상인 국내 K-9 자주포 대신 독일 RCH-133을 공동 생산하는 것으로 결정하였다. 게다가 EU는 2024년 3월 발표한 최초의 유럽방위산업전략에서 방위 산업에 대한 투자 확대와 함께 유럽산 무기 비중을 2024년 20%에서 2030년까지 50%로 늘리기 위해 역내 공동개발 및 공동 생산을 확대할 것임을 제시하였다. 심지어 2024년 4월 말에 프랑스 마크롱Emmanuel Macron 대통령이 유럽은 한국산이나 미국산 대신 유럽산 무기체계를 더 많이 구매해야 한다고 노골적으로 주장한 바 있다.

따라서 유럽 지역에 대한 방산 시장 진출이 지속되기 위해서는 좋든 싫든 수출대상국 현지에 생산거점을 두고 수출 물량을 생산하는 방식이 지속되어야 하는 상황이다.

2025년에는 세계 최대 방산 시장인 미국 진출도 가시권에 들어 와

러-우 전쟁이 2024년에 종식되고 더 이상 국가 간 직접적인 군사적 충돌이 발생하지 않더라도 국제 정세는 여전히 불안정하고, 진영 간에 다양한 형태의 대립 상황이 지속될 것으로 전망된다. 따라서 2025년에도 전 세계적으로 방위 산업 육성의 중요성이 계속 대두되고 주요 국가들은 무기체계 획득예산을 계속 확대할 것이다.

결국 방산선진국 또는 중동 지역 등 대규모 국방예산 투자가 이루어지는 국가들은 여전히 한국의 주요 방산 시장으로 간주된다. 그동안 한국 방산 수출은 지상장비, 항공장비 및 유도무기 위주로 이루어져 왔는데, 2025년부터는 함정 분야도 대규모 방산 수출 성과를 견인하게 될 전망이다. 특히 최대 70조 원 규모로 알려져 있는 3,000톤급 캐나다 순찰잠수함사업^{CPSP, Canadian Patrol Submarine Program}이 수주된다면 2027년 세계 4대 방산 수출 강국으로 자리매김하는 기폭제가 될 수 있다. 이외에도 비록 2024년은 이라크 수출이 무산된 상황이지만, 2025년 중동국가에 KAI의 회전익 항공기(수리온 헬리콥터)의 최초 수출이 성사될지 여부도 주요 관전 포인트이다.

무엇보다도 최근 국내 방산업체들이 글로벌 방산 시장의 메이저리그인 미국에도 진출하고자 적극 나서고 있어서 무척 고

무적이다. 그동안 한국 정부가 미국산 무기체계를 구매하는 대신 반대급부를 제공 받는 절충교역^{Offset Trade} 제도를 활용하여 국내업체는 미국 방산업체에 부품 등을 납품하는 방식으로 간접적인 미국 방산 수출이 일부 이루어져 왔지만, 아직까지 국내 방산업체가 직접 미국 방산 시장에 진출한 사례는 없었다. 그런데 최근 국내 주요 방산업체들이 미국 방산 시장 진출을 위해 다양한 방식의 판로를 확보하려 하고 있어서 2025년에는 미국 시장 진출 노력이 결실을 맺을 것으로 점쳐진다.

우선 국내 해양 방산업체의 양대 산맥인 한화오션과 HD중공업은 2024년 7월 각각 미국 해군보급체계사령부와 함정정비협약^{MSRA, Master Ship Repair Agreement}을 체결하여 미국 함정 MRO^{Maintenance, Repair and Overhaul} 시장에 참가할 수 있는 자격을 획득하였다. 그리고 이미 한화오션과 한화시스템은 2024년 6월 미국 필라델피아에 소재한 필리조선소를 인수하여 현지에서 미국 상선뿐만 아니라 군 함정을 건조, 정비할 수 있는 생산거점을 확보해 놓았다. 최근 미 정부는 함정 분야에서 중국 대비 군사력 열세인 상황을 극복하고자 한국 등 동맹국과의 군사적 협력을 적극 추진하고 있기 때문에 2025년에는 국내 방산업체가 미국 함정 시장에 진출하게 될 가능성이 높다. 실제로 2024년 초에 미국 해군장관이 국내 HD현대중공업과 한화오션을 방문한 이후 일부 언론과의 인터뷰에서 한국 조선소의 디지털 기반 선박건조 역량에 놀랐다고 언급한 바 있다.

유도무기 분야도 LIG Nex1의 2.75인치 유도로켓(비궁)이 2024년 7월 미국의 해외비교시험FCT, Foreign Comparative Testing 프로그램의 최종 시험평가에서 매우 탁월한 성능으로 통과됨으로써 2025년 이후 미국 시장으로의 수출 전망이 매우 밝은 상황이다. 그리고 LIG Nex1은 같은 시기 미국 국방로봇 시장(사족보행로봇)에서 두각을 나타내고 있는 고스트로보틱스Ghost Robotics의 지분 60%를 약 2.4억 달러에 인수하였다. 따라서 2025년은 국내 방산업체들이 미국 방산 시장에 본격적으로 진출하여 수출 성과를 창출하는 원년이 될 것으로 기대되고 있다.

한국 정부도 미국 방산 시장 진출이 원활하게 이루어지도록 뒷받침하고자 국정과제로서 2024년 하반기 체결을 목표로 한·미 간 국방상호조달협정RDP-A, Reciprocal Defense Procurement Agreemen을 추진해 왔다. 본 협정이 체결되면 미 국방 조달 시장에서 미국산우선구매법BAA, Buy American Act에 따라 미국 내에서 생산되지 않는 품목에 적용되는 가격패널티(업체 선정 시 50%의 가격할증 적용 등)를 면제받아 한국산 무기체계의 미국 수출에 도움이 된다고 간주하고 있다.

다만 2024년 11월 예정된 미 대선에서 자국산 우선주의를 표방하고 있는 트럼프 전 대통령이 당선된다면 국방상호조달협정 체결이 무산되고, 한미 간 무기체계 국제공동개발 등 방산협력 동력이 약화될 뿐만 아니라 오히려 한국 정부에 미국산 무기체계의 구매 압박이 심화될 것이라는 우려가 제기된다.

그럼에도 불구하고 바이든 정부가 IRA, CHIPS법을 시행한 사례와 같이 차기 정권을 누가 차지하더라도 미국은 자국 내에서 첨단품목을 생산하는 것을 매우 적극적으로 추진하고 있기 때문에, 국방상호조달협정 체결 여부와 무관하게 미국 현지 공장에서 국내 방산 품목 생산이 이루어지는 방식으로 계속 시장 진입 노력을 기울이는 것이 요구된다.

수출형 방위 산업 구조 전환 이행이 목전에 놓여 있는 상황

2021년 이후 기술이전 및 현지 생산 전략으로 방산선진국(호주, 폴란드 외)과 중동 등으로의 대규모 방산 수출이 동시다발적으로 이루어졌고, 미국 방산 시장 진출 노력까지 더해져서 자연스럽게 국내 방산업체의 글로벌 진출이 보편화되는 모양새이다. 그 결과 지난 1970년 국내 방위 산업이 육성된 이래 오랜 기간 동안 고착화되어 있던 내수형 방위 산업 구조가 수출형 산업구조로 전환이행이 목전에 놓여 있다. 이런 측면에서 설령 2024년의 방산 수출 금액이 기대에 못 미치더라도 2025년은 국내 방위 산업 성장사에서 뜻깊은 이정표가 되는 해로 기억될 것이다.

물론 정부가 내수형 산업구조를 전제로 하고 있는 현재의 무기체계 획득제도와 방위 산업 정책을 수출형 산업구조에 부합하도록 보완 발전시키고, 방산부품 산업이 글로벌 경쟁력을 갖추도록 육성할 수 있는 제도적 환경을 조성하는 것은 2025년도에 추진되어야 할 숙제로 남아 있다.

19

바이오헬스 산업, K-성장동력으로 발돋움하는 변곡점에 서다

최윤희 | 산업연구원 선임연구위원

글로벌 성장동력 바이오헬스 산업, 2025년 글로벌 패권 경쟁은 더욱 치열

바이오헬스 산업은 바이오기술 등 첨단기술을 활용하여 인간의 건강과 관련된 제품과 서비스를 생산하는 모든 분야를 포괄한다. 의약품, 의료기기 등이 대표적인 바이오헬스 제품이며, 질병을 예측·진단·치료하는 병·의원 의료서비스까지 바이오헬스 산업에 포함된다. 또한, 바이오헬스 산업은 '질병 치료 등 보건의료 분야'에서 혁신이 발생하면서 산업 성장과 경제적 효과를 창출한다. 따라서, 바이오헬스 산업의 성장은 고용과 생산 등 경제적 효과를 창출할 뿐 아니라, 우리나라를 포함하여 전 세계가 당면하고 있는 고령화 시대에 국민 건강과 삶의 질을 높이고 복지를 확대하는 데 기여할 수 있다. 한편, 전 세계는 코로나19 상황에서 백신 등 필수의약품 공급 여부가 국가 안전망을 결정하는 것을 경험하였고, 이로 인해 바이오헬스 산업의 안보적 중요성도 크게 부상하였다. 이러한 배경으로 세계 각국은 바이오헬스 산업을 성장동력이자 보건안보 핵심으로 지목하고 있으며, 글로벌 경쟁 구도에서 우위를 선점하기 위해 치열하게 경쟁하고 있다.

바이오헬스 분야에서의 글로벌 기술 패권 경쟁은, 중국과 미국을 중심으로 날로 가열되고 있다. 중국은 '중국제조 2025', '중장기 과학기술 개발 계획 강령', '12.5 국가전략 신흥산업 발전 규획' 등 적극적인 지원 정책과 투자를 통해 바이오헬스 기술 경쟁력 강화에서 가시적인 성과를 보이고 있다. 미국 대비 중국의 주요 분야 연구개발 지출 비중은 2000년 3%에서 2020년 90% 수준까지 확대되었다.[*] 그 결과, 바이오의약품 연구개발 파이프라인에서 중국의 비중은 2006년 3%에서 2021년 17%까지 증가하였다.[**] 이처럼 중국의 경쟁력이 높아지면서 중국에 대한 미국의 의약품 무역적자도 급증하는 추세이다.[***] 특히 유전자치료제,

---

[*]   Graham Allison et al, 〈The Great Tech Rivalry: China vs the U.S.〉, Harvard Kennedy School, 2021.12.07.

[**] 〈Emerging Biopharma's Contribution to Innovation〉, QVIA, 2022.06.13.

[***] Sandra Barbosu, 〈Not Again: Why the United States Can't Afford to Lose Its Biopharma Industry〉, ITIF, 2024.02.29.

합성생물학 등 최첨단 바이오헬스 기술력에서는 중국이 미국을 이미 추월했다는 평가와 함께 중국의 기술 독점 위험성에 대한 경고까지 나오는 상황이다.*

미국도 바이오헬스 산업을 포함한 혁신 성장동력 분야에서 중국을 견제하고 글로벌 패권을 더욱 강화하기 위해, '대통령 중심의 강력한 혁신 거버넌스 체계'를 발동하고 범정부 정책을 추진하고 있다. 2022년 발표된 〈국가 바이오기술 및 바이오제조 행정명령〉에서는, 미국의 글로벌 리더십과 국가 경쟁력 확장을 위해 바이오 산업 정책을 적극적으로 추진하겠다고 선언하였다. 이후 백악관 과학기술정책실OSTP은 대통령과학기술자문위원회PCAST와 국가과학기술위원회NSTC 의견을 총체적으로 검토하고 여러 부처의 연구개발 정책과 산업화 정책을 조정·연계하고 있다. 같은 맥락에서 2024년 3월 출범한 '국가바이오경제위원회National Bioeconomy Board' 역할은 정부와 민간의 협력을 통해 바이오기술 혁신을 촉진하고 복지·안보·지속가능성·경제적 성과 창출을 총체적으로 지원하기 위한 정책 효율성 제고에 초점을 맞추고 있다. 중국 바이오헬스 경쟁력에 대한 미국의 강력한 견제는, 2024년 입법이 추진되고 있는 〈생물보안법〉에서 BGI, WuXi 등 중국 주요 기업과의 거래 제한을 명시화한 점에서 한 번 더 확인할 수

---

*   James E Gaida et al, 〈ASPI's Critical Technology Tracker: The global race for future power〉, ASPI, 2023.02.28.

있다. 2024년 미국 〈생물보안법〉이 확정되면, 2025년 이후 중국 바이오헬스 산업 경쟁력에 대한 미국의 견제는 더욱 강화될 것이 확실하다.

같은 맥락에서 바이오헬스 산업 공급망 구조도 동맹국 중심으로 재편되고 있다. 세계 각국은 코로나19를 경험하면서 백신 등 바이오헬스 주요 제품의 공급망 중요성을 실감하였기 때문이다. 기술 블록화와 같은 환경 변화와 필수·원료의약품 공급에서 세계 우위를 점유하고 있는 중국에 대한 전략적 대응을 위해, 미국을 중심으로 하는 기술·공급망 동맹체계 구축이 활발하게 전개되고 있다. 2023년 1월 미국·인도 핵심신흥기술 이니셔티브 iCET, 2023년 12월 미국·한국 차세대 핵심신흥기술대화, 2024년 1월 미국·인도·한국 핵심신흥기술대화, 2024년 6월 미국·한국·일본·인도·EU 바이오제약 연합Biopharma Coalition 등 국가 간 연계 활동이 진행되었다. 미국을 중심으로 하는 글로벌 동맹 체계 구축 활동은, 2024년 미국 대선 결과와 무관하게 2025년에도 지속될 전망이다.

| 바이오헬스 산업 혁신을 촉진하는 기술 및 시장 환경

바이오헬스 산업 혁신은 기본적으로 바이오기술 발전에 기반을 두고 있다. 2000년 인간게놈프로젝트가 완성된 이후 유전자 분석 속도가 획기적으로 빨라지고 유전체·단백질체 등 방대한 바이오정보가 빠르게 확보되면서, 바이오헬스 산업 혁신은 가속화되었다. 이렇게 확보된 바이오정보를 중심으로 바이오기술과 IT·나노·재료·로봇 등 다양한 기술간 융합이 확산하면서 바이오헬스 산업은 새로운 혁신 패러다임을 만나고 있다.

2024년 혁신 패러다임의 주역인 AI 기술은, 바이오헬스 산업 혁신에서도 큰 역할을 할 것으로 기대된다. AI 기술은 유전정보 등 생체정보, X-ray 영상 등 의료정보, 스마트워치에서 수집되는 생활건강정보Life Log data까지 포함하는 거대한 바이오정보를 활용하여 신약을 개발하는 데 활용되기 시작하였다. 또한 암을 포함한 다양한 질병의 진단과 치료를 위한 의료서비스, 일생 생활에서의 건강 관리 서비스에도 AI가 활용되고 있다.

유전체 분석 기술, 유전자 편집 기술CRISPR 등 첨단 바이오기술 발전은, 바이오정보를 분석하고 진단하여 개인 맞춤형 치료를 제공하는 정밀의료 시장의 성장을 주도하고, 암·치매 등 난치성 질환 치료제 분야에서 성과를 내고 있다. 2024년 2월 미국 FDA에 의해 승인된 고형암(피부 흑색종)을 위한 최초 세포치료제인 리필류셀Lifileucel을 포함하여, 난치성 질환에 대한 혁신 치료제는 2025년에도 지속적으로 세계 시장에 진입할 전망이다. 혁신 치료제는 막대한 비용 부담과 지불 구조 차이 등으로 인해 국가별로 시장 진입 시기가 다르다. 이처럼 정밀의료에 필요한 막대한 비용 부담은 바이오기술 발전으로 인해 감소할 것으로 예상된다.

한편, IT를 활용한 바이오헬스 산업도 2025년 더욱 성장할 전망이다. 건강관리앱과 웨어러블기기로 대표되는 디지털 헬스케어 제품과 서비스는 2024년에 이어 2025년에도 다양한 비즈니스 모델이 시장에 진출할 것으로 예상된다. 같은 맥락에서, 코로나19 상황을 겪으면서 전 세계에서 활성화된 비대면 진료(원격의료) 역시 2025년 더욱 확산될 것으로 보인다. 시범사업 등 제한적으로 추진되고 있는 한국의 비대면 진료는 2025년 법·제도 인프라가 구축되면 더욱 활성화될 것으로 기대한다.[*]

보건의료 시장 환경도 바이오헬스 산업 혁신을 촉진하고 있다. 세계적인 인구 고령화, 코로나19 등 신종 전염병 확산, 국가별로 직면하고 있는 복지 부담 확대 등 다양한 환경 요인이 보건의료 시장 확대와 바이오헬스 산업 발전을 견인한다. 의약품, 의료기기, 의료서비스를 포괄하는 바이오헬스 산업 세계 시장 규모는 2024년 13.6조 달러로 추산되며 2025년에는 6% 확대된 14.4조 달러까지 성장하여 동기간 세계 경제 성장률 2.1%를 크게 상회할 것으로 보인다. 2024년 바이오헬스 산업 세계 시장 40% 이상을 차지하는 미국의 비중은 2025년에도 크게 변화하지 않을 전망이다. 세계 시장 비중 2위를 차지하는 중국의 세계

---

[*] 21대 국회 3개 위원회(과학기술정보방송통신위원회, 보건복지위원회, 산업통상자원중소벤처기업위원회)가 디지털헬스케어 법안을 각각 발의하였으나 국회 폐회로 모든 법안이 폐기되었다.

시장 비중은 10% 수준이며, 2024년 1조 4,000억 원에서 2025년 1조 5,245억 원까지 9.1% 성장률로 성장할 전망이다. 한국 바이오헬스 산업 시장 규모는 2024년 2,266억 달러에서 2025년 2,474억 달러 규모로 확대되어 중국보다 다소 빠른 9.2% 성장률이 예상된다.[*]

바이오헬스 산업이 한국 성장동력으로 발돋움하는 2025년

한국 바이오헬스 산업 경쟁력은 의약품·의료기기 제조업과 병의원 등 의료서비스 양면에서 지속 성장하고 있다. 2024년 한국 바이오헬스 제조업(의약품·의료기기) 생산액은 50조 원으로 추산되어 2023년 대비 17.8% 성장할 전망이며, 2024년 수출 금액은 2023년 대비 20% 성장한 21.4조 원으로 추산된다.[**]

코로나19 상황에서 급성장한 한국 바이오헬스 제조업은, 2023년 수출이 급감하면서 생산과 내수도 정체된 바 있다. 하지만 2024년 국내·외 수요 확대, 바이오의약품 위탁생산에 대한 수주 증가 등 환경 변화가 발생하였고, 이러한 변화 덕분에 한

[*]   〈2024 글로벌 보건산업 시장규모(2018~2029)〉, 한국보건산업진흥원, 2024.04.30.
[**]   〈2024년 하반기 경제·산업 전망〉, 산업연구원, 2024.05.31.

국 바이오헬스 제조업은 빠른 성장세를 회복하였다. 그리고 이러한 성장세에는 세계 시장에서 기술 및 생산 경쟁력을 인정받은 중견·대기업의 역할이 컸다. 삼성바이오로직스 등 대기업이 활동하고 있는 한국의 바이오의약품 계약생산CMO, Contract Manufacturing Organization 규모는, 미국(48.6만ℓ)에 이어 세계 2위(38.5만ℓ)로 글로벌 바이오헬스 시장에서 생산 경쟁력을 인정받고 있다.*

또한 세계 시장에 진출한 셀트리온(바이오시밀러)과 SK바이오팜(중추신경계 치료제), 글로벌 제약기업에 기술 수출을 성공한 리가켐바이오와 알테오젠 등 많은 한국 바이오헬스 기업들이 세계 시장에서 기술 경쟁력을 인정받았다. 특히, 국산 신약 31호로 폐암 표적치료제인 유한양행의 '렉라자'는 2024년 8월 미국 FDA의 허가를 취득하고, 한국에서 개발된 항암제 최초로 미국 시장에 진출했다.

한국 바이오헬스 산업 성장세는 2025년에도 유지될 것으로 전망된다. 한국 정부의 적극적인 정책 지원과 연구개발 투자, 대기업뿐만 아니라 수많은 바이오벤처 기업의 혁신 역량이 꾸준히 축적되면서 산업 성장을 뒷받침하고 있기 때문이다. 2025년 한국 바이오헬스 산업 생산과 수출은 2024년 대비 10% 수준으로 성장할 전망이다.

또한 2024년 얼어붙었던 바이오헬스 산업 투자 시장도

---

* 〈바이오경제 2.0 추진방향〉, 산업통상자원부, 2023.07.19.

2025년에는 활성화될 것으로 보인다. 2024년 9월 미국 중앙은 행의 기준 금리가 인하되면, 2025년 바이오헬스 산업을 포함한 한국 산업에 대한 민간 투자 심리가 일정 부분 회복될 것이다. FDA 승인, 세계 시장 진출 등 한국 바이오헬스 기업의 성과도 투자 환경에 영향을 미칠 것으로 예상한다.

한국 바이오헬스 산업 성장세와 투자 활성화를 감안할 때, 2025년은 바이오헬스 산업이 한국의 명실상부한 성장동력으로 도약할 수 있는 변곡점이 될 것이다. 한국 바이오헬스 산업이 기술 경쟁력을 기반으로 하는 성장 잠재력을 충분히 내포하고 있고, 이러한 경쟁력과 성장 잠재력은 세계 시장도 인정하고 있기 때문이다.

명실상부한 국가 성장동력으로 자리 잡기 위해서는 산업 규모가 2024년 50조 원에서 3배 이상 확대되어야 한다. 하지만, 한국 바이오헬스 산업은 공급과 수요 양면에서 아직까지 규모의 경제를 구축하지 못하고 있다. 한국 1위 제약기업 매출은 화이자 등 글로벌 기업 매출의 4% 수준이며, 연구개발 투자에서도 한국 바이오헬스 기업 투자 금액은 글로벌 기업 대비 1% 수준에 불과하다. 수요 측면에서도, 한국 바이오헬스 시장 규모는 2024년 세계 시장의 1.5% 수준이며, 미래 인구 구조 전망을 감안할 때 그 비중이 앞으로도 크게 변화하기는 어려울 것이다. 따라서 한국 바이오헬스 산업은 공급과 수요 양면에서 규모의 경제를 글로벌 가치사슬에서 구축할 필요가 있다.

바이오헬스 산업이 한국 성장동력으로 도약할 수 있으면서 동시에 추락도 가능한 변곡점에 서 있는 2025년에는, 그 어느 때보다도 도약 성공을 위한 치밀한 국가 전략이 요구된다. 특히, 패권 경쟁이 치열한 글로벌 가치사슬에서 한국의 영리한 포지셔닝이 무엇보다 중요한 시점이다.

20

한국 플랫폼 산업의 발전과 미래

최준용 I 국민대학교 글로벌창업벤처대학원 겸임교수

| 네트워크 효과를 통해 본 한국 플랫폼 산업의 태동

한국 플랫폼 산업의 태동은 1990년대 후반 인터넷 인프라의 급속한 확산과 함께 등장한 네이버와 다음 같은 사이트들이 검색과 이메일 서비스 제공을 중심으로 초기 고객 네트워크를 구성한 것에서 찾을 수 있다. 당시 초기 플랫폼 사업자들은 '고객 간의 연결의 가치'를 의미하는 네트워크 효과를 충분히 인식하지 못한 채, 단순히 사용자 수를 확대하여 광고 등으로 수익을 창출하는 데 주력한 시기라 볼 수 있다.

2000년대 초반에 이르러 싸이월드와 같은 SNS는 '사용자 간의 관계'를 중심으로 한 네트워크 효과를 본격적으로 활용하기 시작했다. '네트워크 효과network effect'란, 사용자 수가 증가함에 따라 각 사용자에게 제공되는 가치가 증가하는 현상을 의미한다. 이는 수요 차원에서 일어나는 규모의 경제로, 한 사람의 선택이 다른 사람의 선택에 영향을 미치는 현상이다. 예를 들어, 한국에서 많은 이들이 카카오톡을 사용하고 일본에서는 라인을 사용하는 이유는 더 큰 네트워크를 가진 플랫폼을 선택해야 더 많은 사람과 연결될 수 있기 때문이다.

사용자 간의 연결의 가치가 작동하는 네트워크 시장은 선발자 우위first mover's advantage를 통해 시장을 선점하게 되면 계속해서 시장을 선도하는 포지티브 피드백 현상을 불러일으킨다. 싸이월드는 이러한 네트워크 효과를 통해 사용자 기반을 빠르게 확장했다. 사용자들은 더 많은 친구를 맺고 다양한 콘텐츠를 공유하면서 싸이월드를 통해 더욱 풍부한 사용자 경험을 누렸다. 당시 싸이월드의 '미니홈피'는 개인의 온라인 정체성을 표현할 수 있는 공간을 제공하며, 동시에 사용자 간의 소통을 강화하는 중요한 연결 도구가 되었다.

그러나 싸이월드는 빠르게 변화하는 기술적 환경에 적응하지 못하면서 결국 쇠퇴하게 되었다. 스마트폰의 보급과 모바일 중심의 SNS로 전환된 시장 환경에 대응하지 못한 것이 주요 요인이었다. 싸이월드는 PC 기반의 서비스를 고수했고, 모바일 환경에 맞춘 혁신에서 뒤처지면서 경쟁력을 상실하게 되었다. 네트워크 효과로 구축된 사용자 기반조차도 쉽게 붕괴될 수 있음을 보여준 싸이월드의 실패는 이후 한국 플랫폼 기업들에 지속 가능한 성장을 위해 기술 혁신과 시장 변화에 신속하게 대응하는 것이 얼마나 중요한지를 일깨워주는 중요한 교훈이 되었다.

| 교차 네트워크 효과와 플랫폼의 파괴적 혁신

네트워크 효과의 발견은 카카오나 네이버 같은 기업들이 초기 성공을 거둘 수 있었던 중요한 요인이었다. 여기서 단순히 고객 간의 연결을 통한 사용자 수의 증가가 네트워크의 가치로 직결된다는 차원을 넘어, 교차 네트워크 효과cross-side network effect는 서로 다른 사용자 그룹 간의 양측시장two-sided market을 연결하는 상호작용의 중요성을 강조한다. 네트워크 사업자가 기존에는 단절되어 있었던 양측시장을 연결하면서 진정한 플랫폼 사업자로 업그레이드된 것이다. 교차 네트워크 효과는 서로 다른 사용자 그룹 간의 상호작용이 강화될수록 플랫폼의 가치와 지속성, 그리고 수익성이 증대된다는 점에서, 현대 플랫폼 산업의 핵심 성공 요인으로 자리 잡고 있다.

교차 네트워크 효과는 소비자로 하여금 계속해서 플랫폼에 머무르게 하는 잠김효과lock-in effect를 강화한다. 소비자들이 플랫폼의 교차 네트워크를 통해 제공되는 다양한 서비스에 익숙해지면 많은 개인 데이터를 다른 플랫폼으로 옮기는데 부담을 가지게 되고 이렇게 높아진 전환비용switching cost은 사용자 이탈을 방지하고 지속적인 사용을 유도하는 효과를 낳는다. 카카오는 금융, 모빌리티, 쇼핑 등 다양한 서비스를 통합하여 소비자에게 제공함으로써 소비자에게 잠김효과를 유도하고, 이를 통해 플랫폼의 지속가능성을 강화하고 있다.

검색 서비스로 시작한 네이버는 사용자 간의 상호작용을 유도하는 블로그, 카페, 지식인 등의 커뮤니티 서비스를 통해 네트워크 효과를 극대화하였으며, 이후 쇼핑, 웹툰, 부동산 등 다양한 서비스를 통합하면서 교차 네트워크 효과를 강화하고 있다. 또한 네이버는 일본 시장에서 라인 메신저를 성공적으로 운영하며 글로벌 확장을 이루었다. 일본에서 가장 인기 있는 메신저로 자리 잡은 라인은 네트워크 효과를 통해 사용자 기반을 빠르게 확장하고, 라인 페이, 라인 쇼핑, 라인 게임 및 웹툰 서비스인 라인 망가 등 각종 교차 네트워크 효과를 통해 고객의 충성도와 플랫폼의 지속가능성을 강화해 나가고 있다. 교차 네트워크 효과는 또한 교차보조cross-subsidy 전략을 통해 플랫폼의 수익성을 높이는 데 중요한 역할을 한다. 이는 사용자 그룹에서 발생한 비용을 사업자 그룹의 수입을 통해 보조하는 방식으로, 예를 들어 네이버는 광고 수입이나 플랫폼 이용 사업자들로부터 거둬들인 수수료를 통해 수익을 창출하면서 사용자에게는 무료로 다양한 서비스를 제공하는 방식을 채택하고 있다. 이로 인해 네이버는 무료 서비스로 사용자를 계속 유인하면서도 플랫폼 자체의 수익성 또한 확보할 수 있게 되었다.

플랫폼 사업자는 교차 네트워크 효과를 확장하는 과정에서 인접한 기존 산업을 공략하게 되고, 이를 통해 기존 산업계를 변혁하는 파괴적 혁신^{disruptive innovation}의 주체가 된다. 몇 가지 예를 들자면, 쿠팡은 로켓배송과 쿠팡이츠와 같은 서비스를 통해 소비자와 판매자 간의 상호작용을 극대화하여 전자상거래와 배달 산업에서 혁신을 이끌었다. 쿠팡은 전통적인 유통업체와 배달업체의 역할을 플랫폼을 통해 재정의하면서 소비자에게 더 높은 편의성과 서비스를 제공하였고, 이는 결과적으로 기존 산업 구조를 파괴하며 시장에 새로운 질서를 창출하게 되었다.

카카오는 모빌리티 서비스인 '카카오T'를 통해 교차 네트워크 효과를 강화하고, 택시 및 대중교통 산업에 파괴적 혁신을 가져왔다. 카카오T는 기존의 모빌리티 서비스를 한층 더 편리하게 이용할 수 있도록 개선하면서 사용자 기반을 빠르게 확장하였다. 이 과정에서 카카오는 단순한 플랫폼 사업자가 아닌, 교통 산업의 혁신 주체로서의 역할을 강화하며 새로운 시장을 개척해 나갔다.

배달의민족은 음식 배달의 불편함을 해결하고, 이를 통해 소비자와 음식점 간의 네트워크를 형성하였다. 이 네트워크는 이후 광고, 프로모션, 금융 서비스 등 다양한 서비스로 확장되며, 플랫폼이 다양한 산업을 연결하는 기반이 되었다. 배달의민족의 성공 사례는 창업자들이 특정 시장의 상대적 불합리성을 해결하고, 그 과정에서 창출된 네트워크를 활용해 더 큰 사업으로 성장할 수 있는 가능성을 보여준다. 이렇듯 플랫폼 사업자의 교차 네트워크 확장이 가져온 파괴적 혁신은 기존 산업 전체의 구조적 변화를 촉진하게 되며, 이는 플랫폼 사업자가 4차 산업혁명의 주체로 각광 받는 이유가 되었다.

플랫폼 성장의 양면성: 글로벌 도전과 급성장의 부작용

플랫폼 비즈니스는 한국을 포함한 전 세계에서 빠르게 성장하며 다양한 산업에 혁신을 가져왔지만, 그 과정에서 여러 부작용과 새로운 도전이 발생했다. 특히 세계 시장 확장 과정에서 개인정보보호와 고객자금 관리 문제는 한국 플랫폼 기업들이 직면한 주요 리스크로 부각되고 있다.

글로벌 플랫폼 시장에서 개인정보보호는 중요한 규제 이슈로 떠오르고 있다. EU의 개인정보보호규정GDPR, General Data Protection Regulation과 미국의 다양한 주별 개인정보보호법은 기업들이 데이터를 어떻게 수집, 처리, 저장해야 하는지에 대해 매우 엄격한 규제를 부과하고 있다. 이러한 규제를 준수하지 않을 경우, 기업은 막대한 벌금과 함께 심각한 평판 손상을 입을 수 있다. 특히, 개인정보보호는 단순히 법적 준수의 문제가 아니라, 고객 신뢰를 유지하고 기업의 장기적인 성장을 보장하는 필수적인 요소로 자리 잡고 있다. 네이버의 라인 메신저는 일본에서 큰 성공을 거두었으나, 최근 일본 정부와의 갈등으로 인해 어려움을 겪고 있다. 일본 정부는 라인의 데이터 유출 사건을 이유로 네이버의 자본 관계를 재검토할 것을 요구하였다. 한국 정부와 국민의 강한 반발에 직면한 일본 총무성이 현재 한발 물러난 상태이지만, 이 사건은 글로벌 확장에서 개인정보보호의 중요성을 다시금 일깨워주는 사례로, 한국 플랫폼 기업들이 세계 시장에서 마주할 수 있는 복잡한 법적, 외교적 리스크를 보여준다.

고객자금 관리 역시 글로벌 확장에서 중요한 리스크로 대두되고 있다. 플랫폼 기업은 고객의 자금을 안전하게 관리하고 보호할 책임이 있으며, 이를 소홀히 할 경우 기업의 신뢰도에 심각한 손상을 입힐 수 있다. 최근 큐텐의 사례는 이러한 문제를 여실히 드러내고 있다. 큐텐은 동남아 시장에서의 성공을 바탕으로 티몬, 위메프, 인터파크 등 국내 이커머스 업체들을 연달아 인수하며 적극적 글로벌 팽창을 시도했으나, 무리한 확장 전략과 고객자금 유용이 의심되는 불투명한 자금 조달로 인해 심각한 경영 위기를 맞았다. 플랫폼 사업자가 내실을 다지지 않고 외형적 성장에만 치중할 경우 회사를 넘어 고객에게도 엄청난 피해가 돌아갈 수 있음을 보여준다.

이와 더불어, 플랫폼의 급성장이 초래한 특정 노동자 계층의 어려움과 자영업자들의 고통 등 사회적 부작용도 명확히 드러나고 있어 이에 대한 공론화와 개선이 시급하다. 최근 쿠팡 배달 노동자가 과로로 사망하는 사건이 발생하였는데, 이는 심야 시간대에 과도한 노동을 반복하며 결국 건강을 잃은 결과로 나타났다. 고객에는 편리한 쿠팡의 로켓배송 시스템이 노동자의 생명과 안전을 위협할 수도 있음을 보여준다. 따라서 쿠팡과 같은 플랫폼 기업들은 이러한 과로사 문제를 심각하게 인식하고, 노동자들의 건강과 안전을 보호하는 시스템을 마련할 필요가 있다.

카카오 모빌리티는 자사 우선 배차 시스템으로 인해 전통적인 택시 기사들 사이에서 불만을 불러일으키고 있다. 이 시스템은 카카오T 블루와 같은 자사 서비스에 우선적으로 배차를 하도록 설정되어 있어, 일반 택시 기사들이 배차 경쟁에서 불리한 위치에 놓이게 되는 결과를 초래한다. 더구나 이 시스템으로 인해 택시 기사들이 부담하는 수수료가 증가하면서, 이들의 수익성이 크게 저하되고 있다.

배달의 민족 또한 자영업자들에게 부과되는 수수료의 인상으로 지속적인 논란의 대상이 되고 있다. 수수료 인상은 요식업 자영업자들의 수익성을 저해하여 이들 중 많은 이들이 경제적 어려움에 직면하고 있다. 이러한 상황들은 기업들이 플랫폼의 장기적인 발전과 고객의 신뢰를 유지하기 위해서는 사회적 책임을 다하고, 투명하고 공정한 비즈니스 관행을 유지해야 한다는 점을 다시금 상기시킨다.

| 플랫폼 분야의 미래 창업 생태계

플랫폼의 성장은 전 세계적으로 혁신을 가져왔지만, 그 과정에서 발생하는 부작용을 무시할 수 없다. 플랫폼 기업들은 자신들의 성장 과정에서 발생하는 사회적 부작용을 인식하고, 이를 최소화하기 위한 균형 잡힌 접근이 필요하다. 이를 통해 소비자, 자영업자, 노동자 모두가 공존할 수 있는 지속가능한 플랫폼 생태계를 구축하는 것이 중요하다.

앞으로의 글로벌 플랫폼 경쟁은 중앙화된 플랫폼 간의 경쟁에서, 블록체인과 같은 분산형 플랫폼 간의 경쟁으로 진화할 가능성이 있다. 이 과정에서 마이데이터^{MyData*}와 같은 새로운 데이터 관리 방식은 플랫폼 사업자를 꿈꾸는 미래의 기업가들에게 또 다른 창업 기회를 제공할 것이다. 사용자 데이터의 중앙 관리에서 벗어나, 사용자가 자신의 데이터를 직접 소유하고 관리할 수 있는 구조가 활성화되면서, 데이터의 활용 방식이 근본적으로 변화할 수 있다. 이를 통해 새로운 비즈니스 모델이 등장하고, 미래의 플랫폼 사업자들은 이 변화를 주도할 수 있는 기회를 얻게 된다.

플랫폼 산업의 발전 역사를 들여다보면 창업을 꿈꾸는 미래

---

* 개인정보 전송 송구권. 정보 주체가 개인정보를 원하는 곳으로 전송해 본인 의사에 따라 개인정보를 관리할 수 있는 제도이다.

기업가들을 위한 중요한 성공 공식을 도출할 수 있다. 스타트업 초기 단계에서 누구보다 빠르게 기존 시장의 비효율을 파악하고 이를 해결하거나, 새로운 연결의 가치를 창출하는 기업은 자신만의 사용자 네트워크를 확보하게 된다. 이제 기확보된 사용자 네트워크를 기반으로 서로 다른 사용자 그룹 간의 가치를 연결하는 교차 네트워크 효과를 발휘한다면 당신은 플랫폼 사업자로 발전할 수 있다. 그 성공공식을 한국을 넘어 세계 시장에 적용한다면 당신 또한 카카오, 라인에 이어 또 다른 글로벌 플랫폼의 주역이 될 수 있다. 데이터의 효과적인 활용과 AI 기술의 적극적인 도입, 글로벌 확장 전략의 신중한 관리가 결합될 때, 한국의 플랫폼 기업들은 세계 시장에서 지속가능한 성장을 이룰 수 있을 것이며, 한국경제는 플랫폼 창업 생태계의 활성화를 통해 새로운 성장 기회를 지속적으로 창출할 수 있을 것이다.

21

중국 글로벌 플랫폼 경쟁력과 한국의 과제

서봉교 I 동덕여자대학교 글로벌지역학부 교수

| 중국 전자상거래 플랫폼의 한국 진출 가속화

중국 전자상거래 플랫폼의 국내 시장 진출이 가속화되면서, 국내 유통 기업들과 중소 제조사들의 불안감이 커지고 있다. 2024년 상반기 글로벌 전자상거래 플랫폼cross-border e-commerce platform을 통한 해외 직구 규모는 전년 대비 54%가 증가하였고, 특히 중국발 해외 직구가 차지하는 비중은 57%로 역대 최대를 기록했다. 반면 미국발 해외 직구는 23%로 감소하였다. 2021년 1분기 해외 직구에서 미국의 비중이 43%이고 중국이 24%였던 것과 비교하여 역전 현상이 나타났다.* 이러한 해외 직구의 급성장을 주도하고 있는 것이 알리익스프레스와 테무로 대표되는 중국 글로벌 전자상거래 플랫폼이다.

알리바바Alibaba 그룹의 글로벌 전자상거래 플랫폼인 알리익스프레스와 중국 중저가 전자상거래 플랫폼 핀둬둬拼多多의 글로벌 브랜드 테무는 공격적인 마케팅과 무료 배송, 초저가 상품 등을 앞세워 한국 전자상거래 시장에서 점유율을 확대하고 있다. 더구나 2024년 7월 티몬과 위메프의 정산 지연 사태 등으로 한국 중소 전자상거래 플랫폼에 대한 신뢰가 하락하면서 중국 전자상거래 플랫폼의 영향력이 커지는 것은 아닌지 우려도 증가하고 있다.

물론 중국 전자상거래 플랫폼을 통해 구입한 저가 중국산 제품의 안전성 문제, 상표법 위반, 배송 지연, 소비자 불만 접수의 어려움, 개인정보 침해 우려 등을 고려할 때 중국 전자상거래 플랫폼의 영향력 확대가 제한적일 것이라고 전망하는 시각도 있다. 한국 정부에서도 산업통상자원부, 기획재정부, 공정거래위원회, 관세청 등이 공동으로 전담팀(온라인 유통 전담 TF) 구성, 국무조정실 산하의 '해외직구 종합대책 TF' 등을 통해 대책을 마련하

---

* 방현철, "中 알테쉬, 동남아·남미 끌어들여 이커머스 시장을 美와 양분하려는 것" 조선경제, 2024.08.06., www.chosun.com/economy/economy_general/2024/07/02/EAMWYIQKTRC47J4 HHWEXEJMY6E/

286   2025 한국경제 대전망

기도 하였다.

'2025년에도 중국 전자상거래 플랫폼의 한국 진출은 계속될 것인가?'에 대해 한국 로컬 전자상거래 플랫폼, 나아가 한국의 중소 제조업체들은 어떤 체질 개선을 통해 미래 성장 동력을 확보해야 할 것인가를 고민해 보고자 한다.

| 미중 글로벌 전자상거래 플랫폼의 급성장

전자상거래 플랫폼은 기존 경제활동의 규칙을 크게 변화시키고 있다. 글로벌 리서치 전문기관 스태티스타Statista의 통계 자료에 따르면 글로벌 전자상거래 소매 판매retail e-commerce sales worldwide 거래액은 2014년 1조 3,360억 달러에서 2023년 5조 7,840억 달러로 급증하였다. 이 기간의 연평균 증가율CAGR은 17.7%에 달해 같은 기간 오프라인 소매 판매 증가율을 월등하게 앞서고 있다. 결과적으로 전체 소매 판매에서 전자상거래 소매판매의 비중은 2015년 7.4%에서 2023년 19.4%로 3배 가까이 증가하였다.

이제 전자상거래 플랫폼의 활동 공간은 국내 시장을 넘어 해외 시장으로도 빠르게 확대되고 있다. 스마트폰 앱을 통해 전 세계에서 가장 저렴한 상품을 집으로 간단하게 배송받는 유통의 혁신을 주도하고 있는 미국과 중국 "글로벌 전자상거래 플랫폼 공룡들"의 성장 속도는 두려울 정도이다. 아마존, 알리익스프레스,

테무 등의 글로벌 전자상거래 플랫폼은 전 세계적인 물류 배송 시스템, 자체 국제결제 시스템, 글로벌 브랜드 파워, 글로벌 광고 수익 모델 등의 측면에서 다른 나라들의 플랫폼을 압도하고 있다.

미국은 2000년대 초반부터 이베이^{eBay} 등의 국제 전자상거래 플랫폼을 앞세워 기업 간 전자상거래^{B2B} 시스템을 개척하였다. 온라인 서점에서 출발한 아마존은 소매 전자상거래^{B2C}, 디지털 콘텐츠, 금융, 클라우드 컴퓨팅^{AWS}, 자체적인 글로벌 배송 시스템까지 완비한 명실공히 세계 1위의 전자상거래 플랫폼이다.

이런 전자상거래 산업에서 최근 중국 전자상거래 플랫폼의 성장이 눈부시다. 중국은 전자상거래 분야에서 상대적으로 후발 주자로 출발하였지만, 엄청난 규모의 내수 시장 기반과 스마트폰 기반의 모바일 전자상거래로 단계 도약하는 전략$^{leap-frog\ strategy}$을 성공하여 최근 급성장하고 있다. 중국은 전체 소매 판매에서 온라인 전자상거래가 차지하는 비중이 2014년 10.6%에서 2022년 27.2%로 3배 가까이 증가하였다. 이는 세계 평균(18.7%)을 훨씬 상회하고 있는 수치로 가히 전 세계에서 전자상거래가 가장 발전한 국가라고 평가될 정도이다.

중국은 이러한 로컬 전자상거래의 경쟁력을 기반으로 최근 적극적으로 해외 진출을 추진하고 있다. 2023년 9월 기준 전 세계 소비자들이 '글로벌 전자상거래'로 가장 많이 이용한 플랫폼은 미국의 아마존으로 24%에 달하고 있다. 2위 알리익스프레스(16%), 3위 쉬인(9%), 4위 테무(7%)와 같은 중국 플랫폼이 그 뒤

순위	국가	점유율	국적
1	아마존	24%	미국
2	알리익스프레스	16%	중국
3	쉬인	9%	중국
4	테무	7%	중국
5	이베이	7%	미국
6	위시	3%	미국
7	잘란도	2%	유럽
8	기타	31%	기타

표 8 글로벌 전자상거래 플랫폼 점유율(2023년 9월 기준)

* 출처: Statista(2024)[*]

를 바짝 추격하고 있다. 다시 그 뒤는 미국의 이베이(7%), 위시 Wish(3%) 등이 차지하고 있다. 국제 전자상거래 플랫폼 시장에서 미국과 중국의 패권 경쟁이 매우 치열하게 진행되고 있다.

| 중국 전자상거래 플랫폼의 데이터 경쟁력

이처럼 급성장하고 있는 중국 전자상거래 플랫폼에 대한 경고는 미국에서도 제기되고 있다. 2024년 6월 미국 정치인들은 미

---

[*] www.statista.com/study/61740/cross-border-e-commerce (전 세계 41개국 3만 2,510명의 설문 응답 기준)

국에서 서비스되고 있는 중국계 전자상거래 플랫폼이 중국과 연결되어 많은 문제점(불법적인 노동 착취, 데이터 도용 등)을 야기하고 있으며, 심지어 해외 사업본부를 싱가포르와 같은 중국 이외 지역으로 이전시키면서 진실을 숨기고 있음을 지적하기도 하는 등 중국 전자상거래 플랫폼을 규제해야 한다는 논리는 끊임없이 제기되고 있다.

하지만 플랫폼은 '자발적인 참여자'들로 구성된 네트워크를 통해 경쟁력을 창출하기 때문에 단순한 규제 논리로 접근해서는 곤란하고, 그 진정한 데이터 경쟁력을 이해하는 것이 필요하다. 플랫폼 대 플랫폼의 경쟁 시대에서는 자발적 참여자들을 유인할 수 있는 지속적인 혜택을 제공할 수 있는 역량이 플랫폼의 핵심 경쟁력이 되고 있기 때문이다.

그렇다면 중국 플랫폼은 한국의 로컬 플랫폼보다 한국 소비자들에게 더 많은 혜택을 앞으로도 계속 제공할 수 있을까? 이 질문에 대한 해답에는 우선 중국과 한국의 제조업 경쟁력, 상품 재고 수준, 물가 상승률 등의 실물 경제의 요소가 중요한 변수가 될 것이다. 한국의 로컬 플랫폼들이 중국에서 저가 상품을 수입하여 이를 자신들의 플랫폼에서 판매하는 형태로는 중국 플랫폼과의 경쟁에서 승리하기 어렵다는 것은 자명하다.

하지만 이에 더해서 중국 글로벌 전자상거래 플랫폼 자체의 데이터 경쟁력 역시 그에 못지않게 매우 중요한 변수라는 것을 절대 잊지 말아야 한다. 예를 들면 인공지능을 활용하여 전 세계에서 실시간으로 진행되고 있는 엄청난 빅데이터의 거래 데이터 관리, 전 세계를 무대로 가장 효율적인 물류·배송·재고의 솔루션 데이터 도출, 광범위한 소비자 데이터에 기반한 공동체 의견 반영feedback loops 시스템을 구축하여 플랫폼의 거래 비용을 줄이거나(불성실한 플랫폼 참여자의 배제 등), 개인 맞춤형 추천 서비스와 같은 새로운 수익 모델을 도입하는 것 등이 플랫폼 데이터 경쟁력의 핵심이다.

또한 중국 플랫폼은 지난 수년간 클라우드 인프라, 네트워크, 인공지능 소프트웨어 등의 디지털 인프라 분야에서 대규모 투자를 통해 미국 플랫폼을 추격하고 있다. 스태티스타의 통계에 따르면 2021년 말 기준으로 글로벌 인프라 클라우드IaaS, Infrastructure as a Service 국가별 매출에서 중국의 비중은 16.0%로 세계 2위를 차지하고 있다. 1위인 미국의 비중(32.2%)과는 여전히 차이가 있지만 3위 독일(3.2%) 등과 비교해 보았을 때 엄청난 격차이며, 한국은 1%에 불과하다. 이러한 투자를 통해 중국의 알리바바, 징둥 등 대형 플랫폼 사업자들은 자체 클라우드 인프라 설비, 전 세계 27개 이상의 해외 데이터 센터 등을 구축하면서 글로벌 데이터 경쟁력을 높이고 있다. 반면 한국의 플랫폼 사업자들은 여전히 아마존(62%)과 마이크로소프트(12%) 등의 해외 플랫폼 사업자들의 클라우드 인프라에 의존하고 있다.

플랫폼의 데이터 관련 수익 모델에서도 중국의 변화를 주목할 필요가 있다. 한국에서는 중국 정부가 정치적인 이유로 중국 플랫폼을 규제하고 있다고 믿는 사람이 많다. 하지만 실제로는 지난 수년간 중국 정부는 플랫폼의 데이터 활용 기준, 맞춤형 추천이나 플랫폼 공정거래와 관련된 규범, 플랫폼 내 인증 관련 규제 등의 분야에서 미국 글로벌 플랫폼과의 경쟁이나 EU의 개인정보보호법 등 해외 진출에 대비한 데이터 관련 제도를 구축하여 플랫폼이 데이터를 상업적으로 활용할 수 있는 비즈니스 기반을 구축하였다. 오히려 이 기간 한국에서는 정치적인 논리로 국내 플랫폼업체에 대한 규제가 강화되었다. 이에 따라 혁신적인 플랫폼으로 주목받던 비즈니스가 갑자기 불법적인 비즈니스로 영업을 정지당하고 몇 년간의 소송 후에 합법화되는 일도 있었다(타다, 뮤직카우, 토스 등).

| 한국의 디지털 국제결제와 플랫폼 국제 경쟁력 과제

국제결제cross-border payment 영역에서도 중국 플랫폼의 혁신을 주목할 필요가 있다. 전 세계 전자상거래 웹사이트에서 가장 많이 사용되고 있는 국제결제 방식은 미국의 페이팔PayPal이지만, 중국계 모바일 국제결제 플랫폼도 매우 빠르게 발전하고 있다. 예를 들면 2022년 기준 싱가포르의 국제 전자상거래 결제에서 페이팔은 55%로 1위이지만, 2위 월드퍼스트World First(26%)와 3위 알리페이Alipay(7%)는 중국계 모바일 국제결제 플랫폼이다.* 이는 지난 수년간의 중국 정부의 노력으로 중국의 소액 디지털 국제결제 시스템이 개선된 결과이다.

반면 한국 금융사들이 국제 전자상거래 플랫폼의 국제결제에서 차지하는 역할은 미미하다. 해외 결제 수수료, 인증의 편리성, 모바일 기반의 국제결제 인터페이스 등의 측면에서 미국과 중국의 국제결제 솔루션 플랫폼에 한국 금융사들이 밀리고 있기 때문이다. 이런 상황이 지속된다면 한국의 중소기업들은 저렴한 국제결제 수수료를 앞세우는 미중 글로벌 국제결제 플랫폼에 대한 의존도가 높아질 것이고, 소비자들은 아마존, 알리익스프레스 등의 글로벌 전자상거래 플랫폼 이용을 더욱 확대하는 선택을 할 것이기 때문이다.

한국은 2017년 외국환거래법 개정으로 비은행 소액해외송금업에 대한 규제를 일부 완화하였지만, 2023년 제기되었던 디지털 국제결제 관련 외환법 개정은 여러 정치적 이슈에 밀려 제대로 논의조차 되지 못했다. 급변하는 디지털 환경에 한국 금융사들이 국제 경쟁력을 높일 수 있는 전략을 시급히 고민해야 하는 이유이다. 또한, 중국 플랫폼의 공습에 대응하기 위해서는 국내 플랫폼 업체는 디지털 데이터 관련 인프라 경쟁력을 높이고, 데이터 기반의 수익 모델을 구축하고, 혁신 친화적인 규제 환경을 조성함으로써 그들의 역량을 향상시킬 필요가 있다.

---

* www.statista.com/study/89793/cross-border-e-commerce-in-singapore

22

잘 쓰면 약, 못 쓰면 독이 되는 생성형 AI와 산업 내 적용

김준연 | 한중과학기술협력센터 센터장

| 생성형 AI의 두 얼굴, 기회인가 함정인가

2024년을 가장 뜨겁게 달군 이슈 중 하나는 바로 생성형 AI와 초거대언어모델의 혁신이 아닐까 한다. 2022년 말에 등장한 챗GPT는 2023년에 전년 대비 사용량이 두 배로 늘었고, 전 세계 지식 근로자의 75%가 사용하고 있을 정도로 확산되었다. 오픈AI의 GPT-4.0을 시작으로 구글의 바드[Bard]와 메타[Meta]의 LLaMA2까지 다양한 AI 서비스가 속속 발표되고 있는데, 이를 두고 마치 지구상에 다양한 종이 갑자기 증가하게 된 캄브리아기에 비유하며, AI에 의한 서비스의 대폭발을 전망하기도 한다.

그러나 이러한 열풍에도 불구하고 생성형 AI의 효과에 대해서는 창의적 콘텐츠 생성이 가능하고 생산성이 제고된다는 긍정적 견해가 있는가 하면, 비효율과 업무 부담증가, 다양성 감소 및 일자리가 감소한다는 부정적 견해도 있다.

골드만삭스는 생성형 AI의 등장으로 향후 10년간 전 세계 생산성이 매년 약 7%씩 증가하고 수백 가지의 새로운 일자리 범주가 창출될 것이라며 긍정적 전망을 내놓고 있으나, 비즈니스 인사이더와 같은 컨설팅기업은 96%의 경영진이 AI 사용으로 생산성이 제고될 것을 기대하며, 업무의 39%에 AI 사용을 의무화했지만 결과적으로는 AI를 사용하는 직원 중 47%는 회사가 기대하는 생산성 향상을 달성할 방법을 전혀 모른다고 답했고, 77%는 오히려 업무량이 늘었으며, 38%는 직장에서 AI를 사용해야 한다는 사실에 위압감을 느낀다는 조사 결과를 발표했다. 그럼 과연 생성형 AI를 어떻게 활용해야 생산성에 긍정적 효과를 가져올 수 있을까?

이 글에서는 잘 쓰면 약이 되고, 못 쓰면 오히려 독이 되는 생성형 AI에 대해 먼저 이 기술이 혁신을 창출하는 원리와 활용 실패 유형을 살펴보고, 우리가 AI를 보다 효과적으로 활용할 수 있는 방안에 대해서 몇 가지를 제안하고자 한다.

| 분류와 매칭에서 창작의 단계로 진화하는 AI

기존 AI는 사전에 짜여진 프로그래밍에 따라 규칙을 가지고 데이터를 분류하고 예측하며 프로그래밍된 전략 중에서 최적의 결과를 매칭(선택)하는 알고리즘이다. 일련의 작업이 순차적이고 기계적으로 진행되기에 자동화된 프로그램이고 별도의 명령과 개입이 없이도 작동하기에 지능화되었다고 한다. 애플의 시리, 아마존의 알렉사와 같은 음성 비서, 넷플릭스와 구글의 검색 알고리즘이 대표적이다. 이러한 AI는 규칙에 따라 특정 작업을 수행하지만, 새로운 것을 만들지는 못한다. 한편 생성형 AI는 입력된 자연어 정보를 벡터공간에서 거리값으로 환산해서 계산이 가능하도록 만들고, 인간의 지도학습을 통해 확률적으로 그럴듯한 결과물을 축적하도록 훈련받는다. 인간의 언어를 계산할 수 있는 생성형 AI는 방대한 양의 데이터를 학습해 얻게 된 가중치와 편향 등 추가 정보를 가지고 용도에 맞게 미세조정Fine-tuning 하는 과정을 거친 결과, 이제는 독창적이고, 창의적인 텍스트, 이미지, 음악, 심지어 컴퓨터 코드까지 생성할 수 있게 진화되었다. 전통적인 AI는 패턴 인식에 탁월하지만, 생성형 AI는 동일한 데이터를 사용하더라도 사용자의 프롬프트를 통해 완전히 새로운 결과물을 만들어 낸다. 단 몇 초 안에 수많은 디자인 프로토타입을 생성해 아이디어의 프로세스에 필요한 시간을 단축하거나 엔터테인먼트 산업에서 새로운 음악을 창작하고, 대본을 작성하거나 딥페이크를 만들어 내는 능력까지도 발휘하고 있다.

| 생성형 AI를 잘 못쓰는 세 가지 유형

사용자가 생성형 AI와 프롬프트로 소통하는 방식으로 노동이 투입되어 결과물을 창출한다는 점에서 노동을 대체하며 달성되는 종전의 생산성과 차별된다. 이렇게 사용자가 생성형 AI라는 도구로 기존 역량보다 높은 수준의 능력을 발휘하는 것을 증강augmentation이라고 하는데, 사용자의 전문성과 역량, 업종별 특성, 심지어 조직의 거버넌스가 결합되면서 역량 증강의 발현 폭과 수준이 각기 다르게 발현된다. 여기에는 만병통치의 최상의 활용방안이 없기 때문에 업종별, 기업별로 일정 정도의 시행착오와 발굴의 과정이 필요하다. 바로 이것이 기업이 스스로 풀어야 할 숙제인 것이다.

게다가 새로운 기술을 제대로 활용하기 위한 사용자의 역량, 적용 대상 업무의 세분화와 재해석, 조직적 투자, 성과측정과 적절한 보상체계 등 환경이 갖춰져 있지 않으면 사용자의 적극적인 활용을 기대하기 어렵고, 기술 도입과 확산의 기대와는 달리 오히려 생산성이 둔화되는 현상도 발생하는데, 스탠퍼드대 교수에릭 브린욜프슨^{Erik Brynjolfsson}은 일찍이 생산성의 J 커브*라는 개념으로 설명하기도 했다. 잘 쓰면 약이 되지만, 잘못 사용하면 오히려 독이 되는 생성형 AI 도입의 실패 유형은 크게 세 가지로 정리할 수 있다.

첫째, 역량 실패이다. 프롬프팅으로 대변되는 AI의 활용 능력이 사용자마다 달라서 같은 도구를 활용하더라도 협업 자체가 어려울 수 있으며, 프롬프팅 능력이 낮으면 오히려 기존의 작업 속도와 품질에 미치지 못하는 경우가 발생한다. 보스턴 컨설팅에서 진행한 실험에 의하면, 기술에 대한 불신이나 과신하는 사용자의 태도도 역량 증강에 역효과를 발생시키는 것으로 나타났으며, 조직에서 적절한 사용을 통제하지 못할 때는 상대적으로 획일적인 결과물을 창출하게 되어 조직 내 사고방식 다양성을 41% 이상 감소시킬 수 있다고 경고했다.

둘째, 적용 실패이다. 생성형 AI로 역량을 증강시키려면 이 도구를 적용할 업무에 대해서 새롭게 분해하고 정의하는 과정이 필요하다. 예를 들어 문서작업을 브레인스토밍, 초안 작성, 편집이라는 세 단계로 구분했을 때, 브레인스토밍과 초안 작성에서는 생성형 AI가 시간 단축과 아이디어 정리의 효과를 주었지만, 편집의 단계는 인간의 판단과 의사결정이라는 것이 필요해서 생성

---

* 신기술을 도입한 초기 단계에서 생산성이 둔화되는 현상. 신기술은 생산성 향상에 미치는 영향이 과소평가되거나 과대평가되는 시기를 거치게 되며, 이러한 과정을 거친 이후에야 생산성 향상 결과를 알 수 있다는 이론이다.

형 AI의 활용이 오히려 품질 저하와 비효율을 양산하게 될 것이라는 연구가 있다.

한편 창의적 콘텐츠의 생성에 대해서도 인간이 AI보다 창의적인 작품을 만들 가능성이 높을 수 있다는 연구 결과도 있다. 종합하면, AI와 인간의 협업으로 최상의 성과를 달성하기 위해서는 무턱대고 AI를 활용하기보다 업무 특성에 대한 분해와 재해석, 그리고 인간의 적절한 개입 수준을 선별하는 것이 중요하고, 이를 위해 어느 정도의 좌충우돌과 시행착오도 감수해야 할 것이다.

셋째, 보상 실패이다. 생성형 AI를 업무에 도입하더라도 시간 단축과 생산성 제고에 대한 적절한 성과측정과 조직차원에서의 보상 기제가 갖춰져야 할 것이다. 예를 들어 생성형 AI를 활용하여 기존에 며칠이 걸리던 문서 작성이나 데이터 분석을 단기간에 처리했다고 하더라도 아이디어 창출 시간과 절차 단축, 작업의 편의성과 수월성 제고 등 조직 차원의 인정과 보상이 없이 오히려 추가적인 작업이 부여된다면 업무 부담만 가중되어 결국 소극적 사용과 비효율로 귀결될 가능성이 크다.

| 핵심은 생성형 AI의 활용과 역량의 증강

국내에는 웹페이지 요약하고 번역하며, 글과 이미지를 생성해 주는 'AI 에이전트(비서)'를 개발한 스타트업 라이너가 글로벌 생성형 AI 서비스 사용량 순위에서 오픈AI의 챗GPT, 구글의 제미나이, 캐릭터닷 AI에 이어 4위를 차지했고, 네이버가 거대언어모델인 하이퍼클로바X를 일찍이 선보이기도 했으며, 해외 수요에 맞춰 다른 언어권용 모델도 맞춤형으로 개발하고 있어 어느 정도의 개발 능력을 갖춘 상황이다. 문제는 생성형 AI의 서비스 모델 개발에 있기보다 하루가 멀다하고 등장하는 다양한 생성형 AI를 실제 업무에 활용하는 역량이 핵심이다.

〈2023 국내 AI도입 및 활용현황〉에 의하면, AI 기술의 도입률 자체는 글로벌 수준과 유사하나, 인력의 전문성, 보안리스크, 기업거버넌스, 기술인프라 등이 글로벌 대비 1/3 수준이다. 한편 구글과 엑센츄어Accenture가 발표한 〈AI 마케팅 성숙도 프레임워크 AI Marketing Maturity Framework (2024)〉에서도 한국은 AI 활용으로 평가한 역량 구현도가 34%로, 아태지역 평균(38%)보다 낮았고 대다수 한국 기업(84%)이 아직 자사 마케팅 전략에 AI 잠재력을 완전히 활용하지 않는 단계라고 분석했다. 특히 경영진의 지지 부족, AI 전문 인재와 인프라 부족이 가장 큰 걸림돌로 꼽혔다. 그럼 우리가 생성형 AI를 잘 활용하고, 이를 통해 생산성을 극대화하는 방안은 무엇일까? 우선 AI를 어디에 적용할 것인가와 조직차원에서의 인식과 배려가 중요하다.

첫째, 적용할 업무를 세분화하고 정의할 수 있는 가장 작은 단위로 쪼개서 생성형 AI를 적용하는 것이 유리하다. 하버드, 워튼, 워릭, MIT, 보스턴 컨설팅 등 수많은 기관에서 이미 작업의 특성을 고려하지 않거나, AI의 능력을 넘어서 사용하면 생산성이 급격히 떨어질 수 있으며, 작업의 규모가 방대하거나 대규모 조직에서는 생성형 AI를 적용해도 생산성 향상으로 이어지지 않는다고 했다. 생성형 AI는 전체 작업을 대신하는 것이 아니라 극히 제한된 일부 작업이나 반복 작업에서 활용될 때 가치가 더 클 수 있다. 예를 들어 프로그래밍 작업에서 코드 전체를 작성하는 것보다, 작성된 코드의 일부를 최적화하거나 혹은, 일부에 대한 특정 보안성을 분석하는 것이 유리하고, 오류와 버그 식별, 테스트 문서작성과 요약 등도 매우 작은 단위의 세부 작업으로 분해해서 적용했을 때, AI의 가치가 더욱 잘 발휘된다는 것이다. 이는 생성형 AI로 도출한 결과물을 확인하고 수정하기에 작은 단위로 분해된 업무가 훨씬 더 수월하기 때문이다.

또한 기존 수치형 데이터보다 비정형 자연어 데이터의 처리에서 생성형 AI는 가치를 발휘한다. 비즈니스 정보의 80%는 주로 텍스트와 같은 비정형 형식이라 생성형 AI의 주요 적용 대상이 된다. 블룸버그도 하루에 생산되는 5천건 이상의 기사를 학습하는 생성형 AI를 개발해서 Q&A 챗봇, 금융 텍스트의 요약 및 번역, 위험거래 조기 경고 등에 활용하고 있다. 문서 초안 작성, 편집 및 요약, DB업데이트, 규정 규칙에 의한 감사, 회계지출 기록, 민원 응답 등 비정형 언어 데이터에 대한 수작업 노동을 크게 절감시키고, LLM으로 구동되는 AI챗봇은 다양한 민원에 대응해서 관련 정보를 즉시 전달할 수 있으며, 간행물, 이메일 서신, 보고서, 보도자료, 공익 광고를 작성하고 배포하는 데도 생성형AI는 효과를 발휘한다.

둘째, 선활용, 후측정의 조직문화 조성이다. 생성형 AI의 효과는 노동의 수월성, 편리성, 반복 작업의 단축, 분류와 분석의 용이성, 요약과 아이디어 창발 등 딱히 반드시 투입비용 절감과 노동 대체를 발생시키지 않지만 산업 현장에서 다양한 효과로 발현된다. AI 도입 초기에 생산성이 하락하는 것처럼 보이는 것도 효과를 측정하기에 까다로운 측면이 있기 때문이다. 기존에 며칠씩 걸리던 문서작업을 갓 입사한 신입직원이 생성형 AI를 써서 단시간에 처리했을 때, 추가로 다른 업무를 부과한다면 누구도 생성형 AI를 적극적으로 활용하지 않을 것이다. 결국 이러한 효과를 긍정적으로 인정하고 숙련의 시간까지 기다려 줄 수 있도록 C-Level(CEO, COO, CTO 등) 대상의 교육이 기술 도입 만큼 중요하며, 장기적으로는 직원들의 AI 활용 역량 강화와 병행해서 업무의 특성을 고려한 인센티브 및 적절한 보상체계를 갖춰나가야 할 것이다.

사실 한국은 디지털 우등생이다. OECD에서 실시하는 2023년 디지털정부 평가에서 2회 연속 1위, 스위스 국제경영개발원IMD의 '2023년 세계 디지털 경쟁력 평가'에서 6위를 차지했다. 새로운 서비스가 폭발적으로 등장하는 생성형 AI도 2023년 기업설문조사에서 긍정적 평가가 84%로 대체로 생성형 AI에 대한 우호적인 평가를 하고 있어 기업 차원의 후속 투자가 기대되는 상황이다. 이러한 긍정적 분위기를 살려서 다가오는 2025년에는 다양한 업무에 생성형 AI를 과감하게 적용하며 디지털 경쟁력을 강화해야 할 것이다.

경제 구조 개혁과
정책 과제

2025 지속가능 사회를 위한 핵심 정책 전망

정무섭 | 동아대학교 국제무역학과 교수

| 10년간 추락하던 출산율이 2025년부터 반등할 것인가?

한국의 합계출산율*은 2015년 이후 반등 없이 추락해서 2023년에는 0.72라는 전 세계적으로 유례없는 출산율을 기록했다. 10년째 추락하던 출산율은 2025년 드디어 반등할 것인가? 이 분야에 대해 연구나 정책 현장에서 활발히 활동을 하고 있는 서울대학교 경제학부 홍석철 교수의 전문가적 진단과 전망을 본부에서는 먼저 제시한다.

---

* 가임기 여성 1명이 가임기간(15~49세) 동안 낳을 것으로 기대되는 평균 출생아 수.

저출생 대응은 출산과 육아의 비용을 절감하는 구조 개혁뿐 아니라 가족 가치의 회복에 집중해야 한다. 경제학 관점에서 저출생의 원인을 본다면, 결혼과 출산의 비용 상승과 편익의 감소로 귀결되며 이러한 비용을 줄여주고, 편익을 올려주는 방향의 정책이 필요하다. 비용은 직접 비용인 양육·교육비와 주거비의 급격한 상승 등과 기회비용으로 여성의 출산, 육아와 직장에서의 성공이 병행되기 어려운 점 등이다. 다른 대부분 선진국과 다르게 한국만 유일하게 가족이 아닌 물질적 풍요를 삶에서 가장 중요한 가치로 꼽고 있다는 점에서 심각하게 낮은 출산의 편익 문제를 확인할 수 있다. 정부의 대응 정책은 막대한 예산 투자와 법제도 정비와 함께 자리를 잡아가고 있는 것으로 평가된다. 정부가 2024년 6월에 발표한 '저출생 추세 반전을 위한 대책'은 일·가정 양립, 양육, 주거 등 3대 핵심 분야 지원에 집중하고 특히 일·가정 양립 강화에 정책 역량을 집중한 것이 핵심이다.

2025년에도 이러한 저출생 대응 정책이 확대, 지속되면서 2025년 10년 만에 처음으로 출산율의 반등이 시작될 수 있을 것으로 본 전망 책자에서 전망해 본다. 앞으로 몇 년 사이 비용 완화 정책은 선진국 수준으로 개선될 것으로 보이지만 추락하는 가족 가치와 결혼·출산에 대한 부정적 인식을 극복하는 것이 더 중요하고 어려운 사회적 과제다. 다행인 것은 그동안 소홀히 취급되었던 가족 가치 증진과 인식 개선을 위한 정부 차원의 캠페인이 2025년 이후 대대적으로 추진될 전망이라는 것이다.

| 탄소중립보다 더 중요한 에너지 거버넌스의 세 가지 중립

저출생 문제와 함께 탄소중립 문제도 점점 더 중요해지고 있다. 이 분야 최고 전문가인 조영탁 한밭대학교 경제학과 교수의 의견과 전망을 제시하고 있다.

에너지를 둘러싼 최근의 세 가지 이슈는 원전을 포함하는 전력계획, 전기요금 문제, 전력망 문제다. 첫째, 가장 뜨거운 쟁점으로 정부가 바뀔 때마다 탈원전 혹은 원전 확대로 급변침하는 정부의 전력계획 문제다. 2025년 이후 진행될 전력계획에서 원전과 재생가능에너지 간의 균형을 지향하고 있으나 두 전원의 보급 수치를 둘러싼 이견과 갈등은 여전히 진행 중이다. 둘째, 수입 에너지의 가격급등에도 전력 요금을 억제하여 발생한 한전의 천문학적 적자 문제다. 끝나고 물가도 안정세에 접어든 지금과 2025년 전력 가격 인상이 어떻게 될 것인지 핵심 이슈다. 셋째, 우리나라 반도체 산업과 관련된 수도권 신규단지의 전력망 부족 문제를 어떻게 해결할 것인가다. 이러한 문제에 대해 조영탁 교수는 진영과 관계없는 전력계획을 수립하는 '진영 중립'과 전력

시장에 대한 정부의 개입과 정치적 통제가 과도한 문제를 해소하는 '규제 중립'과 전력망 사업을 판매와 발전 등 모든 사업자의 이해관계에서 분리하는 '전력망 중립'이 필요하다고 주장한다. 2025년도 한국경제의 탄소중립도 거창한 담론의 탄소중립보다는 전술한 '진영 중립, 규제 중립, 망 중립'을 위한 작은 발걸음이라도 내디딜 수 있는가에 좀 더 관심을 기울일 필요가 있다.

| 조세·재정 기능의 정상 작동이 지속가능할 것인가?

저출산 문제와 심화되는 양극화 문제, 그리고 우리 경제의 성장잠재력 저하 등 산적한 국가적 문제를 해결하기 위해서는 지금까지 제 역할을 못 한 재정 기능의 정상화와, 이를 뒷받침하는 재원 확보가 무엇보다 중요하다. 꾸준히 이 분야를 연구해 온 인천대 경제학과 황성현 교수의 글을 통해 살펴본다.

조세·재정 기능의 정상화를 통한 저출산, 양극화의 극복이 우리 산업을 더 발전시키고 경제를 성장하게 하는 최선의 대안이다. 세금을 더 거두어서 아이를 낳아 기르는 부담을 사회가 분담하고, 일·가정 양립을 지원하고, 사회안전망을 튼튼히 하고, 지방을 더 발전시키는 지원 등의 분야에서 재정지출을 확대해야 한다. 하지만 2024년 8월 말에 발표한 2025년도 예산안과 2024~28 국가재정운용계획을 보면, 조세부담률을 높이기 위한 정책 노력은 찾을 수 없다. 2024~28년 기간 중 조세부담률은 19% 수준인데, 이처럼 낮은 조세부담률하에서 관리재정수지 적자 비율을 3% 이내로 개선하려다 보니 2025년 총지출 증가율은 3.2%로 낮게 설정하고 있다. 이 정도 재정 규모 증가로는 우리가 당면한 근본적 문제들을 해결할 수 없다. 인구·사회 문제 극복을 위한 조세·재정 운용의 대전환이 시급한 상황이다.

| 글로벌 부유세가 실현될 것인가?

글로벌 재정 적자와 국가부채의 쓰나미 속에서 2024년 7월 G20 재무장관들이 억만장자에 대해 글로벌 부유세를 매기는 시스템 구축을 위한 국제 협력에 합의하면서 글로벌 부유세 논쟁이 거세질 전망이다. 본 부에서는 이 분야의 많은 연구와 다양한 저술 활동을 하고 있는 리쓰메이칸대 경제학부 이강국 교수의 의견을 제시한다.

G20 내 여러 유럽 국가들과 개도국들이 글로벌 부유세에 찬성하고 있지만, 가장 많은 억만장자가 존재하는 미국 정부가 반대 입장을 표명하고 있어서 국제적 합의를 이루기는 쉽지 않을 전망이다. 그럼에도 세계적으로 부와 소득의 불평등이 심화되는

현실에서 억만장자들이 다른 계층보다 훨씬 더 낮은 세율을 적용받는 불공정한 과세체계의 개혁을 위한 목소리는 계속 높아질 가능성이 높다.

| K-푸드의 과거, 현재 그리고 미래

K-푸드의 수출 연간 100억 달러 시대가 도래했다. K-푸드의 수출은 2024년 상반기 62.1억 달러로 전년 대비 5.2% 상승했다. 특히, 쌀 가공식품(떡, 김밥 등)은 41.4% 증가했고, 라면은 32.3%, 과자는 11.4%, 음료는 9.6% 등 주요 품목의 증가세는 지속되고 있다. 이러한 상황에서 본 부의 마지막은 K-푸드의 미래에 대해 이 분야의 전문가인 농협 연구소 한준희 박사의 글을 싣는다.

먹거리는 발견이다. 2025년에도 여러 K-푸드 제품들이 국제 시장에서 성공 제품으로 발견될 것이다. K-푸드의 성공에서는 해외가 놀란 것이 아니라, K-푸드를 매일 접하는 우리가 더 놀랐다는 것이다. 정부 역시 여러 정책을 통해 K-푸드의 발전을 도모하고 있다. 농산업도 반도체와 같은 수출 효자가 될 수 있다는 인식의 변화가 무엇보다 필요하다. 한국과 비교해 적은 규모인 네덜란드가 농식품 수출 강국이 된 사례를 보면 한국의 가능성도 충분하다.

23

저출생 대응, 이제는 구조 개혁과 가족 가치 회복이 중요

홍석철 | 서울대학교 경제학부 교수

우리나라는 2002년부터 합계출산율이 1.3 이하로 떨어지면서 주요 선진국 중 처음으로 초저출생 국가가 되었다. 특히 합계출산율은 2015년 이후 반등 없이 추락해서 작년에는 0.72라는 전 세계적으로 유례없는 출산율을 기록했다. 이런 추세가 계속된다면, 한 세대가 지날 때마다 출생아 수가 절반 이상 줄면서 금세기 안에 국가 소멸 위기에 직면할 수 있다는 극단적인 우려마저 나오고 있다.

일각에서는 초저출생이 지속되어 인구가 줄면 국민 삶의 질이 좋아질 수 있다고 주장하기도 한다. 최근의 출산율 추이를 반영한 통계청의 장래인구추계에 따르면, 우리나라 인구는 현재 5,100만 명에서 2070년에는 3,800만 명으로 감소하는데 이는 1980년대 초의 인구 규모와 같은 수준이다. 만약 2070년까지 지금의 경제 규모를 유지할 수 있다면 더 적은 인구가 국가 경제의 이득을 나누게 되니, 국민 삶의 질 증진은 일리 있는 주장처럼 보인다.

하지만 초저출생 문제는 인구수 감소에 따른 영향만을 의미하지 않는다. 그보다는 인구의 연령 구조 변화의 영향이 더 중요하다. 한국은 주요 선진국 중에서도 고령화 속도가 가장 빠른 국가이고 2025년에는 65세 이상 인구 비중이 20%를 넘어서면서 초고령사회에 진입하게 된다. 이렇게 초저출생과 초고령화가 맞물리면서 1980년 4%에 불과했던 고령인구 비중은 2070년에는 절반에 육박할 전망이다. 그에 반해 15~64세 생산연령인구 비중은 현재 70% 수준에서 2070년까지 46%로 급락할 것으로 예상된다.

급격한 생산연령인구의 감소와 고령화가 사회경제에 미치는 부정적 영향은 막대하다. 최근 한국경제연구원은 생산연령인구가 1% 감소하면 GDP는 약 0.59% 줄어들고, 피부양인구가 1% 증가하면 국내총생산은 약 0.17% 감소한다고 분석하였다. 또한 앞으로 예상되는 인구 연령 구조의 변화로 2050년 국내총생산은 2022년 대비 약 28.4% 감소할 수 있다는 전망을 내놓았다. 이런 상황에서 국민 삶이 더 좋아질 수는 없을 것이다. 더구나 고령인구가 급증하면서 국민연금, 건강보험 등 주요 사회 보장 지출도 비례적으로 증가하지만, 사회 보장 체계를 뒷받침할 생산연령인구가 줄면서 이들의 부양 부담도 비례적으로 늘어날 것이다.

결국 초저출생 문제는 지금까지 국가 번영에 토대가 되었던 사회경제 체계의 지속가능성을 위협하는 문제이다. 그렇지만 당장 저출생 문제가 해결된다고 지속가능성이 바로 확보되는 것은 아니다. 앞으로 30년 동안 생산연령인구와 고령인구의 변화는 정해진 미래이다. 따라서 초저출생 대응은 단순히 출생아 수를 높이려는 목표에 둘 것이 아니라, 우리 사회경제의 지속가능성을 확보하는 방향으로 집중되어야 한다.

| 결혼·출산 비용 상승과 가족 가치의 하락

청년들이 결혼과 출산을 꺼리는 것은 합리적 의사결정의 결과이다. 개인마다 처한 환경이 다르므로 결혼과 출산을 미루거나 포기하는 이유를 몇 가지로 분류하기는 어려운 일이다. 그렇지만 경제학 관점의 틀에서 저출생의 원인을 본다면, 대부분 원인은 결혼과 출산의 비용 상승과 이로부터 얻는 편익의 감소로 귀결된다.

우선 비용 상승의 대표적인 원인은 양육·교육비와 주거비 상승이다. 2021년도 보육실태조사 결과에 따르면, 5세 이하 아이의 월평균 양육비는 97만 6천 원으로 조사되었다. 이는 가구 평균

소득의 19.3%에 달하는 규모이며, 직전 조사인 2018년 평균보다 3년 사이 12.3% 증가한 값이다. 그리고 양육비에서 차지하는 비중이 높은 사교육비 규모도 최근 몇 년간 역대 최대치를 경신하고 있다. 이 같은 비용 상승은 자녀 계획을 세운 부부에게는 적잖은 경제적 부담이 되어 출산을 미루거나 포기하게 된다. 또한 결혼 준비 비용에서 절대적인 비중을 차지하는 주거비는 최근 10년 동안 큰 폭으로 급등하면서 결혼 연령이 늦춰지는 주요 원인으로 꼽히고 있다.

최근에는 직접 비용 못지않게 결혼과 출산의 기회비용 상승이 저출생의 핵심 원인으로 지목되고 있다. 기회비용은 결혼과 출산을 선택하지 않았다면 발생하지 않았을 비용을 의미한다. 청년들의 삶에서 안정적인 일자리와 소득이 중요해지면서, 결혼과 출산으로 발생하는 경력 단절과 개인 생활의 희생에 따른 기회비용이 빠르게 상승해 왔다. 특히 현대 사회에서 여성의 교육 수준, 경제활동 참여와 사회경제적 지위가 높아지면서 여성의 결혼과 출산 의사결정에서 기회비용의 영향은 더욱 커졌다. 한국의 경우, 2015년 전후로 여성의 대학 취학률과 20대 후반 여성의 고용률이 남성을 추월하기 시작했는데 2015년 이후 출산율 급락의 주요한 배경이기도 하다.

좀 더 근본적으로 결혼과 출산의 직접 비용과 기회비용의 상승은 한국이 직면한 사회경제 구조적 문제와도 밀접하게 관련된다. 한국은 짧은 기간에 산업화와 고도성장에 성공하고 경제

선진국을 이룩한 전무후무한 성과를 거두었다. 하지만 산업화의 성공 요인이었던 경쟁이 이제는 과도한 경쟁과 사교육 문제로 변질되었고, 고도성장을 이끌었던 생산적이고 효율적이었던 기업과 산업은 과거의 남성 중심의 문화에서 벗어나지 못하고 산업과 노동 시장의 이중 구조가 굳어졌다. 또한 국가 자원의 수도권 집중으로 청년들은 일자리를 찾아 지역을 떠나고 지역은 소멸 위기에 직면하는 악순환이 계속되고 있다. 이러한 구조적 문제들은 결혼과 출산이 합리적인 선택이 되기 어려운 사회경제 환경을 조성하고 있으며, 다양한 경로로 결혼과 출산의 비용을 상승시키는 배경이다.

한편 결혼과 출산의 편익 감소는 비용 상승과 사회경제 구조적 문제 때문에 발생하는 저출생 문제를 더 악화시키는 원인이다. 결혼과 출산의 편익은 가족 가치에 대한 사회 인식으로 측정할 수 있다. 2021년 미국의 퓨리서치센터^{Pew Research Center}는 한국을 포함한 17개 선진국 시민을 대상으로 '삶을 의미 있게 하는 가장 중요한 가치'를 조사하였다. 그 결과를 보면, 17개국 중 14개 국가에서는 가족을 가장 중요한 가치로 선택했지만 한국은 유일하게 물질적 풍요를 삶에서 가장 중요한 가치로 꼽았다. 과도한 경쟁 사회에서 살아남기 위해서 가족 형성을 위한 투자보다는 개인 삶, 일자리 그리고 인적자본에 대한 투자가 더 합리적인 선택이라는 사회적 인식이 반영된 결과이다. 또한 가족 가치가 회복되지 않는다면 결혼과 출산의 비용이 개선된다고 해도 초저출생 문제 해결이 어렵다는 함의가 담긴 조사 결과이기도 하다.

| 자리를 잡아가는 저출생 대책

우리나라의 저출생 문제에 대한 정책 대응은 2006년 저출산 고령사회위원회 출범과 함께 시작되었다. 지난 20년 가까이 추진된 정책의 핵심 방향은 결혼과 출산의 비용 개선에 초점을 맞춰왔다. 하지만 끊임없이 출산율이 떨어지면서 지난 18년간 380조 원에 달하는 저출생 예산을 집행했지만 효과가 없었다는 비판의 목소리가 크다. 그렇다고 저출생 정책이 의미가 없었던 것은 아니다. 2023년 기준 47조 5천억 원 규모의 저출생 대응 예산이 편성되었는데, 21.4조 원의 주거 지원(45%), 13.1조 원은 돌봄 지원(27.6%), 7조 원의 현금성 지원(14.8%), 그리고 2조 원의 일·가정양립 지원(4.1%) 등으로 구성되어 있다. 앞서 논의했던 결혼과 출산의 직접 비용과 기회비용 관련 지원이 대부분이며, 이런 정책 지원이 없었다면 출산율은 지금보다 더 떨어졌을 가능성도 크다.

그러면 막대한 예산 지출에도 불구하고 정책 효과가 없었던 이유는 무엇일까? 가장 큰 이유는 사회경제 환경의 변화에 맞춰 국가 정책이 빠르게 대응하지 못했기 때문이다. 2015년 전후 여성의 경제활동 참여 증가와 함께 결혼과 출산의 기회비용이 높아졌는데, 이에 대응하기 위해서는 일·가정 양립의 강화가 매우 중요했다. 그러나 지난 10년간 육아휴직 지원 등 일·가정 양립을 위한 정책은 전혀 정체되었고 가족 친화적 기업 문화도 개선되지 못했다. 또한 2015년 이후 집값 상승, 청년들의 수도권 집중, 과도한 경쟁과 사교육 지출이 사회적 문제로 대두되었지만, 이를 완화하기 위한 실질적인 대책도 부족했다. 다른 선진국에 비해 몇 배 빠르게 산업화에 성공했던 만큼 그 부작용도 배로 컸지만, 그 부작용을 바로 잡기 위해 신속하고 과감한 정책이 뒤따르지 못한 것은 지난 20년 동안 추진된 저출생 대응 정책의 한계이다.

정책 효과성이 낮았던 또 다른 이유는 지원 부족에서 찾을 수 있다. 매년 50조 원에 달하는 저출생 대응 예산 중 절반은 주택 구매 및 전세자금대출과 관련된 주거 지원이다. 이 같은 지원은 대부분 만기가 지나면 상환을 받는 금융 지원이다. 따라서 직접적인 지원이 제공되는 실질적인 저출생 대응 예산은 절반 정도에 불과하다. OECD는 돌봄, 일·가정 양립 및 수당 지원을 가족 지출로 분류하는데, 우리나라의 GDP 대비 가족 지출의 비중은 1.5% 수준으로 추정되며 OECD 회원국의 평균인 2% 초반에 비해 현저히 낮은 수준이다. OECD 평균 수준의 가족 지출 규모가 되려면 최소 15조 원의 지원이 부족한 것으로 평가된다. 실제로는 저출생 대응 예산이 부족한데도 낮은 출산율로 인한 정책에 대한 비판과 과도하게 부풀려진 예산 때문에 정작 필요한 정책 추진을 위한 예산 확보가 어려운 상황이다.

| 사회개혁을 통해 가족 가치 회복해야

저출생 대응에 대한 높은 비판 속에서 최근 정부 정책 방향도 변화를 보이고 있다. 변화의 핵심은 선택과 집중이다. 특히 정부가 2024년 6월에 발표한 '저출생 추세 반전을 위한 대책'은 일·가정양립, 양육, 주거 등 3대 핵심 분야 지원에 집중하고 그동안 미흡하다고 평가되던 부분들을 강화하는 진전이 있었다.

이번 대책은 일·가정 양립 강화에 정책 역량을 집중한 것이 핵심이다. 최저 임금보다 낮았던 육아휴직 급여를 인상하고, 불필요한 사후 지급금을 폐지하며, 회사 눈치 안 보고 일·가정 양립 제도를 활용할 수 있도록 절차 개선도 발표했다. 또한 중소기업의 일·가정 양립 어려움을 해결을 위해 중소기업의 대체 인력 확보와 유연 근무 확대 지원을 늘리고 동료 수당을 도입하는 것도 이번 대책에 포함되있다. 그 외에도 돌봄 공백 문제 해소를 위한 놀봄학교 조기 정착과 아이돌봄서비스 공급 확대 등 사회적 돌봄 강화 정책, 그리고 신혼·출산·다자녀 가구를 위한 주택 공급 확대와 신생아 특례 대출 소득 요건을 대폭 완화한 주거 지원 정책도 주목할 만하다.

특히 그동안 제도적 외연만 갖추었을 뿐 활용률이 낮아 문제가 되었던 일·가정 양립 제도 혁신은 여성의 사회경제 역할을 제고하고 결혼·출산·양육 친화적인 환경을 구축하는 데 기여할 것으로 기대된다. 2024년 4월과 5월에는 합계출산율이 9년 만에 두 달 연속 반등하였는데, 이는 2023년에 발표한 '6+6 육아휴직[*]' 정책과 '신생아 특례 대출' 정책의 영향과 관련된 것으로 보인다. 2024년에 발표한 대책들도 신속하게 추진한다면 향후 출산율 개선에도 긍정적인 영향을 줄 것이다.

2025년에도 비용 부담을 완화하는 정책은 더 확대될 전망이다. 우선 일·가정 양립을 위한 주요 재원이 고용보험기금이라는 이유로 고용보험 미가입자에 대한 정책 사각지대 문제가 오랫동안 남아있었으나, 해법을 찾기 위해 진행 중인 정책 연구 결과를 토대로 2025년에는 고용보험 미가입자에 대한 일·가정 양립 지원의 제도적 기반이 만들어질 것으로 예상된다. 또한 현재 0~1세에 과도하게 집중되고 7세 이후 중단되는 현금성 지원 정책도 개선이 필요하다. 현금 지원을 생애 초기에 집중하여 투입하기보다는 필요한 시점에 유연하게 활용할 수 있도록 현금 지원 통합 관리 제도의 도입 논의도 시작될 것으로 보인다.

하지만 이런 정책 확대로 비용 부담이 줄었다고 해서 반드시 결혼과 출산으로 이어지는 것은 아니다. 만약 결혼과 출산으로부터 얻는 편익이 비용 완화 속도보다 빠르게 감소한다면, 혁신적인 대책에도 불구하고 결혼과 출산 지표는 더 악화할 수 있다. 가족 친화적 사회경제 환경을 잘 갖춘 스웨덴, 핀란드 등 유럽의

---

[*] 생후 18개월 이내 자녀를 돌보기 위해 맞벌이 부모가 동시에 또는 순차적으로 육아휴직을 사용할 경우 초반 6개월에 대해 통상임금의 100%를 육아휴직급여로 지급

주요 국가들은 최근 10년 사이 가족 정책 확대에도 불구하고 출산율이 지속해서 낮아지는 문제에 직면했다. 전문가들은 청년들의 가치관 변화를 주요한 원인으로 꼽는다. 가족 형성보다 일과 개인 생활에 더 높은 가치를 두는 경향이 유럽 주요 국가에서 공통적으로 관측되고 있는데, 이런 추이가 심화할수록 결혼과 출산의 비용 완화에 초점을 둔 가족 정책의 효과는 반감할 수밖에 없다.

통계청의 〈한국의 사회동향 2023〉의 분석에 따르면, 결혼에 대한 긍정적인 20대 여성 비중은 2008년 52.9%에서 2022년 27.5%로 크게 감소했고, 20대 남성의 비율도 71.9%에서 41.9%로 감소했다. 같은 기간 30대 여성은 51.5%에서 31.8%로, 남성은 69.7%에서 48.7%로 떨어졌다. 급격한 산업화를 경험한 한국의 가족 가치관은 유럽 국가들보다 더 빠르게 약화하고 있다. 이런 상황에서 결혼과 출산 비용 완화 대책만으로는 초저출생 문제 해결에 분명한 한계가 예상된다.

정책으로 가족의 가치를 높이고 결혼과 출산에 대한 인식을 개선하는 것은 비용 완화 대책과는 차원이 다른 어려운 과제이다. 가족 가치와 인식의 하락은 단기간에 만들어진 결과가 아니며, 변화하는 사회 문화 속에서의 다양한 경험, 가족 내 경험과 세대 간 가치의 이전, 전통 가치와 교육 영향 등이 장기간에 걸쳐 사회에 축적된 결과이다. 따라서 특정 정책과 지원으로 단기간에 가족의 가치와 인식을 바꾸기는 어렵다.

하지만 그동안 소홀히 취급되었던 가족 가치 증진과 인식 개선을 위한 정부 차원의 캠페인은 2025년부터 대대적으로 추진될 전망이다. 이때 캠페인의 방향은 직접적인 출산 장려가 아니라 가족 형성이 스스로에게도 행복 증진과 자기 발전의 계기가 될 수 있다는 점에 초점을 맞춰야 할 것이다. 또한 단순히 공익광고를 넘어 방송과 미디어의 가족 친화적 콘텐츠 개발과 확산에도 정부 역할을 확대할 필요가 있다.

정부의 저출생 대응 정책은 오랫동안 사회 변화보다 뒤떨어져 왔지만, 앞으로 몇 년 사이 비용 완화 정책은 선진국 수준으로 개선될 것으로 보인다. 이제는 사회경제의 구조적 문제 해결에 팔을 걷어붙여야 한다. 과도한 경쟁, 사교육 문제, 수도권 집중, 노동시장의 이중 구조, 남녀 갈등, 가족 친화적 기업 문화, 비교 문화 등 급격한 산업화의 부작용을 바로잡지 못한다면 초저출생 문제의 해결은 요원하다. 이 같은 구조적 굴레에서 벗어나지 못하면 추락하는 가족 가치와 결혼·출산에 대한 부정적 인식은 우리 사회에 회복하기 어려운 깊이로 뿌리를 내릴 것이다. 하나같이 해법을 찾기 어렵고 사회개혁 수준의 과감한 대책과 추진력이 뒷받침되어야 바뀔 수 있는 문제들이다. 이 같은 개혁이 성공하려면 국민 지지가 중요하다. 다행히 초저출생은 전 국민이 우려하는 국가 위기 요인이며 초미의 관심을 받고 있어 사회개혁의 명분은 충분하다. 이때 출산율 개선이 사회개혁의 목표가 되어서는 안 된다. 미래 세대를 위해 더 여유 있고 공정하

고 지속가능한 사회경제 환경을 만드는 것이 목표이고, 그 과정
에서 저출생 문제는 점진적으로 개선될 것이다.

24

탄소중립에 선행해야 할
에너지 부문의 세 가지 중립 과제

조영탁 | 한밭대학교 경제학과 교수

에너지를 둘러싼 최근의 세 가지 이슈:
전력계획, 전기요금, 전력망 문제

지난 1년 남짓을 되돌아볼 때 언론에 자주 오르내렸던 에너지 이슈는 크게 세 가지다. 첫째, 가장 뜨거운 쟁점으로 정부가 바뀔 때마다 탈원전 혹은 원전 확대로 급변침하는 정부의 전력계획이다. 올 하반기에 마무리될 차기 전력계획이 원전과 재생가능에너지 간의 균형을 지향하고 있으나 두 전원의 보급 수치를 둘러싼 이견과 갈등은 여전히 진행 중이다.

둘째, 수입 에너지의 가격급등에도 전력 요금을 억제하여 발생한 한전의 천문학적 적자 문제다. 연이은 선거로 인한 정치적 부담과 가파른 물가상승으로 계속 지연된 요금 현실화가 총선이 끝나고 물가도 안정세에 접어든 지금까지 여전히 지지부진하다.

셋째, 우리나라 반도체 산업과 관련된 수도권 신규단지의 전력망 부족 문제다. 전력망 부족은 산업단지의 적기가동은 물론 재생가능에너지의 송전도 제약하여 관련 기업의 RE100^{Renewable} $^{Energy\ 100}$* 달성도 어렵게 한다. 앞의 두 가지 문제에 비해 사회의 주목은 덜 받았지만, 전력망 부족 문제는 후술하듯이 특정 산업단지 문제를 넘어 향후 우리나라 탄소중립의 가장 큰 장애요인이다.

이상 세 가지 이슈는 무탄소 에너지 보급을 위한 '전력계획', 사회적으로 민감하면서도 탄소중립에 중요한 전력 요금 결정의 '전력시장', 전력공급의 필수 인프라로서 '전력망'에 관련되는 것으로 우리에게 주어진 당면 현안이면서 중장기적인 탄소중립 구현에 중요한 세 가지 핵심과제이기도 하다. 우리나라를 포함하여 모든 국가의 에너지 계획에 일관성과 신뢰성이 있고 전력 요금을 포함한 전력시장이 공정하고 합리적이어야 수요자의 수요 절약과 공급자의 무탄소 발전설비 투자 그리고 전력망의 안정적 확보가 가능하기 때문이다.

하지만 우리나라의 전력계획, 전력 시장, 전력망 상황은 다른

---

* 기업이 사용하는 전력의 100%를 재생가능에너지로 조달하는 것.

OECD 국가에서는 찾아볼 수 없을 만큼 매우 특이한 관계로 탄소중립 달성에 한층 더 불리한 제약을 안고 있다. 지난 십여 년 동안 역대 정부들이 탄소 감축을 위한 과감한 정치적 의제에 도전적인 온실가스 감축목표까지 국제 사회에 약속하고 추진했지만, 기대만큼 성과가 나타나지 않고 오히려 우리나라가 OECD 국가 중에서 가장 지지부진하다는 평가를 받는 것 역시 이들 세 가지 측면의 특이한 제약조건과 무관하지 않다. 이하에서는 이슈별로 구체적인 상황을 진단하고, 한국경제의 탄소중립에 선행해야 할 이슈별 중립 과제들을 차례로 살펴보기로 하자.

| 정부 계획의 성격 전환과 '진영 중립'

우리나라는 정부 주도로 거의 20년 기간에 걸친 전력계획을 2년마다 수립하고 있다. 과거 개도국 시절에는 급속한 경제 성장에 필요한 전력을 안정적이고 저렴하게 공급하기 위해 건설에서 가동까지 10년 내외가 소요되는 원전이나 석탄발전을 정부가 미리 계획하고 공기업이 그 실행을 담당하는 방식이 효과적이었다. 하지만 이러한 계획방식은 탄소중립과 4차 산업혁명으로 인한 급속한 에너지기술 및 설비변화 그리고 이미 개도국을 벗어나 선진 OECD 국가로 발돋움하는 우리 상황에 적합하지 않고 오히려 사회적 갈등과 부작용을 유발하고 있다.

우선 거의 20여 년에 걸치는 장기 수요 전망이 어려워졌다. 과거에는 경제 성장 추세요인에 따라 어느 정도 예측이 가능했지만, 최근 탄소중립으로 난방, 자동차, 공장에서 사용되는 화석연료가 점차 무탄소 전력으로 전환하는 추세고, 4차 산업혁명의 인공지능 및 데이터센터 증설로 급격한 신규 수요까지 예상되는 등 장기 전망 자체가 무의미할 정도로 불확실해졌다. 여기에 급격한 수요변동을 유발하는 예측불허의 이상기온까지 가세하고 있다. 수요 전망만이 아니라 설비공급 계획도 불확실하게 되었다. 탄소중립으로 증가할 재생가능에너지(태양광, 풍력 등)나 소형원전SMR은 전통 설비인 대형원전이나 석탄발전과 달리 여건만 되면 단기간에 건설할 수 있기 때문에 어느 지역에 얼마만큼 설비가 언제 들어설지 사전에 가늠하기 어렵다.

1년 이후의 경제 상황도 예측하기 어려운 마당에 거의 20여 년에 걸친 연도별 전력수요를 예측하고 전원별 공급 수치까지 결정해서 수급을 맞춘다는 것이 사회주의 계획경제에서조차 어려운 일이다. 이러한 상황변화로 인해 오래전부터 우리나라 전력계획의 실현 가능성은 점점 낮아지고 있으며, 설상가상으로 역대 정부가 이를 진영 편향적으로 특정 설비(원전 혹은 재생가능에너지)를 무리하게 반영하는 정치적 수단으로 사용하여 그 신뢰성마저 의심받고 있다.

지난 10여 년간의 원전 올인과 탈원전이란 극단의 정책 혼선과 사회 갈등은 바로 이 전력계획상 수치를 둘러싸고 발생한 일이다. 백년대계의 에너지 계획을 5년 임기 정부가 정치적으로 결정하고 정부 교체기마다 급격하게 바꾸는 것은 합리적이지도 않고 긴 호흡이 필요한 탄소중립에도 도움이 되지 않는다.

이 문제의 해결방안은 현재의 전력계획을 '수치확정적 성격(plan)'에서 대다수 OECD 국가처럼 탄소중립에 이르는 3~4개의 시나리오를 보여주는 '미래전망적 성격(outlook)'으로 전환하는 것이다. 이를 통해 특정 설비에 대한 진영 편향을 제거하고 미래의 다양한 탄소중립 옵션을 열어두면 정책 혼선이나 소모적 정쟁을 줄이면서 정부 계획의 일관성과 신뢰성도 제고할 수 있다. 이처럼 계획의 성격을 장기 목표하의 다수 시나리오 전망으로 전환하여 '전력계획상 진영 중립'을 달성하는 것이 한국경제의 탄소중립에 선행해야 할 첫 번째 과제다.

| 전력시장의 활성화와 '규제 중립'

탄소중립을 위해서는 전망적 성격의 시나리오와 함께 이를 현실에서 구현하기 위한 공정하고 합리적인 전력 시장이 필요하다. 모든 산업이 그렇듯이 탄소중립을 구현할 전력 시장이 공정하고 활성화되어야 주어진 장기목표를 달성하기 위해 다양한 참여자들이 제각기 방식으로 탄소 감축과 관련 기술혁신에 노력하고 그 정당한 대가를 시장에서 보상받을 수 있기 때문이다. 그 과정에서 탄소중립에 이르는 우리나라의 현실적인 시나리오가 구체화될 것이다. 하지만 우리나라는 전력계획과 마찬가지로 전력시장에 대한 정치적 개입과 통제가 과도하다.

우선 이런 시장구조하에서는 원가 이하의 낮은 전력 요금이 지속될 수밖에 없고 이에 익숙해진 가계나 기업 등 수요자들은 앞으로도 그 기조가 유지될 것으로 기대하기 때문에 탄소중립에 필수적인 수요 절약 및 이에 필요한 관련 투자를 하지 않는다. 국제에너지 가격이 폭등하는 상황에서 저유가 시절의 요금을 유지하면 탄소중립은 물론 수요 절약을 통한 단기 수급 대응도 어렵다. 또한 공급원가조차 제대로 받지 못하는 전력 시장에서는 탄소중립을 위한 공급사업자들의 적극적인 설비투자와 기술개발도 기대하기 어렵다. 화력발전에 의한 공급원가도 보상받지 못하는 상황에서 더 높은 공급 비용이 수반되는 저탄소 혹은 무탄소 전력공급을 확대한다는 것은 보상이 아니라 그만큼 더 적자를 떠안는 일이기 때문이다. 최근에 논란이 된 한전 부채비율 500%와 누적적자 200조는 그 당연한 결과다.

이처럼 전력 요금 등 시장통제가 지속되는 이유는 여러 가지가 있지만 가장 중요하고 근본적인 이유는 한전이 전력 시장의 판매사업을 독점하고 있기 때문이다. 어떤 산업이든 독점 시장에서는 수요자 보호나 독점사업자의 횡포 방지를 위해 정부가 시장에 개입할 수밖에 없다. 이로 인해 정부의 전력 시장 개입은 불가피하게 되고 전기요금을 시장이 아니라 정부가 직접 결정하는 구조가 지속된다. 이런 구조하에서는 어떤 정부가 들어서든 전력 요금 결정은 정치적 민감 사항일 수밖에 없고 먼 미래의 탄소중립보다는 눈앞에 닥친 선거와 지지율을 더 중시할 수밖에 없다. 물론 정부가 정하는 요금이 원칙상 공급원가는 최소한 보장하게 되어 있다. 하지만 전술한 한전의 부채와 적자는 원칙이 아닌 우리의 현실을 그대로 보여주고 있다.

이 문제의 해결방안은 대부분의 OECD 국가에서처럼 전력 판매를 다양한 사업자들에게 개방하여 활성화하고 전력 요금은 정부와 독립적인 제3의 중립 기구의 규제하에 전력시장에서 공정하고 합리적으로 결정하는 것이다. 물론 이 과정에서 상황에 따라 불가피하게 저소득층, 열악한 자영업자 및 중소기업의 경제적 부담이 생길 수 있다. 이에 대해서는 정부 재정에 의한 직접 보조로 대응하는 것이 바람직하다. 이를 자칫 전력시장의 자유화 혹은 자유방임으로 오해하기 쉬운데, 이는 전력시장에 대한 자의적인 정치적 통제를 탄소중립과 분배 형평성을 고고려한 합리적 규제로 전환하여 시장규제의 공정성과 공공성을 강화하는 것이다. 또한 이 방안은 탄소중립을 위한 요금 현실화의 필요성을 인지하면서도 정치적 부담으로 이를 제대로 실행하지 못하는 정치권의 고충을 덜어주는 길이기도 하다.

만약 이러한 방안을 당장 실행하기 어렵다면 정부 부처 내에서라도 별도의 전문위원회를 두어 과도기적 역할을 부여하는 방안을 생각해 볼 수 있다. 현재 정부 부처에서도 별도의 전문위원회를 두어 중립적인 의사결정을 하는 경우가 있어서 단기간 내에 실행 가능한 방안이라 생각된다. 이처럼 경직적인 시장 구조를 개혁하고 전력시장의 정치적 통제를 중립 기구의 공적 규제로 전환하는 '전력시장의 규제 중립'이 한국경제의 탄소중립에 선행해야 할 두 번째 과제다.

| 안정적인 전력망 확보와 '망 중립'

전력계획이나 전력요금 이슈만큼 주목받지 못했지만, 최근의 전력망 부족 문제는 향후 한국경제의 탄소중립에 가장 중요한 과제이자 큰 애로 요인이다. 무탄소의 전력을 아무리 생산해도 이를 대도시와 산업단지로 보낼 수 있는 송전망이 없으면 수급 안정은 물론 탄소중립도 불가능하기 때문이다.

현재 우리나라의 전력수요는 수도권에 집중되어 있고 원전, 석탄발전과 같은 대규모 공급설비는 모두 수도권에서 먼 지역에 있어서 장거리 송전망을 통해 수도권으로 공급하고 있다. 하지만 지금도 장거리 송전망이 부족하여 강원 및 중남부지역 그리고 제주지역의 일부 발전기는 제대로 가동하지 못하고 있다. 문제는 앞으로 우리나라를 포함하여 대부분 국가에서 탄소중립과 4차 산업혁명으로 전력수요가 급증하여 현재의 2배 내외로 증가할 가능성이 높다는 점이다. 설상가상 우리나라는 탄소중립으로 증가할 재생가능에너지 설비나 신규 원전도 건설 비용이나 주민 수용성 문제 등으로 모두 수도권에서 멀리 떨어진 곳에 들어서고 있어서 수도권으로 향하는 장거리 송전망 부족이 악화일로에 있다. 최근에 불거진 수도권 산업단지의 전력망 부족과 공급 불확실성은 그 예고편에 불과하다.

이 문제의 해결방안은 크게 두 가지다. 하나는 수도권에 들어설 대규모 수요처나 산업단지를 발전설비들이 들어설 지역으로 내려보내는 수요 분산과 그 반대로 무탄소 발전설비는 가능한 수도권에 입지하도록 유인하는 설비 분산을 통해 송전망의 추가 건설을 최소화하는 방법이다. 이를 위해 여러 가지 조치들이 필요하지만, 그 첫걸음은 바로 지역요금제, 즉 수도권 수요자와 비수도권 발전기에는 경제적 불이익을 주고, 비수도권의 수요자와 수도권 발전기에는 경제적 이득을 주도록 전력시장의 요금체계를 개편하는 것이다. 그것이 수요자든 공급자든 지역별로 발생하는 원가 차이를 반영하는 공정한 시장가격이기도 하다. 동일한 제품도 운송 거리와 비용에 따라 가격이 다르고 자동차 기름값도 지역별로 다른 것과 같은 이치다.

기피 시설인 발전설비와 송전망을 떠안은 채 발전한 전력을 수도권으로 보내는 비수도권과 그 반대의 혜택을 누리는 수도권을 동일하게 취급하는 것은 사실상 비수도권에 대한 역차별이라고 할 수 있다. 그럼에도 지역별 차등 요금이 어려운 이유는 전술한 바와 같이 정부가 사실상 요금을 결정하는 상황에서 지역별 요금 차등이 유발할 정치적 부담(특히 수도권 지역의 반발) 때문이다. 앞에서 언급한 전력시장 개혁이 전력 요금이나 규제의 정상화만이 아니라 전력망 부족 문제 해결을 위해서도 필요한 또 다른 이유다.

둘째, 이렇게 수요 및 설비 분산을 유도하더라도 수도권 중심의 우리나라 경제 구조상 불가피하게 지역에서 수도권으로의 장거리 송전망 확충은 불가피할 것으로 판단된다. 문제는 이를 담당하는 한전이 천문학적 적자구조하에서 전력망 확충에 필요한 60조 원 내외의 재원을 감당할 수 있느냐는 점이다. 재원 마련과 함께 판매 사업과 전력망 사업에 발전자회사까지 소유하고 있는 복잡한 내부 이해관계의 연합인 한전 체제하에서 하나의 내부 부서로서 송전사업부가 전력망 확충에 전사적 명운을 걸고 매진할 수 있느냐는 점이다.

한전의 재무 여건이나 내부 이해관계보다 더 중요한 점은 전력망 사업의 중립성 문제다. 전력망을 어디에 언제 건설하고 어떻게 운용하는가는 한전을 포함한 모든 전력 관련 사업자들에게는 사활이 걸린 문제이다. 굳이 경제학 이론을 언급하지 않더라도 전력망처럼 모든 수요자나 공급자가 공통으로 이용하는 플랫폼, 즉 자연독점의 네트워크(전력망, 가스망, 철도망 등)는 모든 사업자의 이해관계와 중립적인 기관이 담당하는 것이 상식이자 원칙이다. 판매에서 발전자회사까지 전력산업의 모든 영역에서 사업을 영위하는 한전이 전력망 사업까지 담당하는 것은 아무리

공기업으로서 공정성을 천명하더라도 제3의 사업자들에게는 '팔이 안으로 굽는다'라는 오해를 유발하고 또 현실에서 그런 논란들이 다수 발생하고 있다.

이 문제의 해결방안은 한전 내부의 송전사업부를 별도의 공기업(가칭 '한국전력망공사')으로 분리·설립하여 판매와 발전 분야의 모든 전력 사업자의 이해관계에서 벗어나게 하는 것이다. 이렇게 신설된 공사는 한전의 재무제약이나 이해관계에서 벗어나 탄소중립의 핵심과제인 전력망 확충에 매진할 수 있다. 이 역시 전력망 사업의 공정성과 공공성을 강화하는 것으로 오래 전부터 대부분 OECD 국가에서는 이미 일반화되어 일반화되어 있다. 그럼에도 여건상 당장 실현이 어렵다면 한전 내부의 송전사업부를 한전의 자회사 형태라도 분리하는 과도기적 조치도 생각해 볼 수 있다.

이와 함께 과거 밀양 송전망 갈등 사례처럼 전력망 추가건설의 또 다른 걸림돌은 지역주민의 수용성 문제다. 이에 대해서는 전력망 건설에 따른 지역주민의 유무형 피해보상을 제대로 해줄 수 있는 특단의 지원대책이 필요하고 현재 정부가 이를 준비 중이다. 이처럼 수요 및 설비분산과 함께 전력망 사업을 전담할 별도의 공기업을 설치하여 전력망 사업을 판매와 발전 등 모든 사업자의 이해관계에서 분리하는 '전력망 중립'이 한국경제의 탄소중립에 선행해야 할 세 번째 과제다.

| 탄소중립보다 중요한 세 가지 중립과제와 향후 전망

전술한 바와 같이 최근의 세 가지 이슈와 관련된 전력계획, 전력 시장, 전력망은 우리나라를 포함한 모든 국가의 탄소중립의 핵심과제다. 대부분의 OECD 국가들은 전술한 세 가지 측면의 중립성을 기반으로 하여 탄소중립의 속도를 낼 수 있었다. 따라서 다소 늦은 감은 있지만 우리나라도 이들 과제를 하나씩 해결하면서 탄소중립을 추진할 필요가 있다. 우선, 전력계획의 경우 올 하반기에 마무리될 전력계획은 1년 이상의 준비 기간을 거쳐 이미 하나의 가안으로 최근 발표되었고, 이를 둘러싼 또 한 번의 논란이 예상된다. 다만 현재 전력계획의 문제점과 부작용이 사회적으로 점차 인지되고 있어서 이번 논란을 거치면 계획의 성격 전환이 더 설득력을 얻을 가능성이 높다.

둘째, 전력 시장 개혁의 경우는 판매 시장 개방은 워낙 오래된 문제여서 다소 시간이 걸릴 것으로 예상된다. 다만 전력 요금에 대한 정부의 통제는 전술한 과도기적 방안이 공식적으로 검토된 적이 있으나 최근 동력을 상실한 상태다. 한전의 적자 문제 해결은 물론 탄소중립을 위한 전력시장의 규제개혁 필요성은 모두 인식하고 있어서 정치적 불확실성은 있으나 이에 대한 논의와 필요성은 지속될 가능성이 높다.

끝으로 전력망 문제는 별도의 공사설립이나 자회사 방식은 다소 시간이 걸릴 것으로 전망된다. 지역요금제의 경우 정부가 최근 관련법을 통해 '지역요금제를 할 수 있다'라는 다소 진전된 입장을 표방했으나 원론적 수준이어서 실행 여부는 여전히 불투명하다. 다만, 최근 비수도권 지자체의 지역 요금제에 대해 관심이 높아지고 있고 전술한 시장규제의 변화가 발생하면 추진 동력이 발생할 가능성이 있다. 한편 전력망 건설의 주민 수용성 제고를 위한 특별지원책은 현재 여야 간의 정쟁으로 논의가 중단된 상태다. 하지만 여야가 선호하는 전원은 다르지만 전술한 바와 같이 이들 모두 전력망 부족이라는 동일한 제약조건을 안고 있어서 어떤 형태로든 실현될 가능성이 높다.

이상 세 가지 중립 과제의 해결 여건과 소요 시간상 다소 차이가 있지만 이들 과제를 어떤 방식으로 빠르게 실행할 것인가에 따라 한국경제의 탄소중립 추세가 좌우될 가능성이 높다. 그런 의미에서 2025년 한국경제에도 거창한 탄소중립 담론보다는 '진영 중립, 규제 중립, 망 중립'을 위한 작은 발걸음이 훨씬 더 중요하다.

25

조세·재정 운용의 진단과 정책 과제

황성현 | 인천대학교 경제학과 교수

조세·재정 운용, 나라 살림이라 하면 우리 삶과 별 상관없는 일처럼 느껴지기도 하겠지만 한 국가의 조세·재정 정책이 개인의 삶과 경제·산업 활동에 미치는 영향은 막대하다. 2024년에 중앙정부에서만 연간 656.6조 원을 지출하니, 이보다 더 막강한 경제정책 수단을 찾기 어렵다. 저출산, 고령화, 양극화, 성장잠재력 저하로 요약되는 한국경제의 구조적 문제들을 해결하는 데 있어 조세·재정정책은 핵심적인 역할을 해야 한다.*

---

* 이 글은 최근의 조세·재정 운용을 중심으로 황성현 저, 《한국의 재정: 시장의 힘, 정부의 지혜》(도서출판 해남, 2024)의 주요 논지를 정리한 것이다.

| 재정 기능과 규모의 평가

우리나라는 정부 수립 이래 재정 규모 면에서 늘 작은정부를 운용해 왔다. 재정 규모의 상대평가를 위해서는 국제 기준의 일반정부(중앙정부+지방정부+각각의 비영리 공공기관) 기준에 의한 평가가 필요하다. 일반정부 재정지출 규모의 GDP 대비 비율은 2019년에 31.9%였고, 코로나19 이전 시기에 30% 내외 수준을 유지했다. 2020년 이후 문재인 정부의 확장적 재정 정책이 시행되고, 코로나 대응 재정지출이 늘면서 이 비율은 2021년에 35.3%, 2022년에 38.0%(한국은행의 2022년 공공부문 계정)까지 높아졌다(이 글의 모든 GDP 통계는 2020년 기준 신계열 통계임). 그러나 이 비율은 2022년에 이례적으로 높았던 것이고, 2023년 이후 다시 상당 폭 낮아질 것이다. 2023년에는 추경 없이 대규모 세수 결손으로 중앙정부 재정 집행액이 전년보다 69.3조 원이나 줄었고, 2024년과 2025년의 총지출 증가율은 각각 2.8%와 3.2%로 크게 낮아졌기 때문이다.

따라서 최근 우리나라 일반정부 재정지출의 GDP 대비 비율은 30%대 중반 수준이고, 이 비율의 OECD 평균은 2019년 40.8%, 2021년 46.1%, 2022년 43.3%로, 40%대 초·중반 수준이다. 우리와 OECD 평균의 격차는 2021년 10.8%p, 2022년 5.3%p이다. OECD 평균과의 격차는 정부 수립 이래 과거에는 더 컸고, 2022년에 이례적으로 줄어서 5.3%p였다. 2023년 이후의 재정 규모 격차는 재정 기조가 바뀌지 않는 한 다시 이보다 커질 것이다.

이렇게 우리가 작은정부를 운용해 온 결과는 각종 인구·사회 문제의 심화와 국민 삶의 질 저하로 요약할 수 있고, 이것이 우리가 현재 직면한 구조적 문제들의 본질이다. 우리는 세계 최저의 출산율(2023년 0.72명)과 세계에서 가장 빠른 고령화를 겪고 있다. 일·가정 양립을 위한 지원이 부족하고, 여성의 경제활동 참가율은 여전히 낮다. 조세·재정에 의한 소득재분배 기능은 OECD 국가 중 최하 수준이다. 최고의 노인빈곤율(2022년 38.1%)과 자살률(2021년 인구 10만 명 당 26.0명) 등 각종 사회지표가 OECD 국가 최하 수준의 상태를 지속하고 있다.

국민이 행복하지 않고, 아이 낳아 기르기 너무 힘들고, 그래서 인구소멸의 길로 가는 문제는 지금까지 너무 많은 것을 개인과 시장에게만 맡겨 왔기 때문에 초래되고 심각해진 문제들이다. 그러니 이런 인구·사회 문제들을 극복하기 위해 재정 기능을 정상화하는 것이 더 성장하는 방법이기도 하다. 지금까지 오랫동안 운용한 작은정부의 부작용을 객관적으로 인식해야 한다. 현 상황에서는 저출산, 양극화를 극복하기 위한 재정의 역할 강화가 필요하다. 더 성장하기 위해서도 효율적 자원배분과 공평한 분배를 이루는 재정 본연의 기능은 강화되어야 한다.

| 재정건전성 유지의 필요성

재정건전성은 재정수지 적자와 그 결과 누적되는 국가채무 규모로 파악할 수 있다. 재정건전성은 단기적으로 재정이 거시경제 안정에 미치는 영향 면에서 중요한 의미가 있다. 일반적으로 재정적자가 커지면 이자율이 올라 민간투자에 악영향을 미치고 (구축효과), 이를 막기 위해 통화량이 증가할 경우 물가상승을 가져올 수 있다(재정적자의 화폐화). 재정건전성은 중장기적으로 재정에 대한 신뢰와 국가신인도에 영향을 미치고, 무엇보다 재정건전성이 악화하면 재정의 지속가능성을 저해한다.

우리나라는 전통적으로 재정을 건전하게 운용해 왔지만, 최근에 재정건전성이 악화하고 국가채무가 빠른 속도로 증가하고 있어 주의가 요구된다. 최근 문재인 정부 이후에 국가채무가 급증했다. 문재인 정부는 증세를 위한 정책 노력은 부진한 상황에서 일부 코로나19 대응 요인도 있었지만, 상당히 급격한 재정지출 증가를 통해 큰 폭의 재정수지 적자를 시현했다. 문재인 정부가 예산을 편성한 두 번째 해부터 다섯 번째 해까지, 즉 2019~2022년 기간에 관리재정수지 적자의 GDP 대비 비율은 각각 2.7%, 5.4%, 4.1%, 5.0%였다. 우리는 이런 수준의 재정적자를 외환위기나 글로벌 금융위기 때의 한두 해를 제외하고 경험한 적이 없었다.

그 결과 국가채무의 GDP 대비 비율은 2017년에 34.1%에서

2022년에 45.9%로 5년간 11.8%p나 높아졌다. 문재인 정부 5년 간 국가채무는 407.2조 원 증가했다. 윤석열 정부 들어서 총지출 증가를 억제하는 재정 긴축에도 불구하고, 관리재정수지 적자 비율이 2023년에 3.6%로 여전히 높고, 국가채무도 빠르게 증가 하고 있다.

　재정 본연의 기능을 강화하기 위해 재정지출을 확대하는 과 정에서 재정건전성은 반드시 지켜야 한다. 소규모 개방경제에서 고령화와 통일 등에 대비하고, 외부 충격에 대한 안전판을 강화 하기 위해 재정건전성은 유지되어야 한다. 그간 우리가 재정건 전성을 지켜 온 것이 경제 운용의 중요한 장점으로 작용해 왔고, 재정건전성은 거시경제 안정의 근간이었다. 재정건전성은 국가신 용도를 유지·개선하기 위해서도 중요하다. 우리가 일본보다 국가 신용도가 높은 것은 재정이 건전하기 때문이다. 외환위기, 글로 벌 금융위기를 극복하는 데 재정이 적극적 역할을 할 수 있었던 기반은 재정건전성이었다.

　지출 혜택의 세대 간 공평한 부담 면에서도 과도한 재정적자 의 사용을 지양해야 한다. 복지혜택은 현세대가 누리고 그 부담 은 미래 세대가 부담한다면 이는 매우 불공평한 것이다. 국가채 무를 탄력적으로 사용할 수 있으나, 이의 급격한 누증 문제와 그 부작용(이자율 상승, 인플레이션, 국가신용도 하락, 자본유출 등)에 보 다 주의를 기울여야 한다. 무엇보다 우리가 직면한 문제들은 저 출산, 고령화, 양극화 등 구조적 문제로, 재정건전성이 유지되어야 이러한 문제들에 대처하는 '지속적인 재정 기능의 작동'이 가능하다.

| 조세부담률을 높이는 증세 기조로의 전환

우리가 상대적으로 작은 재정 규모를 유지하고 있음에도 불구하고 재정건전성이 악화하고 있는 주된 요인은 총체적인 세 부담 수준을 보여 주는 조세부담률(조세수입/GDP)을 낮게 유지하는 조세 정책의 실패에서 찾을 수 있다. 우리나라 조세부담률은 2000년대 초반에는 16~17%대 수준을 보였고, 참여정부 말인 2007년에 18.1%까지 높아졌다.

이명박 정부는 강력한 감세 정책을 정권의 대표 정책으로 추진했다. 2008년의 세제개편안에서 소득세, 법인세 세율을 인하하고 종부세 등을 완화하는 감세 정책을 시행했는데, 이는 고령화 등으로 복지 등 재정수요가 빠르게 늘고 있는 상황에서 조세부담률을 낮추는 거꾸로 가는 정책이었다고 판단한다. 이후 박근혜 정부의 '증세 없는 정책'이 시행된 결과 조세부담률은 2014년에 16.3%까지 낮아졌고, 참여정부 말의 수준을 회복한 것은 문재인 정부 첫해인 2017년(17.9%)이었다.

그런데 문재인 정부의 증세를 위한 정책적 노력은 미약했다. 집권 첫해인 2017년에 전년 대비 5.5조 원 규모의 소위 '핀셋 증세' 이후, 2018년에는 −2.5조 원 규모의 감세안을 발표했다. 이는 이명박 정부 감세 이후 10년 만의 감세안이었고, 그 규모는 크지 않았지만 진보 정권의 감세라는 점에서 납득하기 어려운 정책 결정이었다. 2019~2021년 세제개편안에서는 모두 세수 중립적인 개편안을 발표했다. 2020년 이후 부동산 가격 급등에 대처하기 위한 부동산세제의 강화를 제외하면 문재인 정부의 증세 노력은 미약했다.

윤석열 정부에서는 다시 감세 기조가 이어지고 있다. 집권 첫해인 2022년 세제개편에서 법인세율 인하, 소득세 및 종부세 완화 등을 통해 전년 대비 −13.1조 원의 감세안을 발표했다. 2024년 세제개편안에서는 상속·증여세 최고세율을 40%로 인하하고, 금융투자소득세를 폐지하는 등 전년 대비 −4.4조 원의 개편안을 발표했다. 윤석열 정부는 건전재정 기조를 강조하면서도 동시에 여러 가지 감세 정책을 추진하고 있다.

이런 정책 기조 속에서 2020년까지 조세부담률은 조금 높아져서 18.8% 수준을 유지했다. 이후 2021년과 2022년에는 조세부담률이 각각 20.6%와 22.1%로, 사상 최고 수준으로 높아졌다. 이때 조세부담률이 급등한 것은 정부의 세제개편 등 정책적 노력의 결과가 아니라, 부동산과 주식 등 자산 시장의 활황, 그리고 코로나19 이후 기업 실적의 큰 폭의 개선 등에 기인한 것으로, 정부도 예상하지 못한 초과세수가 대규모로 발생한 결과였다.

이후 2023년에 국세 수입 실적이 전년 대비 51.9조 원이나 감소한 것은 부동산 시장 등의 거품이 꺼지고 기업 실적이 다시 나빠진 결과로, 2022년의 22.1%라는 조세부담률이 '일시적'으로 높아진 결과라는 것을 보여 준다. 지방세 실적이 아직 발표되지 않았으나, 부동산 경기 하락 등을 감안하면 2023년의 조세부담률은 19%대 중·후반 수준으로 전망된다. 정부의 2024년도 조세부담률 전망치는 19.1%이다. 최근의 우리나라 조세부담률 수준은 2021년의 OECD 평균인 25.2%보다 낮은 19%대 수준이다. 우리는 조세부담률을 늘 낮게 유지했고, 과거의 격차는 더 컸다.

세금을 걷는 첫 번째 목적은 재원을 조달하는 국고적 목적이다. 이렇게 낮은 세 부담으로 건전재정을 유지하면서 저출산, 고령화, 양극화에 대응하고, 성장잠재력을 높이며, 안보태세를 군건히 할 방법은 없다. 이제 조세 정책 기조를 조세부담률을 높이는 증세 기조로 전환해야 한다. 조세부담률을 높이지 않으면 재원 부족으로 당면한 문제는 더 심각해지고 경제·재정 상황과 국민 삶의 질은 더욱 나빠질 것이다. 재정적자를 늘려 복지 등 재정 확대를 하자는 것은 '저부담, 고복지'를 하겠다는 원칙 없는 정책이다. 흔히 증세가 경기에 미치는 악영향을 걱정하는데, 증세를 통한 재정 확대도 단기적으로 확장적 정책이다(균형재정승수 = 1). 늘어난 세수로 재정지출을 확대해서 재정건전성을 유지하면서 저출산, 고령화, 양극화 등의 문제를 해결해 나가고, 우리 경제의 성장잠재력을 높이고, 사회안전망을 제대로 갖추는 것이 기업 하기 좋은 환경을 만드는 것이다.

우선 중기적 시계에서 조세부담률·국민부담률을 OECD 평균 수준으로 제고하는 정책을 시급히 추진해야 한다. 장기적으로는 조세부담률이 OECD 평균을 상회하는 것이 불가피할 것이다. 증세를 추진하는 과정에서 새로운 경제·사회 환경에 맞는 정부 기능의 재정립과 정부조직 개편 및 재정개혁을 추진해야 한다.

| 문제 해결의 대안: 조세·재정 기능의 정상화

1960년대 이후의 본격적인 경제개발 이래 우리 성장전략은 기본적으로 불균형·불평등 전략이었다. 그 불가피성은 어느 정도 인정되나, 그 과정에서 누적된 구조적 문제들의 폐해를 인정하고 바로잡아야 한다. 고도성장의 이면에서 대기업·재벌 중심의 경제체제와 정경유착·관치금융의 문제 외에도, 반복된 부동산 투기, 정상적인 노조 활동에 대한 탄압, 1993년에야 도입한 금융실명제, 제대로 작동하지 못한 조세·재정 기능의 문제들을 제대로 인식해야 한다. 재정 본연의 기능이 미약한 상황에서 모든 자원을 경제개발에 집중한 결과, 사회복지체계와 사회안전망 등 인구·사회 문제에 대처하는 시스템은 제대로 작동하지 못했다.

우리가 당면한 문제들을 극복하고 더 성장하기 위해서는 복지·교육 등 사회 분야의 재정지출을 늘려서 불평등을 축소함으로써 경제의 효율성을 높이고 성장을 촉진할 수 있는 경로를 찾아 나가야 한다. 재정지출 확대를 통해 출산율과 여성 경제활동 참가율을 높이고, 고령화 속도를 늦추고, 더 많은 인재를 키우고, 사람을 더 건강하게 하고, 치매 환자 등에 대한 가족 간병의 부담을 줄여서 경제활동을 더 하게 하고, 보육·의료·요양·간병·안전 등의 공공서비스를 확대하면서 그 생산성을 높여야 한다. 공공서비스 확대는 서비스산업에서 많은 양질의 일자리도 창출할 것이다.

세금을 더 거두어서, 아이를 낳아서 기르는 부담을 사회가 분담하고, 일·가정 양립을 지원하고, 교육 기회의 평등과 교육의 질을 제고하고, 공공주택 공급을 확대하고, 사회안전망을 튼튼히 하고, 저소득계층과 장애인에 대한 지원을 확대하고, 노인·장애인 등에 대한 요양·간병·돌봄 서비스를 확충하고, 소비자 보호·근로자 안전·환경 보호를 위한 지원을 확대하고, 지방을 더 발전시키는 지원 등의 분야에서 재정지출을 확대해야 한다. 이런 지출을 확대하되, 전국민재난지원금, 전국민대상 민생회복지원금과 같은 효과가 떨어지는 포퓰리즘적 현금 지원은 지양해야 한다.

2024년 8월 말에 발표한 2025년도 예산안과 2024~28 국가재정운용계획을 보면, 조세부담률을 높이기 위한 정책 노력은 찾을 수 없다. 2024~28년 기간 중 조세부담률은 19% 수준에 불과하다. 낮은 조세부담률하에서 관리재정수지 적자 비율을 3% 이내로 개선하려다 보니 총지출 증가율은 2025년에 3.2%로 낮게 설정하고 있다. 이 정도 재정 규모 증가로는 아무리 지출구조조정을 강력하게 추진해도 앞서 강조한 바와 같은 저출산, 고령화, 양극화를 극복하고 성장잠재력을 높이는 재정의 역할을 제대로 할 수 없고, 우리가 당면한 근본적 문제들을 극복할 수 없다.

이제 정말 시간이 별로 없다. 지금이라도 조세·재정 운용의 대전환이 반드시 이루어져야 한다. 지금까지 너무 많은 것을 시장에게만 맡겨 왔기 때문에 발생한 문제를 감세와 규제 완화로 해결할 수 없다. 인구·사회문제를 해결하는 적극적 재정투자 없이 이룰 수 있는 것은 없다. 조세·재정 기능의 정상화를 통한 저출산, 양극화의 극복이 우리 산업을 더 발전시키고 경제를 성장하게 하는 최선의 대책이다.

26

글로벌 부유세가 실현될 것인가

이강국 ㅣ 리쓰메이칸대학교 경제학부 교수

| 2024년 G20 재무장관회의 합의

2024년 7월 26~27일 브라질의 리우데자네이루에서 열린 G20 재무장관 회의에서 주요 20개국 재무장관들이 전 세계의 억만장자 슈퍼리치에 대해 글로벌 부유세를 매기는 시스템 구축을 위해 국제적으로 협력하기로 합의했다. 2024년 G20 회의 의장국인 페르난두 아다지Fernando Haddad 브라질 재무장관에 따르면 참석자들이 투명하고 공정하며 공평한 세계적인 조세 체계 마련을 위해 노력하기로 했다. 이미 2024년 4월 G20 회의 의장국인 브라질과 독일, 스페인, 남아프리카공화국 등 4개국은 재무장관들의 이름으로 글로벌 부유세의 도입을 공식적으로 제안했다. 이러한 논의가 이번 G20 재무장관 회의의 주된 의제가 되었고 합의에 이른 것이다. G20가 논의하고 있는 글로벌 부유세는 전 세계의 억만장자 초고액자산가들이 다양한 조세 회피 수단을 통해 세금을 적게 내는 현실에 대응하기 위해 각국이 국제적으로 협력하여 그들의 부에 세금을 매기겠다는 계획이다. 예를 들어, 각국 정부가 전 세계 2,800여 명의 억만장자들에게 매년 자산의 2% 이상의 세금을 걷자는 것이다. 글로벌 부유세를 제시하는 이들은 이러한 세수는 세계적인 빈곤과 불평등 문제 해결 그리고 기후변화 대응에 사용하자고 주장한다. 이는 지난 2021년 세계 약 140개국이 다국적기업에 대해 글로벌 최저법인세율 15%를 매기기로 합의했던 사례에 기초하고 있다. 실제로 G20 의장국인 브라질과 프랑스, 스페인, 남아프리카공화국 등 여러 국가가 이러한 세금을 지지하고 있다.

　G20 재무장관 회의는 오랫동안 합의문을 발표하지 못했다. 그러나 2024년 회의에서는 이러한 내용을 중심으로 국제적 조세 협력에 관한 G20 장관급 선언문이 발표되어 중요한 진전으로 평가받고 있다(G20, 2024).[*] 이 선언문에 따르면 G20 재무장관들은 누진과세가 국내적 불평등을 개선하고 재정의 지속가능성과 건

---

[*]　G20 Brasil 2024, ⟨The Rio de Janeiro G20 Ministerial Declaration on International Tax Cooperation⟩, 2024.

전화를 강화하며 지속가능하고 포용적인 성장을 촉진하는 핵심적인 수단의 하나라는 데 합의했다. 이들은 과세는 기본적으로 국가 주권의 영역이지만 진보적인 조세 계혁을 위해 효과적인 국제적 협력이 매우 중요하다고 강조한다. 실제로 다국적기업에 대한 '세원잠식과 소득이전BEPS, Base Erosion and Profit Shifting에 관한 OECD/G20 프레임워크'가 보여주듯 국제적 조세협력이 실현되고 있고, 금융계좌 정보의 자동적인 공유도 실현되었다. 이러한 변화에 기초하여 이들은 초고액자산가에 대한 국제적 과세가 공정한 조세체계에서 매우 중요하다고 뜻을 모았다. 이는 부와 소득의 불평등 심화가 경제 성장과 사회적 결속을 해침에도 불구하고, 초고액자산가들의 조세회피와 국제적 이동 가능성으로 공정하고 누진적인 과세가 이루어지지 못한 현실에 대한 반성에 기초한 것이다. G20 재무장관들은 이에 대응하여 초고액자산가에 대한 효과적인 과세를 위해 각국이 협조하며 노력할 것이라고 강조했다.

이러한 글로벌 부유세 논의는 역시 1980년대 이후 전 세계적 차원에서 부와 소득의 불평등이 악화된 현실을 배경으로 하고 있다. 경제 전체의 부에서 최상위 억만장자 계층이 소유한 부의 집중도가 계속 높아졌다. 그러나 이들은 지주회사 등의 여러 수단을 사용하여 조세를 회피하여 소득과 부의 최상위층에 대한 누진적 과세를 위한 각국의 노력은 실패해 왔다. 게다가 최근 코로나19 이후 전 세계의 유동성 확대를 배경으로 주식과 부동산 등 자산가치가 급등하고 이에 따라 전 세계 억만장자들의 부가 더욱 빠르게 증가했다. 이러한 변화는 공정한 과세를 실현하기 위한 글로벌 부유세에 관한 뜨거운 논의를 촉발했다. 이미 2024년 4월 G20회의 의장국인 브라질과 독일, 스페인, 남아프리카공화국 등 4개국은 재무장관들의 이름으로 글로벌 부유세의 도입을 공식적으로 제안했다. 이러한 논의가 이번 G20 재무장관 회의의 주된 의제가 되었고 합의에 이른 것이다. G20 재무장관들은 이 합의를 2024년 11월 리우에서 개최되는 G20 정상회의에 제출했다. 칠레, 스웨덴, 캐나다 등 전 G20 정상들은 전 세계의 억만장자들에게 대한 세금을 지지하는 공개서한을 발표하기도 했다.

그러나 이번 합의에도 불구하고 글로벌 부유세 부과에 관한 실행 방안에 관해서는 논의가 진전되지 않았다. 특히 미국 정부는 반대 입장을 밝혔는데, 재닛 옐런 미국 재무부 장관은 미국은 국제적인 세금 정책의 조율이 어렵고 억만장자 과세에 대한 국제적 협상은 필요하지 않고 바람직하지도 않다고 생각한다고 지적했다. 미국은 누진세를 지지하지만 억만장자의 자산을 세계적인 수준에서 과세하는 노력에 대해서는 지지하지 않는다는 것이다. 이는 미국이 자국민으로 하여금 다른 국가에서 얻는 소득에 대해서도 과세를 하고 있는 현실과도 관련이 있을 것이다. 또한 일부 개도국과 비영리단체들은 국제적인 조세 협상을 담당할 국제기구를 OECD에서 UN으로 옮기자고 제안했지만, 미국은 OECD가 문제를 더 잘 처리할 수 있다고 반박했다. 미국의 반대에도 불구하고 G20는 글로벌 부유세의 구체적인 정책 방안에 관해 논의를 계속할 전망이다.

| 주크만 교수의 초고액자산가에 대한 최저실효과세 계획

G20 재무장관들의 합의로 이어진 글로벌 부유세에 관한 계획은 조세정책의 세계적인 전문가 파리경제대학의 가브리엘 주크만Gabriel Zucman 교수가 2024년 G20 재무장관 회의에 제출한 보고서에서 살펴볼 수 있다.* '초고액자산가에 대한 조정된 최저한 실효과세를 위한 제안A Blueprint for a Coordinated Minimum Effective Taxation Standard for Ultra-High-Net-Worth Individuals'이라는 제목의 이 문서는 누진적이지 못한 현재 조세체계의 문제를 지적하고 국제적으로 조정된 최저한 세율 제안을 제시한다. 이 계획은 순자산이 10억 달러 이상인 부자들에 대해 국제적 협력을 통해 연간 최저 2%의 세금을 매기자는 것이다. 그 수는 전 세계적으로 약 2,800명인데 2%의 세금을 매길 경우 세수가 약 1,930억 달러에서 2,420억 달러가 나올 것으로 전망된다. 나아가 1억 달러 이상 순자산을 보유한 억만장자들에게도 2% 세금을 매기면 약 3,020억~3,770억 달러의 세수

---

* Zucman, G. (2024) A Blueprint for a Coordinated Minimum Effective Taxation Standard for Ultra-Hihg-Net-Worth Individuals. Commissioned by the Braziaian G20 presidency.

를 올릴 수 있을 것이다.*

주크만 교수의 기본적인 제안은 초고액순자산가들의 부에 대해 최저한세율을 매기는 것으로 개인소득세와 부유세 등을 모두 포함하여 부자들이 이보다 낮은 세금을 내고 있는 경우 그 액수를 추가적으로 과세하는 방안이다. 이는 무엇보다 억만장자 등 최고소득계층으로 갈수록 소득세의 실효세율이 오히려 낮아지는 누진과세의 실패를 교정하기 위한 것이다. 여러 선진국에서 초고액순자산가들은 매년 그들의 부가 증가하여 막대한 경제적 소득을 얻지만 배당의 분배와 자본이득 실현의 회피, 그리고 지주회사 등 여러 조세회피 방법들을 사용하여 실제로 과세 대상 소득은 거의 없다고 보고한다. 따라서 현실에서 초고액순자산가들의 과세대상소득은 그들의 부의 증가분에 비해 크게 낮고, 소득 대비 실효세율이 중산층보다도 낮다. 실제로 10억 달러 이상의 부를 보유한 초고액순자산가들의 세전 자산수익률은 지난 40년간 매년 평균 인플레이션 조정 후 약 7.5%였지만, 그들의 부에 대한 실효세율은 0.3%에 불과했다.(Zucman, 2024, p. 7) 아래 그림은 선진국에서 소득 대비 실효세율이 상위 1%보다 소득계층이 높아질수록 오히려 낮아지고 특히 1억 달러 이상의 억만장자에게는 더욱 낮아짐을 보여준다.

따라서 주크만 교수는 억만장자들은 부에서 경제적 소득이

---

* 전망치의 하단은 20%의 조세회피를 가정한 것이고 상단은 조세회피가 없다고 가정한 것이다.

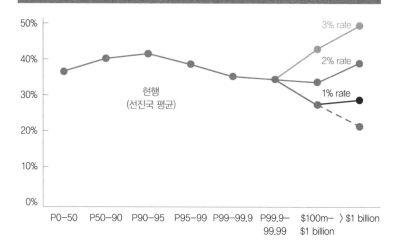

그림 19 선진국의 억만장자를 포함한 소득계층별 평균실효세율 (세전소득의 %)

* 주: 이 자료는 소득세와 소비세 등 각 소득계층이 정부에 납부하는 모든 세금을 세전소득 대비 비율로 나타낸 것으로, 미국 그리고 프랑스, 이탈리아, 네덜란드 등 유럽의 자료에 기초한 것이다.
* 출처: Zucman(2024), p. 30.

발생한다고 가정하고 일종의 추정소득세presumtive income tax를 부과하자고 주장한다. 순자산 10억 달러 이상의 억만장자에게 최저세율 2%의 세금을 부과하면 그들의 실효세율이 소득 대비 22%에서 39%로 상승하고 1~10억 달러 순자산에도 2% 세금을 부과하면 이들 집단의 소득세율도 28%에서 34%에서 높아져 누진성을 강화할 수 있다는 것이다. 이러한 방안은 특히 전 세계 가구의 약 0.0001%(백만분의 일)을 차지하는 2,800명 초고액순자산가의 부의 집중도가 세계적으로 부의 불평등이 악화된 현실을 교정하는 수단이라 할 수 있다. 아래 그림이 보여주듯 세계 GDP

그림 20 전 세계 상위 0.0001% 가구의 부가 세계 GDP에서 차지하는 비중(%)

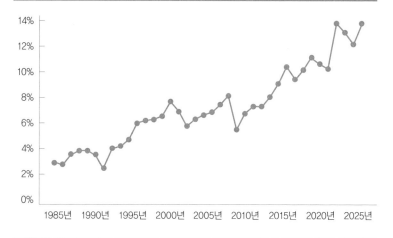

* 출처: Zucman(2024), p. 19

대비 최상위 0.0001%의 부는 1987년 약 3%에서 2024년에는 약 13%까지 상승하여 지난 40여 년동안 4배 이상 높아졌다. 포브스에 따르면 2024년 현재 이들 전 세계 억만장자는 약 14.2조 달러의 부를 보유하고 있다.

　그는 최저세율 2% 글로벌 부유세의 구체적인 세금의 형태는 각국 정부의 재량에 맡겨 국내적인 자율성을 존중해야 한다고 지적한다. 예를 들어 최근 미국의 바이든 정부도 억만장자에 대해 최저소득세를 부과하겠다는 제안을 발표했는데 이는 1억 달러 이상의 순자산을 보유한 부자에게 미실현자본이득을 포함한 그들의 소득에 최저개인소득세율 25%를 매기겠다는 계획이다. 주크만 교수는 부의 연간수익률이 약 8%라면 광범위한 소득에 대한 25% 최저세율 부과는 부에 대해 2%의 최저세율을 매기는 것과 거의 같다며, 이 제안이 바이든 정부의 정책 방향과 유사하다고 지적한다.

특히 이러한 세금의 실현을 위해서는 바닥으로의 경주^{race to the bottom}를 막고 국내 정책의 실효성을 높이기 위해 국제적 협조가 중요하다. 초고액순자산가들은 조세회피를 위해 세금이 낮은 국가로의 국제적 이동이 억만장자들에 대한 과세를 어렵게 만들기도 한다. 비록 현실에서 세금과 관련된 이민이 제한적이긴 하지만, 상당수의 국가가 이 제안에 참여하여 최저세율을 부과하면 바닥을 위한 경주를 막을 수 있을 것이다. 주크만 교수에 따르면 무엇보다 다국적기업의 국가별 보고서에 실질적인 소유주의 정보를 추가하고 초고액순자산가의 금융자산에 관한 정보의 국제적인 자동적 공유를 위한 노력이 핵심적이다. 글로벌 부유세의 실행에서 주요한 도전 중 하나는 금융 불투명성으로 부의 은닉위험이 존재한다는 것이다. 그러나 2014년 미국의 해외금융계좌신고법^{FATCA, Foreign Account Tax Compliance Act}* 시행과 2017년부터 100개국 이상이 통화스와프^{CRS, Common Reporting Standard}**를 실시하여 각국 사이의 정보 공유와 은행의 비밀 유지가 어려워졌다. CRS는 금융 기관이 조세 기관에 외국인이 보유한 모든 계좌를 보고하고

---

* 자국의 납세자가 보유한 해외 계좌 정보가 국세청에 신고되도록 하는 법.
** 외환위기 등 비상시에 자국의 통화를 상대국에 맡기고 상대국 통화나 달러를 차입할 수 있도록 약속하는 계약.

이 정보를 계좌주 모국의 조세 기관과 공유하도록 하여 역외 조세 회피를 억제하는 역할을 한다.* 하지만 여전히 보고되지 않는 금융자산이나 부동산, 가상통화 등 모든 자산에 관해 은행 간 정보 공유가 이루어져야 할 것이다. 또 하나의 과제는 수취하는 소득에 대해 실질적인 처분권을 가지는 수익적 소유권beneficial ownership을 규정하는 것인데 다국적기업이 각국 정부에 이윤, 수입, 그리고 실제 소유주를 상세하게 보고하도록 하고 이 정보를 국제적으로 공유할 필요가 있다.

그의 제안은 이러한 노력에 기초하여 세금으로 인한 국제적 이동을 제한하고 각국이 인센티브에 기초하여 합의에 참가하는 메커니즘을 만들어야 한다고 강조한다. 참가국들은 국적과 상관없이 초고액순자산가가 거주국에 얼마나 오래 살았는지에 기초하여 과세하고, OECD의 다국적기업 최저세율 제도의 필라2Pillar2**와 유사하게 참가국이 비참가국 다국적기업의 덜 과세된 이윤에 대해 과세할 수 있도록 하면 더 많은 국가가 참가할 유인이 높아진다는 것이다. 특히 억만장자들이 참가국에 소유한 개인자산뿐 아니라 기업을 통해 간접적으로 소유한 자산에도 기초하여 비참가국이 매기지 않은 부유세를 참가국들이 매길 수 있

---

* 실제로 Global Tax Evasion Report에 따르면 2024년까지 10년 동안 역외조세회피가 약 3분의 1로 감소했다고 보고한다.

** 세계 각국에 자회사를 두고 있는 다국적기업이, 이윤에 대해 15%보다 낮은 세율을 적용받을 경우 나머지 세금을 모기업이 있는 국가 등에 납부하도록 하는 제도.

도록 국제적인 합의가 필요할 것이다.

이러한 글로벌 부유세 구상이 과연 현실이 될 수 있을 지는 두고 볼 일이다. 글로벌 부유세는 조세회피 규제나 개인소득세 누진성 확대, 그리고 상속세 인상 등에 비교해서는 확실히 억만장자에 대해 과세하는 효과적 수단이라 할 수 있다. 그러나 G20 내 여러 유럽 국가와 개도국들이 찬성하고 있지만, 가장 많은 억만장자가 존재하는 미국 정부가 반대 입장을 표명하고 있어서 국제적 합의를 이루기는 쉽지 않을 전망이다. 미국 대선을 앞두고 트럼프는 감세를 추진하고 있고, 해리스는 바이든의 정책을 계승하여 증세를 추진하고 있다. 하지만 앞서 언급한 해리스와 민주당의 증세 방안은 미실현 자본이득을 포함한 모든 소득에 과세하는 것으로 순자산 가치가 증가할 때만 세금이 부과되어 글로벌 부유세 제안과는 차이가 있다. 그럼에도 세계적으로 부와 소득의 불평등이 심화되는 현실에서 억만장자들이 다른 계층보다 훨씬 더 낮은 세율을 적용받는 불공정한 과세체계의 개혁을 위한 목소리는 계속 높아질 가능성이 높다. 2025년 글로벌 부유세를 둘러싸고 전 세계 시민들의 압력에 기초한 선진국 정부의 정치적 의지와 국제적 노력이 어떻게 발전될 것인지 주목해야 할 것이다.

27

K-푸드의 과거, 현재
그리고 미래

한준희 | NH 금융연구소 책임연구원

우리는 많은 것에 'K'를 붙이는 세상에 살고 있다. 음악은 K-POP, 드라마는 K-Drama, 피부관리는 K-BEAUTY, 시험이 어려우면 K-시험, 듣기 싫은 말을 들으면 K-잔소리 등등. 많은 경우 한국의 특정한 사회적 맥락이나 생활 방식을 유머러스하게 풍자하기 위해서 만들어진 말이기는 하지만 이 중 몇 가지는 국가적인 차원에서 고민하던 문제를 한 번에 해결해 주었다. 그중 하나가 바로 'K-푸드(국내에서 만든 농식품의 브랜드)'라는 이름만 들어도 입맛을 돋우는 단어이다.

농림축산식품부는 2020년 초부터 먹거리를 다루는 K-푸드에 스마트팜, 농기자재, 동물용 의약품 등 전후방 산업을 더해

'K-푸드+'라는 이름으로 한국의 농식품산업과 연관 산업을 수출 전략 산업을 적극적으로 추진해왔다. 그리고 2024년 K-푸드의 지속적인 성장 가능성을 확실하게 입증했다. 2000년대부터 꾸준히 증가해 온 K-푸드의 수출은, 2024년 상반기 62.1억 달러로 전년 대비 5.2% 상승했다. 특히, 쌀 가공식품(떡, 김밥 등)은 41.4% 증가했고, 라면은 32.3%, 과자는 11.4%, 음료는 9.6%, 김치는 4% 증가하는 등 크게 증가했으며 농약(109.3% 증가), 동물용 의약품(8.2% 증가), 펫푸드(10.3% 증가) 등 전후방 산업의 성장도 두드러졌다. 이러한 성과 덕분에 2024년 초, 미국 하버드 경영대학에서 'K-푸드 세계화 성공 과정'을 연구 교재로 채택하기도 했으니, 이는 세계가 놀랄 만한 일이었다.

사실 한국의 K-푸드 성공을 예상한 사람은 많지 않았다. 물론 이를 커다란 성공이라고 이야기하기에는 아직 이르다는 의견도 있고, 앞으로 갈 길이 멀다는 의견도 있다. 이 모두 맞는 말일 것이다. 이 글에서는 현재 크게 성장하고 있는 K-푸드의 과거가 왜 성공하기 힘들다고 여겨졌는지, 현재 어떤 노력을 통해 이 성공을 이뤄냈는지, 그리고 미래에는 어떻게 지속적인 성장을 이룰 수 있을지에 대해 이야기해 보려고 한다.

| 한국의 농산업에 대한 과거의 인식: K-푸드의 과거

25년 전으로 타임머신을 타고 과거로 돌아갔다고 생각해 보자. 때는 2000년, 당시 한국의 주력 산업은 자동차, 선박, 화학제품, 전기, 전자, 기계류 등의 중화학 공업이었고 농업은 이미 성장기와 성숙기를 지나 연착륙 중인 산업으로 인식되었다. [그림 1]에서 보듯이, 농업이 GDP에 차지하는 영향은 1970년대 약 25%에서 2000년대에는 약 5%까지 감소하였다(2023년 기준으로는 약 1.6%.[*]).

또한 농업이 돈이 되지 않는다는 인식이 투자자들 사이에 퍼져 있어서, 기업들도 농업 분야에 투자를 꺼리는 추세였다. 소비자들은 애플과 같은 소셜 임팩트 기업에는 쉽게 지갑을 열지만, 먹거리를 만드는 기업에는 그렇지 않은 경향이 있기 때문인데 이는 기본적으로 1차 산업을 저부가가치 산업으로 보는 인식이 자리 잡고 있기 때문이다.

사실 1차 산업인 농업에서 2차 산업인 제조업으로 옮겨가는 것은 경제학의 성장론적 관점에서 당연한 이야기일 수 있다.[**] 단순한 노동집약산업에서 자본집약산업으로 이동해야 한다는

---

[*] 이는 우리나라에만 국한된 현상이 아니라, 미국과 같은 넓은 영토를 가진 선진국이나 네덜란드와 같은 농업 강국에서도 농업이 GDP에서 차지하는 비중은 2023년 기준 약 2% 정도에 불과하다.

[**] 물론 국가마다 다른 특성이 있어 항상 맞는 것은 아니다. 전통적인 농업 강국인 네덜란드의 경우를 보면, 인구나 영토(농지)가 우리나라보다 적음에도 불구하고 농업 수출액은 2023년 기준 우리나라의 10배 이상 차이가 난다.

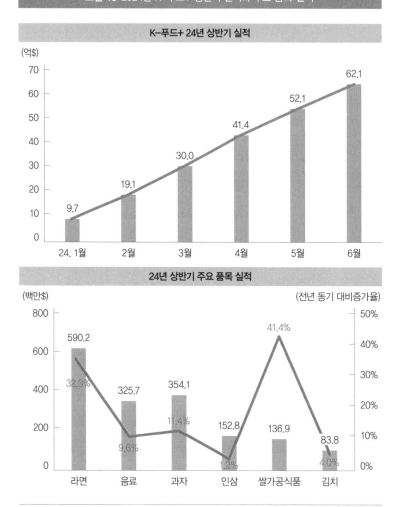

그림 15 2024년 K-푸드+ 상반기 실적과 주요 품목 실적

K-푸드+ 24년 상반기 실적

(억$)

- 24. 1월: 9.7
- 2월: 19.1
- 3월: 30.0
- 4월: 41.4
- 5월: 52.1
- 6월: 62.1

24년 상반기 주요 품목 실적

(백만$) / (전년 동기 대비증가율)

- 라면: 590.2, 32.3%
- 음료: 325.7, 9.6%
- 과자: 354.1, 11.4%
- 인삼: 152.8, 1.2%
- 쌀가공식품: 136.9, 41.4%
- 김치: 83.8, 4.0%

* 출처: 농림축산식품부

경제학적 관점뿐 아니라, 농산업이 가지고 있는 특유의 유통상
문제점도 농산업의 발전을 어렵게 만들었다. 특히 계절성, 가치

에 비해 큰 부피, 높은 부패성, 표준화 및 등급화의 제약, 그리고 수요와 공급의 비탄력성 이 다섯 가지 특징은 상호작용하며 농산물 유통의 난이도를 급격하게 높였다. 한국의 경우 북쪽으로는 육로를 통한 유통이 불가능하고, 배나 하늘길 유통만 가능한 상황이어서, 부피가 크고 부패성이 높으며 표준화가 어려운 농산물을 해외까지 이송하는 것 자체가 커다란 문제였다. 물론 해운 운송이 육상 운송에 비해 상대적으로 저렴하긴 하지만, 높은 부패성 때문에 빠른 운송이 중요한 농산물 유통에서는 해운 운송의 장점을 충분히 발휘하기에 어려웠다. 실례로 위에서 언급된 네덜란드 식품의 주요 수입국이 육로로 연결된 주변 국가들에 집중되어 있다는 점에서 이를 확인할 수 있다.*

따라서 과거에는 반도지만 사실상 섬나라인 한국에서는 농산물의 유통 장벽을 뚫는 것보다 다른 고부가 가치 산업을 키우는 것에 주력하였다. 사실상 농산업은 국가 성장을 견인할 산업이라는 인식보다 연착륙하는 산업의 과정에서 후속 조치를 하려는 경향이 강한 산업이었다고 볼 수 있겠다.

물론 한국의 먹거리 산업에 대한 관심이 전혀 없었던 것은 아니다. 1990년대부터 정부는 해외에서 한국의 외식업을 장려하려 노력했고, 2000년 이후 한식 전문 레스토랑(한식당)이 중국

---

* 2022년 기준(ITC Trademap) 네덜란드 식품 수출의 87.1%가 육로 수출이 가능한 독일, 벨기에, 프랑스 등으로 이루어지고 있다.

과 미국 시장에 성공적으로 진출하는 사례가 늘어났다. 하지만 대부분의 외식업체는 소규모 영세업체로서, 기술적 경영 활동을 수행하기에는 역부족이었다. 또한 대부분의 한식당은 주 고객층을 한국인으로 한정하여 주류 사회에 어필하기 어려웠고, 정부 차원에서도 한식의 브랜드 이미지를 효과적으로 전달할 국가적 상징이 형성되지 않아 외국인 소비자의 신규 수요 창출이 어려웠다.[*]

이런 상황에서 극한의 효율을 추구하는 한국에서는 자연스럽게 성공 가능성이 높은 분야에 집중하려는 노력이 있었다. 이에 따라 2000년대 초부터 여러 국가와 자유무역협정을 체결하려는 움직임을 보였다. 당시 한국은 전자제품, 중공업, 화학 제품, 철강 제품 등 고부가가치 제품을 해외에 수출하고, 농업에 대한 규모의 경제를 실현할 수 있는 국가에서 농식품을 수입하려 했다. 이로 인해 농민들은 피해를 보았으나, 그 대가로 이러한 고부가가치 산업들은 오늘날까지도 한국경제를 견인하는 대표 산업이 되었다.

즉, 잘되지 않는 먹거리는 수입하고, 돈 벌 수 있는 고부가가치 제품을 수출하여 경제를 성장시키자는 것이 기본적인 전략이었다고 할 수 있겠다.

---

[*] 문화관광부, 한국음식의 세계화 전략 (2006).

그림 16 국가별 농업이 GDP에 기여하는 비율의 추이

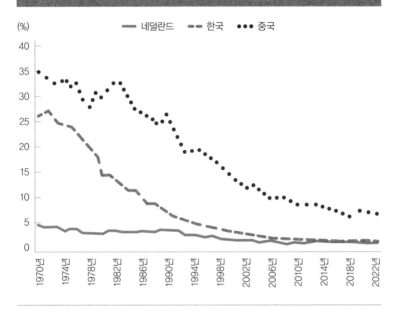

* 출처: 농림식품부

| 한국 농산업의 현재 모습

25년이 지난 지금 한국의 전략은 커다란 성공을 거두었다. 반도체, 자동차, 조선 등 고부가가치산업의 수출은 크게 증가하였으며 한국의 성장을 견인해가는 산업으로 확고하게 자리를 잡았다. 그리고 이와 동시에 농식품의 수입 또한 증가하였다([그림 2] 참조).

물론 반도체와 같은 고부가가치 상품을 팔기 위해 체결한 자유무역협정이었기에 농식품의 수입 비중은 점차 증가하리라고 예상했으며 자연스럽게 수입/수출 비중 또한 증가하리라 전망하

그림 17 주요 산업 수출과 농산품 수입의 추이

(백억$)

■ 농산품수입　●●● 반도체수출　－ ● － 자동차수출

* 출처: 농림식품부, 통계청

였다. 하지만 놀랍게도 농식품의 수입이 증가함과 동시에 수출도
증가하였다. 실제로 [그림 18]을 보면, 자유무역협정 체결 전인
1998년과 비교해(약 25%) 크게 떨어지지 않은 것을 볼 수 있다.

　이유는 무엇일까? 이는 세 가지 이유가 결합된 결과라고 할
수 있다. 첫 번째로, 해외의 높은 물가 상승률로 인한 식비 증가
이다. 현재 2024년 8월 뉴욕시 브로드웨이점 기준으로 맥도날
드에서 빅맥 세트(햄버거+콜라+감자튀김)의 가격이 14달러(약 1만
8천 원)인데, 같은 미국 내 코스트코에서 라면 한 줄을 3달러에
판매하고 있다. 이는 K-푸드가 가격 측면에서 해외 여러 국가에
비교우위를 가지게 된 것이다.

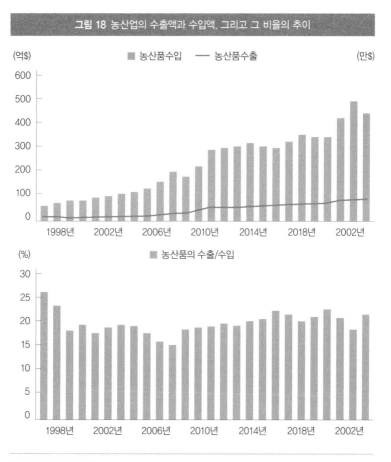

그림 18 농산업의 수출액과 수입액, 그리고 그 비율의 추이

(억$) ■ 농산품수입 ─ 농산품수출 (만$)

600

500

400

300

200

100

0

1998년　2002년　2006년　2010년　2014년　2018년　2002년

(%) ■ 농산품의 수출/수입

30

25

20

15

10

5

0

1998년　2002년　2006년　2010년　2014년　2018년　2002년

* 출처: 농림식품부, 통계청

　둘째로, 농식품의 특성 중 하나인 등급 표준화의 어려움이 K-컬처의 확산과 더불어 예상치 못한 시너지를 일으킨 것이다. 농식품, 즉 먹거리는 공산품과 달리 기호가 크게 작용하는데, 이 기호는 정량적으로 측정하기가 어렵다. 예를 들어, 애플의 핸드폰과

삼성의 핸드폰은 성능을 1:1로 비교할 수 있지만(화면 크기, 화질 등), 베트남 라면과 한국 라면은 비교가 어렵다. 또한, 외국의 최고급 소고기가 한국에서 같은 등급으로 평가되지 않는 경우도 있는데, 이는 마블링에 따른 국민의 기호가 반영되기 때문이다. 게다가 먹거리는 해당 제품에 대한 노출 빈도가 수요와 직접적으로 연결된다. 예를 들어, 영화 '기생충'에 등장한 짜파구리나 BTS 정국이 SNS에서 소개한 불닭볶음면과 같은 제품들은 해외에서 몇 번 보다 보면 눈에 익숙해지고 몇 번 먹다 보면 그 맛에 익숙해지는 것이다. '맛의 익숙함'은 소비자의 심리적 거리감을 줄이고, 자연스럽게 소비의 증가로 이어질 수 있다. 커피나 고수를 생각해 보자. 처음에는 거리감이 느껴졌던 음식이지만, 맛에 익숙해지면서 한국에서 일상적인 음식으로 자리 잡지 않았던가?

마지막 이유로는 포장 기술의 발달을 들 수 있다. 몇몇 식품은 수출이 불가능하다는 인식이 있었다. 라면류는 유통기한이 6개월 정도 되기에 수출이 가능했으나, 도시락류나 김밥류는 과거에 유통이 어려운 품목 중 하나였다. 너무 꽁꽁 얼려서 유통을 하면 해동 과정에서 재료의 맛이 없어지거나 김밥 자체가 파괴될 위험이 있었고, 상온 유통 시에는 상할 가능성이 매우 컸다. 더욱이 시간이 지날수록 맛이 떨어지는 김밥의 특성상 수출이 어려운 품목 중 하나였다. 그러나 2020년대 초부터 몇몇 기업들이 급속 냉동과 수분 제어 기술 등을 개발하여, 해동 후에도 맛이 변하지 않는 기술을 발명하였고 이에 수출이 힘들 것이라고 여겨졌던 제품들의 수출이 가능하게 되었다. 특히 미국의 경우, 코로나 이후 먹거리에 대한 물가 상승으로 싸고 건강한 대체 식품에 대한 수요와 건강에 대한 관심 증가로 웰빙 제품 등의 대체 식품에 대한 수요가 증가 하였는데, K-푸드가 이를 완벽히 포착해 낸 것이다. 또한, 영하 45도로 급속 냉동하는 기술을 통해 김밥의 수분과 찰기, 맛과 향을 모두 유지해, 저렴한 대체제가 아닌 건강식으로 자리 잡게 되었다. 이 기술은 냉동 김밥과 같은 가공식품에만 적용되는 것이 아니라, 신선식품인 딸기에도 적용되었다. 딸기 역시 효자 수출 상품 중 하나로, CA[Controlled Atmosphere] 기술 등의 포장 기술을 개발하여 유통 중 맛이 변하지 않도록 하고 있다.

즉, 현재 농식품은 농산품(1차 산업)에 수출 가능한 가공 기술을 결합해 제조업(2차 산업)으로 발전시켰고, K-팝과 K-드라마 등 K-컬처라는 국가적 브랜드를 통해(3차 산업) 해외 시장에 진출하게 되었다. 가격경쟁력이 생긴 지금, 농식품은 해외 시장에서 돌파구를 찾으며 진정한 의미의 6차 융복합산업의 끝판왕이 되었다고 할 수 있겠다.

| K-푸드의 미래

먹거리는 발견이다. 한반도의 역사 속에서 우리는 다양한 음식에 대한 발견을 해왔다. 이러한 발견들은 지금까지 우리가 일반적인 공산품에서 보아온 것들과는 완전히 다른 차원의 것들이다. 예를 들어, 새로운 핸드폰이나 전기자동차, 혹은 전자제품을 개발했다고 가정해보자. 그 제품의 상품성을 어떻게 평가할 것인가? 대부분 해외의 유사한 제품들과 비교하여, 해당 제품이 제공할 수 있는 기능과 그 가격 등 여러 정량적 요소들을 냉정하게 분석할 것이다. 이러한 평가는 생각보다 어렵지 않으며, 상당히 객관적인 기준으로 이루어질 수 있다.

하지만 농산품, 특히 음식에 대해서는 이러한 평가 방식이 전혀 다르게 적용된다. 음식을 객관적인 기준으로 평가하는 것은 너무나도 어렵다. 사람의 입맛은 시간이 지나면서 변할 수 있으며, 처음에 도저히 먹지 못할 것 같던 음식도 몇 번 먹다 보면 익숙해져서 오히려 찾게 될 수도 있다. 예를 들어, 한국의 홍어나 베트남의 고수와 같은 음식들이 그러하다. 처음에는 낯설고 거부감이 들 수 있지만, 반복적으로 경험하면서 맛을 즐기게 되는 경우가 많다.

이러한 점에서, 음식은 단순히 기능이나 가격을 비교하는 공산품과는 전혀 다른 성격을 가진다. 음식은 그 나라의 문화와 역사를 반영하며, 개인의 경험과 취향에 따라 가치가 달라질 수 있다.

K-푸드의 성공에서 중요한 점은 해외가 놀란 것이 아니라, K-푸드를 매일 접하는 우리가 놀랐다는 것이다. 아무도 미국에

서 어머니와 함께 김밥을 데워 먹는 영상이 틱톡에서 조회 수 1,100만 뷰를 기록하고 미국의 유명인이 까르보불닭볶음면을 구하기 위해 30km를 운전했다는 영상을 SNS에 올릴 것은 예상하지 못했을 것이다. 또한 식혜, 알로에, 아침햇쌀, 인삼 음료 등이 중국, 미국, 베트남에서 건강식으로 인기를 끌고 있다는 사실을 누가 상상할 수 있었겠는가?

이미 한국은 K-컬처의 눈부신 활약으로 전 세계에 우리나라의 먹거리를 홍보할 수 있는 기반을 충분히 마련해 두었다. 이에 따라 2025년에도 여러 K-푸드 제품들이 국제 시장에서 성공할 것으로 예상된다. 김밥 라면류는 이미 확고하게 자리를 잡았으며 앞으로도 간편식이라는 이름으로 판매하는 것에는 문제가 없을 것이다. 또한 매운맛과 감칠맛이 풍부한 음식들은 계속해서 인기를 끌 것으로 보이며, 특히 한국의 매운 소스나 발효 식품들에 대한 수요는 지속적으로 증가할 것으로 예상된다. 또한, 비건 식품 등 식물성 기반 웰빙 식품이 글로벌 건강 트렌드에 발맞춰 주목을 받을 가능성이 크다. 더불어, 한국의 전통 재료를 서양 요리와 결합한 혁신적인 맛, 예를 들어 고추장을 활용한 서양 요리가 소비자들의 관심을 끌 것으로 기대된다.

지금 K-푸드는 마치 안개 속을 헤쳐 나가는 기분일 것이다. 현 시점에서 과연 어떤 음식이 추가적으로 해외에서 성공할지는 실제로 시장에 내놓아봐야 알 수 있다. 국가적 차원의 노력을 기울인 김치보다 라면류 수출이 몇 배 더 많다는 점은 시사하는 바가 많다. 2024년 5월, 삼계탕 역시 유럽의 식탁에 오르게 되었다. 이 또한 포장 기술의 발달 덕분에 가능해진 일이지만, 유럽의 입맛에 맞을지는 시간이 지나 봐야 알 수 있을 것이다. 따라서 다양한 품목들을(냉동 치킨, 닭고기 만두, 닭고기 볶음밥 등) 수출하기 위한 노력을 해야 할 것 이다.

농식품 수출이 꾸준히 증가하고 있는 지금 정부 역시 여러 정책을 통해 K-푸드의 발전을 도모하고 있다. "K-푸드+ 수출 및 ODA 확대 사업"은 '24년 농림부 기금운용계획의 주요 5대 주요 사업 중 하나일 정도로 국가적인 차원에서 지원하고 있다. 하지만 정부의 노력만으로는 부족하다. 특히 먹거리에 대해서는 국가마다 다른 규제가 있기에 수출 자체가 힘든 경우가 많기 때문이다. 예를 들어 올해부터('24년) 유럽에 수출이 가능하게 된 삼계탕은 1996년부터 EU에 수출 요청을 한 품목이었다. 당시 국내 안전관리 인증 기준(HACCP) 제도 등의 부제로 거절당했고 '13년 HACCP 제도 도입 이후 약 10년 동안 기업 심사·현지 검증 등 절차를 거친 후 통과되었다. 이는 단순 정부의 노력뿐 아니라 축산농가, 식품업계, 정부의 노력이 열매는 맺은 민관 협력의 성과라고 볼 수 있다.

이런 이유로 정부에서는 민간의 농식품 기업에 대한 관심과 투자를 늘리기 위해 투자 정보 플랫폼 ASSIST를 운영하고 있으며 우수 농산업 기업을 플랫폼에서 소개하고 있다. 이제는 농산업도 가능하다는 인식의 변화가 필요하다. 다양한 K-푸드 상품들이 해외 시장에 진출할 수 있도록 정부, 민간 모두의 역할이 중요할 것이다.

정부 역시 수출 관련 지원을 확대하고 있으며, 민간 투자 활성화를 위한 많은 노력을 기울이고 있다. 지금까지 농산업 관련 기업들은 정부의 지원금으로 유지되는 경우가 많았으나, 이제는 농산업도 가능하다는 인식의 변화가 필요하다. 민간 투자를 활성화하여 더 많은 기업이 다양한 상품으로 해외 시장에 진출해야 할 것이다. 더욱 많은 K-푸드를 품목을 수출할 수 있도록 여러 기업을 키우는 것이 중요하다.

중국이 2015년부터 시행 중인 MIC 2025 계획은 반도체, 인공지능, 로봇공학, 바이오테크놀로지, 전기차 등 첨단 기술 산업에서 자급자족을 목표로 하고 있다. 이는 한국의 현 주요 산업인 조선, 철강, 석유화학, 항공, 무선통신기기, 디스플레이, 가전 등과 직접적인 경쟁을 초래할 수밖에 없으며, 현재 1위를 지키고 있는 반도체와 배터리 분야도 10년 후에는 밀릴 것이라는 전망이 있다. 현재 한국을 이끌고 있는 산업들이 지속적으로 성장할 수 있는 환경과 지원을 제공하는 것도 중요하겠지만, 새로운 활로를 보여준 K-푸드라는 '맛깔' 나는 농산업 수출에도 지속적인 관심과 지원이 필요하다. 원래 물이 들어올 때 노를 젓는 법이다. 우리나라와 비교해서 인구도 적고 땅도 적은 네덜란드가 농산품 수출 강국이 된 사례를 보면 한국도 농산업 수출 강국으로 발전할 수 있는 가능성은 충분하다고 생각한다.

경제추격지수로 본 세계 경제와 한국경제

신호철 I 한남대학교 경제학과 부교수
이근 I 서울대학교 경제학부 석좌교수

| 추격 지수는 무엇인가

1인당 GDP와 그 증가율은 주어진 기간에 한 국가의 경제 성과를 보여주는 지표이다. 그러나 이런 절대값만으로는 한 국가가 미국의 1인당 소득 대비 몇 퍼센트 수준에 도달했는지 보여주기 어려우며 국가 간 격차가 어느 정도 줄어들고 있는지도 보여주지 못한다. 따라서 최상위 선진국과의 소득 격차 정도와 그 변화를 보여주기 위해서는 두 가지가 필요하다. 첫째, 각국의 1인당 소득이 최상위 국가와 얼마나 차이가 나는지를 보여주어야 한다. 둘째, 그 차이가 어느 정도 줄거나 확대되었는지 변화율을 보여주어야 한다. 이를 반영한 지표가 추격지수와 추격속도지수다.

한편, 각국의 경제 성과를 평가하는 데 있어서 소득 수준의 차이에 추가하여 그 나라의 상대적 경제 규모도 중요하다. 물가 수준 차이를 고려한 환율 기준으로 추정한 1인당 소득은 국민 개개인의 생활 수준을 대표한다. 반면 전 세계 총생산 대비 각국의 GDP가 차지하는 비중은 국가의 상대적 경제적 위상, 즉 경제력을 대표한다. 1인당 소득 수준뿐만 아니라 국가의 경제력도 함께 고려하는 것이 국가의 경제 성과를 설명하는 데 보다 적절하다.

경제추격연구소에서 개발한 추격지수catch-up index는 1인당 소득 수준 이외에도 경제 규모를 기초로 해서 전 세계에서 경제 비중이 가장 큰 나라인 미국 대비 각 나라의 경제 비중과, 그 비중이 얼마나 빠르게 확대되는지를 나타내는 변화율을 모두 지수화해서 국가 성장의 다양한 면모를 다각도에서 정확하게 포착하는 것이 목적이다.

이하에서는 2024년 4월에 발표된 IMF 세계 경제 통계(2024, 2025년 예상치 포함)를 기초로 도출된 추격지수 중심으로 한국과 미국, 중국, 일본 등 주요국의 추격-추월-추락에 대해 분석하고 전망하고자 한다.

| 한국의 1인당 소득 수준의 추격과 추월

시장환율을 기준으로 하였을 때 한국의 1인당 소득은 2024년 34,165달러로 2023년 33,192달러 대비 2.9% 성장하였지만 2021년 35,126달러보다는 낮은 수준을 기록할 전망이다. 그러나 구매력을 고려한 환율(PPP: 1달러는 959원)을 사용했을 때 IMF는 2024년 한국의 1인당 소득을 47,379달러, 2025년에는 48,534달러로 전망하였다. 이를 기준으로 했을 때, 추격의 중요한 지표인 미국 대비 1인당 소득 비율은 2025년 70.3%로 70% 선을 넘을 것으로 전망된다([그림 1] 참조). 그러나 최근 5년간 추격 속도가 연평균 0.3%p에 그치고 있어 이런 추세대로라면 미국 대비 1인당 소득 비율이 80%를 넘어서는 것은 30년이 넘게 걸려 2023년 대전망에서 언급했던 미국 대비 1인당 소득 비율 70% 내외가 쉽게 넘을 수 없는 벽처럼 작용할 수 있다는 예상이 아직도 유효하다고 볼 수 있다. 실제로 일본은 2000년대 초반 70%대를 기록하다가 현재 60% 초반대로 하락했고 독일도 2010년대 초반 90%대를 기록하다가 현재 70%대로 하락한 것에 비추어 보면 우리나라도 70%대를 최고점으로 이후 하락할 가능성도 배제할 수 없다고 하겠다.

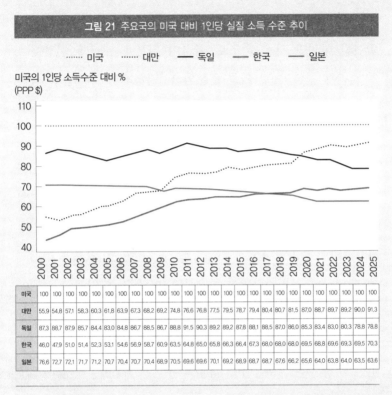

그림 21 주요국의 미국 대비 1인당 실질 소득 수준 추이

······ 미국   ······ 대만   ── 독일   ── 한국   ── 일본

미국의 1인당 소득수준 대비 %
(PPP $)

	2000	2001	2002	2003	2004	2005	2006	2007	2008	2009	2010	2011	2012	2013	2014	2015	2016	2017	2018	2019	2020	2021	2022	2023	2024	2025
미국	100	100	100	100	100	100	100	100	100	100	100	100	100	100	100	100	100	100	100	100	100	100	100	100	100	100
대만	55.9	54.8	57.1	58.3	60.3	61.8	63.9	67.3	68.2	69.2	74.8	76.6	76.8	77.5	79.5	78.7	79.4	80.4	80.7	81.5	87.0	88.7	89.7	89.2	90.0	91.3
독일	87.3	88.7	87.9	85.7	84.4	83.0	84.8	86.7	88.5	86.7	88.8	91.5	90.3	89.2	89.2	87.8	88.1	88.5	87.0	86.0	85.3	83.4	83.0	80.3	78.8	78.8
한국	46.0	47.9	51.0	51.4	52.3	53.1	54.6	56.9	58.7	60.9	63.5	64.8	65.0	65.8	66.3	66.4	67.3	68.0	68.0	68.0	69.5	68.8	69.6	69.3	69.5	70.3
일본	76.6	72.7	72.1	71.7	71.2	70.7	70.4	70.7	70.4	68.9	70.5	69.6	69.6	70.1	69.2	68.9	68.7	68.7	67.6	66.2	65.6	64.0	63.8	64.0	63.5	63.6

* 출처: 경제추격연구소

일본 추월 지속 그러나 대만과의 격차 확대

PPP 기준 1인당 소득 측면에서 한국은 일본에 대한 추격 및 추월을 지속하여, 2018년에 일본을 추월한 이후, 2023년 108.3%, 2024년 109.5%로 추월 추세를 지속하고 있다. 경상가격 기준 1인당 GDP 기준으로도 2024년 한국 34,165달러, 일본

33,138달러로 한국이 더 높다. 물론, 엔화 가치 하락이 주된 원인이긴 하지만 사상 최초로 한국이 일본을 추월할 전망이다. 2000년에 경상 GDP 기준 일본의 1인당 GDP가 한국의 3배를 넘었던 것을 고려하면 이후 일본의 성장 부진과 엔화 가치 하락이 얼마나 심각했는지를 알 수 있다.

반면에, 대만과의 격차는 점점 확대되고 있다. 2024년 대만은 PPP 기준으로 미국 대비 1인당 소득 비율 90%를 돌파하였고, 2025년에는 91.3%로 예상된다. 2002년에는 대만의 1인당 PPP 기준 GDP가 한국에 비해 12% 높은 수준이었으나 2023년에는 대만의 1인당 GDP가 한국보다 28.8%가 높았고 2024년에는 29.5% 더 높다. 경상 GDP 기준으로도 2024년 대만의 1인당 GDP는 34,432달러로 한국과 일본보다 더 높을 전망이다. 이에 따라 시장환율 기준 1인당 GDP의 순위는 2000년 이후 대부분 기간 일본〉한국〉대만 순서였지만 2024년부터는 대만〉한국〉일본 순서로 바뀌게 되었다. 이에 따라 2024년 대만의 소득 수준 추격지수도 11위를 기록하고 2025년에는 사상 최고 순위인 10위로 상승할 전망이다.

한국의 1인당 소득, 서구 열강 수준에 수렴
한국경제는 그동안 유럽경제를 지속적으로 추격해 왔다. 특히, 2020~22년 코로나19와 2022년 러-우 전쟁 발발로 유럽경제가 침체되면서 그 속도가 빨라져 한국경제가 유럽 주요국 경제를 속속 추월하고 있다. PPP 기준으로 한국의 1인당 소득은 2020년부터 이탈리아를 추월한 뒤 2024년에는 영국을 추월하고 2025년에는 프랑스에 거의 근접할 예정이다. 2025년 PPP 기준 1인당 GDP의 전망치는 한국이 48,534달러, 프랑스가 48,744달러, 영국이 47,544달러, 이탈리아 45,836달러이다. 2025년 독일의 1인당 소득 54,418달러와는 아직 12%의 격차가 있으나 최근 5년간 독일과의 격차가 9.2%p 감소하였기 때문에 현재 추세가 유지된다면 2030년대 초반에는 한국의 1인당 소득이 유럽 주요국을 모두 앞서는 경우도 발생할 수 있다. 즉 한국의 경제 추격은 미국 대비로 보면 추격 속도가 이제 느려져서 일종의 추격 정체가 생길 가능성이 있는 상황이지만 상대적으로 성과가 저조한 일본이나 유럽 주요국과 비교해 보면 이들 국가를 빠르게 추월하고 있는 상황이라고 하겠다. 2024년과 2025년 소득수준 추격지수의 순위는 프랑스 23위, 한국 24위, 영국 25위로 전망된다.

| 경제 규모의 추격과 미중 갈등

2020년 이후 세계 경제에서의 한국 GDP 비중 및 순위 지속적 하락

2020년 세계 경제에서 GDP 비중 2%를 기록했던 한국경제는 이후 원화 가치 하락, 경기 침체, 인구 감소 등의 효과로 비중이 지속적으로 축소되고 있다. 2022년에는 원화 기준 실질 GDP 성장률은 나쁘지 않았지만 원화 가치가 많이 하락하였고 2023년에는 환율은 안정되었지만 원화 기준 실질 GDP 성장률이 1.4%에 그치면서 GDP 비중이 회복되지 못했다. 2024년에는 수출이 회복되면서 실질 GDP 성장률이 2% 중후반대를 기록할 것으로 예상되지만 원화 가치가 연초에 비해 5% 정도 하락하면서 GDP 비중은 2023년과 같은 1.6%를 기록할 전망이다. 그 결과 GDP 비중 국가순위도 2020년 10위에서 2022년 13위, 2023년 및 2024년에는 14위이다. 이는 2024년에 나온 새 추정치에서 멕시코와 호주가 한국보다 GDP 비중이 높게 나왔기 때문이다. 따라서 이전 대전망에서 예측한 한국의 세계 경제 비중 2%가 넘기 어려운 벽이라는 가설이 점점 굳어지고 있다고 하겠다. 더욱이 2020년 대비하여 2024년 전체 인구는 1.1%, 만 15~64세의 생산가능인구는 3.9% 감소하는 등 인구 감소가 본격적으로 시작되고 있고 이 효과는 갈수록 커질 전망이어서 생산성 증가율 또는 원화 가치의 극적인 상승 없이 세계 경제 비중 2% 선을 다시 회복하는 것은 매우 어려워 보인다.

2024년 경제 규모 예상 순위는 미국, 중국, 독일, 일본, 인도, 영국, 프랑스, 브라질, 이탈리아, 캐나다, 러시아, 멕시코, 호주, 한국 순이다. 엔화 가치 하락의 효과로 2023년부터 독일이 일본을 추월하고 경제 규모 3위가 되었지만 2027년부터는 인도가 3위 자리를 차지할 것으로 예상된다.

중국의 미국 추격 다시 반등 가능성

세계 상위 100개 국가의 GDP 합계 대비 미국의 GDP 비중은 2000년대 초반에 30%를 넘었으나, 그 이후 20% 초반 정도까지 추락하였다가 회복하여 2024년에는 26.7%를 차지할 것으로 추정되는데 이는 글로벌 금융위기 이후 가장 높은 수치이다. 한편, 중국의 세계 경제에서의 비중은 2000년 3.6%에서 약 5배 상승하며 2021년 18.5%까지 증가하였으나 2022년에는 제로 코로나 정책의 부작용으로 경제 규모 비중이 감소하여 17.9%를 기록하였고 2023년에는 17.1%로 떨어졌다. 중국의 경제 규모 비중이 연속 하락한 것은 사상 최초이며 이에 따라 미국 대비 중국경제의 크기는 2021년 75.3%까지 올라갔다가 2023년에는 64.6%로 하락하였다. 2024년에는 중국의 GDP 비중이 약간 증가하여 17.2%를 기록하였다. 이렇게 중국경제의 성과가 부진함에 따라 미국 대비 중국경제의 크기는 2021년 75.3%로 피크를 기록한 이후 계속 감소하여, 2023년 64.6%, 2024년 64.4%를 기록할 것이다. 그러나 지난 3년간의 감소세는 2025년부터는 다시 반등하여 66.3%로 예상된다.

이런 반등 가능성에도 불구하고, 이전 10년인 2014~24년 기간 동안 미국 대비 중국의 규모가 59.8%에서 64.4%로 증가해 격차가 겨우 4.6%p 감소한 것은 그 이전 10년 동안 44%p 따라잡은 것과 비교하면 추격속도가 1/10로 감속한 것이라고 할 수 있다. 이에 따라 경제 규모 측면에서 중국이 미국을 따라잡는 시점은 기존 예측에 비해 훨씬 뒤로 늦춰질 수밖에 없다. 즉, 최근 10년 추세를 감안해 미국 대비 중국경제가 매년 0.46%p만큼 격차를 줄인다고 상정하면 중국의 경제 규모가 미국을 넘는 시점은 금세기 말 정도가 될 것이라는 계산이 나온다. 즉, 약 10년에 5%p씩 줄인다고 가정하여도, 현재 격차인 35%p를 줄이는 데에는 70년이 걸린다는 계산이 나온다. 코로나19 이전에 대내외 예상에서 2035년 중반이었고, 작년 본서에서의 예측이 2042~53년이었던 것과 비교해 보면 중국의 미국 추월 시점이 계속 늦어지는 것이다. 좀 더 실질적으로 중국이 미국 대비 80%에 도달하는 시점은 같은 계산 방식으로 하면, 15년 이후 즉, 약 2040년 정도가 될 것으로 예상된다.

　구매력을 고려한 환율 기준 중국의 1인당 소득은 2024년 19,977달러, 2025년 20,807달러로 2025년 2만 달러를 돌파하고 미국 대비 1인당 소득도 2025년 30.1%로 30% 선을 돌파할 것으로 전망된다. 그러나 1인당 소득 측면에서 미국에 대한 중국의 추격속도도 감속이 된 것이다. 즉, 2019~24년 기간 동안 4.1%p를 줄인 것은, 그 이전 5년인 2014~19년 4.7%p에 비해 감속된 것으로, 이런 1인당 소득 수준에서의 추격의 감속은 처음 나타난 현상이다. 따라서, 이러한 추세대로라면 중국이 미국 대비 소득 40%(고소득 선진국의 기준)를 돌파하는 연도가 작년에 예상한 2030년대 중반에서 이제는 후반으로 조정되어야 한다. 이런 지체에도 불구하고, 중진국 함정에서 벗어나 40%가 기준인 선진국으로 진입한다는 목표를 달성하는 데에는 큰 문제가 없는 상황이라고 할 수 있겠다.

　경제 규모 측면에서 중국의 추격 속도 저하는 기본적으로 2022년의 중국의 뒤늦은 코로나19의 후유증과 이어진 중국 위안화의 절하, 부동산 침체에서 비롯된 측면이 크다. 이제, 처음으로 나타난 1인당 소득 추격에서 감속은 중국의 적극적 경기 대응책의 부재와 트럼프-바이든 행정부의 중국 견제 정책이 이제 성과가 나기 시작한 것이 아닌가 생각해볼 수 있다.

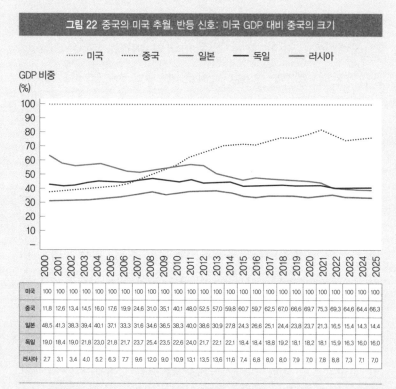

그림 22 중국의 미국 추월, 반등 신호: 미국 GDP 대비 중국의 크기

GDP 비중
(%)

	2000	2001	2002	2003	2004	2005	2006	2007	2008	2009	2010	2011	2012	2013	2014	2015	2016	2017	2018	2019	2020	2021	2022	2023	2024	2025
미국	100	100	100	100	100	100	100	100	100	100	100	100	100	100	100	100	100	100	100	100	100	100	100	100	100	100
중국	11,8	12,6	13,4	14,5	16,0	17,6	19,9	24,6	31,0	35,1	40,1	48,0	52,5	57,0	59,8	60,7	59,7	62,5	67,0	66,6	69,7	75,3	69,3	64,6	64,4	66,3
일본	48,5	41,3	38,3	39,4	40,1	37,1	33,3	31,6	34,6	36,5	38,3	40,0	38,6	30,9	27,8	24,3	26,6	25,1	24,4	23,8	23,7	21,3	16,5	15,4	14,3	14,4
독일	19,0	18,4	19,0	21,8	23,0	21,8	21,7	23,7	25,4	23,5	22,6	24,0	21,7	22,1	22,1	18,4	18,4	18,8	19,2	18,1	18,2	18,1	15,9	16,3	16,0	16,0
러시아	2,7	3,1	3,4	4,0	5,2	6,3	7,7	9,6	12,0	9,0	10,9	13,1	13,5	13,6	11,6	7,4	6,8	8,0	8,0	7,9	7,0	7,8	8,8	7,3	7,1	7,0

* 출처: 경제추격연구소

| 맺음말: 미국의 새 정부도 중국 견제 지속 예상

경제의 추격을 소득 수준의 추격과 경제 규모의 추격으로
나누어 본다면, 한국경제는 1인당 소득을 기준으로 할 때, 일본
추월을 지속해 구매력 고려 환율뿐 아니라 시장환율 기준으로

도 1인당 GDP가 일본을 추월하고 1인당 소득이 유럽 주요국에 근접하지만 경제 규모 면에서는 기존의 하락세를 회복하지 못하고 있다. 경제 규모의 회복을 위해서는 환율하락 즉 원화 가치 상승이 필요하나, 지속되는 고금리에 PF, 기업 및 자영업 부문의 부실이 계속되고 있어 금리 하락 압력이 크고 이에 따라 환율 하락의 가능성은 높지 않기 때문에 인구 감소 요인을 배제하더라도 2025년 한국 GDP 비중의 상승은 어려워 보인다.

1인당 소득 면에서 이제 한국경제 추격의 목표는 미국 대비 70%가 아닌 80%로 설정하고 독일 추월을 목표로 해야 하는데, 최근 독일경제의 침체를 고려하면 독일 추월은 10년 내로 가능할 수도 있지만 미국 대비 80% 소득은 성장률의 유의미한 상승세 없이는 달성하기 어렵다. 2024년의 2%대 중후반의 성장으로 80%에 도달하려면 25년 이후 즉, 2050년대는 되어야 한다. 즉 빠른 추격을 위해서는 2016~18년 기간 동안 기록했던 3% 또는 그 이상의 성장이 필요한데 이를 장기적으로 달성할 수 있느냐가 추격 입장에서 한국경제의 관건이 될 것이다.

한편 경제 규모 측면에서 빠른 속도로 미국을 추격하던 중국은 2021년을 피크로 오히려 세계 및 미국 GDP 대비 경제 비중이 3년 연속 감소했으나 2025년에는 약간의 반등이 예상된다. 그럼에도 불구하고, 중국이 미국을 경제 규모 측면에서 추월하

는 것은 금세기 내에는 불가능하여 졌다고 볼 수 있다. 설상가
상으로 1인당 소득 수준에서의 추격도 처음으로 감속이 발생하
기 시작하였다. 이런 상황은 미국의 대중국 견제 정책의 일정한
성과라고 여겨질 것이고, 따라서, 2025년 새 정부하에서도 미국
의 이런 기조는 더 힘을 받을 것으로 예상된다.

표 9 주요 15개국 추격지수(2023~2025)

국가	추격지수 지수			추격지수 국가순위			1인당 GDP (2017 PPP Int'$)			소득수준 추격지수 지수			소득수준 추격지수 국가순위			경상GDP비중 (%)			경제규모 추격지수 지수			경제규모 추격지수 국가순위		
	2023	2024	2025	2023	2024	2025	2023	2024	2025	2023	2024	2025	2023	2024	2025	2023	2024	2025	2023	2024	2025	2023	2024	2025
미국	100	100	100	1	1	1	66,762	68,177	69,040	100	100	100	8	8	8	26.4	26.7	26.4	100	100	100	1	1	1
중국	45.9	46.2	47.6	13	12	10	19,082	19,977	20,807	27.3	28.0	28.8	59	59	59	17.1	17.2	17.5	64.5	64.4	66.3	2	2	2
독일	48.1	47.1	47.2	10	10	11	53,638	53,700	54,418	80.0	78.4	78.4	18	18	18	4.3	4.2	4.2	16.2	15.9	15.9	3	3	3
일본	39.3	38.5	38.7	24	24	24	42,703	43,270	43,922	63.3	62.8	62.9	28	28	28	4.1	3.8	3.8	15.3	14.2	14.4	4	4	5
영국	41.0	40.2	40.3	22	22	22	47,020	47,021	47,544	69.9	68.4	68.3	24	25	24	3.2	3.2	3.3	12.1	12.1	12.3	6	6	6
프랑스	41.2	40.5	40.4	21	21	21	47,964	48,185	48,744	71.3	70.1	70.1	23	23	23	2.9	2.9	2.9	11.0	10.8	10.7	7	7	7
브라질	15.5	15.5	15.6	58	58	59	16,357	16,618	16,882	23.1	23.0	23.0	62	62	62	2.1	2.2	2.2	7.9	8.0	8.1	8	8	8
이탈리아	37.6	37.0	36.8	26	26	26	45,099	45,443	45,836	66.9	66.0	65.8	26	26	27	2.2	2.2	2.1	8.2	8.0	7.9	9	9	9
러시아	24.8	25.4	25.5	45	43	44	28,953	30,579	31,203	42.3	43.8	44.2	48	48	48	1.9	1.9	1.9	7.2	7.1	6.9	11	11	12
멕시코	17.9	18.0	18.0	53	53	53	20,430	20,733	20,859	29.3	29.1	28.9	57	57	57	1.7	1.9	1.9	6.5	6.9	7.0	12	12	11
한국	37.4	37.5	37.9	26	25	25	46,250	47,379	48,534	68.7	68.9	69.7	25	24	24	1.6	1.6	1.6	6.2	6.0	6.1	14	14	14
인도네시아	11.4	11.7	12.1	64	64	64	12,945	13,465	14,021	17.9	18.3	18.8	69	67	67	1.3	1.4	1.4	4.9	5.0	5.3	16	16	16
대만	45.8	46.3	47.0	14	11	12	59,548	61,378	63,053	89.0	89.8	91.2	11	11	10	0.7	0.7	0.8	2.7	2.7	2.8	22	22	22
말레이시아	22.8	23.1	23.5	49	48	48	30,211	31,168	32,161	44.2	44.7	45.6	47	47	46	0.4	0.4	0.4	1.4	1.5	1.5	36	37	37
남아공	9.8	9.5	9.3	69	69	72	13,200	13,116	13,075	18.3	17.7	17.4	67	70	71	0.4	0.4	0.3	1.3	1.2	1.2	40	41	42

* 2024년 이후는 IMF예상치.

저자 소개

류덕현·이근 외 경제추격연구소 편저

대표편저자 소개 ···

류덕현

현 중앙대학교 기획처장(경제학부 교수)이자 경제추격연구소 소장이다. 동 대학교 교무처장을 역임했으며 국민경제자문회의 거시경제분과위원으로 활동했고 한국사회과학회장을 지냈다. 미국 라이스대학교에서 경제학 박사학위를 취득했고, 한국조세연구원KIPF의 전문연구위원 및 세수추계팀장을 역임했다. 2012년 한국재정학상을 수상한 바 있다. 재정정책 및 응용 시계열 계량경제학 연구를 주로 하고 있다.

이근

현 서울대학교 경제학부 석좌교수 겸 비교경제연구센터장이고, 경제추격연구소 이사장이다. 캘리포니아 주립대학교(버클리)에서 경제학 박사학위를 취득했고, 국민경제자문회의 부의장, 국제슘페터학회장ISS, UN본부 개발정책위원, 서울대학교 경제연구소장, 세계경제포럼WEF GFC위원, 한국국제경제학회 회장 등을 역임했다. 비서구권 대학 소속 교수로는 최초로 슘페터Schumpeter상을 수상했고, 기술혁신 분야 최고 학술지인 《리서치 폴리시Research Policy》의 공동편집장이다.

박태영

현 한양대학교 경영대 교수이자 기술경영경제학회 부회장이다. KAIST에서 경영학 박사학위를 받았고, KPMG 컨설팅, 전남대학교 MBA, KIST유럽 과학기술국제협력센터 등에서 근무했으며, 국민경제자문회의 혁신경제분과위원으로 활동했다. 관심 연구 주제는 기술혁신전략과 혁신정책이며, 정성연구방법을 주로 활용한다.

오철

현 상명대학교 글로벌경영학과 교수이다. 서울대학교에서 학사, 경제학석사, 경제학 박사 학위를 취득했고, 보고경제연구원 선임연구위원과 기술보증기금KIBO 자문위원을 역임했다. 한국재정정책학회 이사, 한국 항공경영학회 이사, 극동방송 운영위원, 프로복싱 트레이너로 활동하고 있으며, 기업과 산업의 기술혁신 등 기술경제학 분야의 연구를 주로 하고 있다. 기술혁신 분야 최고 학술지인 《리서치 폴리시Research Policy》의 Reviewer 이기도 하다.

정무섭

현 동아대학교 국제무역학과 교수이자 경제추격연구소 운영위원장과 무역보험공사 비상임이사를 맡고 있다. 서울대학교에서 경제학 박사학위를 받고 삼성경제연구소에서 신흥국 경제와 기업 및 인도경제를 연구했고, 외국인직접투자와 글로벌가치사슬, 지역혁신과 국가균형발전 등을 연구해왔다.

정문영

현 한국기업평가 금융부문 전문위원으로 국내외 은행과 국가신용등급 평가를 담당하고 있다. 안진회계법인 세무자문본부에서 근무했고, 서울대학교에서 경제학 박사학위를 취득했으며, 한국기업평가에서 석유화학, 저축은행, 할부리스, 국내외 은행 신용평가를 담당한 바 있다. 현재는 사내에서 금리 전망, 중국 국유기업 디폴트, 한국 금융기관의 해외 부동산 대체 투자 등 해외 이슈가 국내기업에 영향을 미치는 사안에 대한 연구도 담당하고 있다.

지만수

현 한국금융연구원 선임연구위원이자 금융지정학연구센터장이다. 서울대학교에서 경제학 박사학위를 받고 중국경제, 한중 경제관계, 미중 갈등 등을 연구해왔다. LG경제연구원, 대외경제경책연구원, 동아대학교, 대통령 비서실 등에서 근무했으며 국민경제자문회의 대외경제분과장으로 활동한 바 있다.

이현태

현 서울대학교 국제대학원 국제학과 교수이다. 서울대학교에서 경제학 박사학위를 받고 중국경제, 한중 경제 관계, 경제 안보 등을 연구해왔다. 대외경제정책연구원, 인천대학교 등에서 근무했다.

개별저자 소개 ···

고영경 연세대학교 국제학대학원 디지털통상 연구교수

권혁욱 일본대학교 경제학부 교수

김계환 산업연구원 선임연구위원

김병연 서울대학교 경제학부 석좌교수

김성환 한국건설산업연구원 경제금융·도시연구실 부연구위원

김윤지 한국수출입은행 해외경제연구소 수석연구원

김준연 한중과학기술협력센터 센터장

김학균 신영증권 리서치센터장

김형우 미국 어번대학교 경제학과 교수

김흥종 고려대학교 국제대학원 특임교수

서봉교 동덕여자대학교 글로벌지역학부 교수

신동준 숭실대 금융경제학과 겸임교수, 경제학 박사

신호철 한남대학교 경제학과 부교수

오건영 신한은행 WM추진부 팀장

오철   상명대학교 글로벌경영학과 교수

유형곤 (사)한국국방기술학회 정책연구센터 센터장

이강국 리쓰메이칸대학교 경제학부 교수

이동진 상명대학교 경제금융학부 부교수

이현태 서울대학교 국제대학원 국제학과 교수

정무섭 동아대학교 국제무역학과 교수

조영탁 한밭대학교 경제학과 교수

최낙섭 SK경영경제연구소 수석연구위원

최윤희 산업연구원 선임연구위원

최준용 국민대학교 글로벌창업벤처대학원 겸임교수

한준희 NH 금융연구소 책임연구원

허준영 서강대학교 경제학부 부교수

홍석철 서울대학교 경제학부 교수

황성현 인천대학교 경제학과 교수

KI신서 13079

2025 한국경제 대전망

1판 1쇄 인쇄 2024년 10월 16일
1판 1쇄 발행 2024년 10월 30일

지은이 류덕현, 이근 외 경제추격연구소
펴낸이 김영곤
펴낸곳 (주)북이십일 21세기북스

정보개발팀장 이리현
정보개발팀 최수진 이수정 강문형 박종수 김설아
교정교열 권새미 **표지·본문 디자인** 푸른나무디자인
출판마케팅팀 한충희 남정한 나은경 최명렬 한경화
영업팀 변유경 김영남 강경남 최유성 전연우 황성진 권채영 김도연
제작팀 이영민 권경민

출판등록 2000년 5월 6일 제406-2003-061호
주소 (10881) 경기도 파주시 회동길 201(문발동)
대표전화 031-955-2100 **팩스** 031-955-2151 **이메일** book21@book21.co.kr

ⓒ 류덕현, 이근 외 경제추격연구소, 2024
ISBN 979-11-7117-857-5 (03320)

(주)북이십일 경계를 허무는 콘텐츠 리더

21세기북스 채널에서 도서 정보와 다양한 영상자료, 이벤트를 만나세요!
페이스북 facebook.com/jiinpill21 **포스트** post.naver.com/21c_editors
인스타그램 instagram.com/jiinpill21 **홈페이지** www.book21.com
유튜브 youtube.com/book21pub

서울대 **가**지 않아도 들을 수 있는 **명강**의! 〈서가명강〉
'서가명강'에서는 〈서가명강〉과 〈인생명강〉을 함께 만날 수 있습니다.
유튜브, 네이버, 팟캐스트에서 '서가명강'을 검색해보세요!